# *LUST ~ volle ~ LIEBE*

**Band 2**



von

Magdalena Ah[illegible]

Eine Reise von der

***Lust*** zur ***Lust in Liebe***,

die zur wahren Einheit führt

1. Auflage, November 2014
Erschienen im Assam Media Verlag


Lektorat: Karina und Sophia



Email: office@assam-media-verlag.at
Facebook: https://www.facebook.com/magdalenaalmado
Webseite: http://www.magdalena-almado.com

ISBN 978-3-9503820-2-0
ISBN epub 978-3-9503820-3-7

***LUST ~ volle ~ L IEBE***
ist der zweite Band einer *Erotischen Trilogie* der Autorin, der im Herbst 2014 im Assam Media Verlag erschienen ist.

Nach Veröffentlichung aller drei Bände
***LUST ~ volle ~ LUST*** *(Band 1)*
***LUST ~ volles ~ LEBEN*** *(Band 3)*

werden ihr autobiografischer Roman mit dem Titel
***Überlebt, um zu LEBEN***
sowie ein Band mit ***Lyrischer Prosa*** folgen.

**Zu diesem Buch**

In dieser Geschichte soll sich die pure Lust zu einem Erleben in wirklicher Liebe vertiefen.

Wir alle sind aus Lust empfangen worden, viele von uns auch in Liebe - so hat unser Leben seinen Ausgang genommen, so wird das Leben weiter gegeben. Im ersten Band habe ich Möglichkeiten unbändiger Lust - gelebt mit einem wunderbaren Liebhaber, verwoben mit lustvollen Fantasien - aufgezeigt.

In diesem Band meiner Trilogie wird eine aufregend lustvolle, aber auch romantische Liebesgeschichte dargestellt. Magdalenas größter Wunschtraum darf sich endlich erfüllen. Sie begegnet einem Mann in einer Vollmondnacht, um mit ihm ein Jahr lang, bei jedem Vollmond, eine wunderschöne Wiederbegegnung in einem ***Fest der Lust*** - das jedes Mal auch mehr zu einem ***Fest der Liebe*** wird - zu erleben. Isaias überrascht Magdalena jeden Monat, mit einem Ticket, das sie zu ihm an einen jeweils anderen Platz auf diesem Planeten bringen soll. Von Paris, über Venedig, auf die Kanaren und nach Thailand, in die Weite des australischen Outbacks, in eine verschneite Berghütte und an weitere Orte wird sie gebracht, um mit ihm Zeit zu verbringen und zu genießen. Sie muss lernen vollkommen zu vertrauen, denn zwischen den berauschenden Begegnungen herrscht Stille zwischen ihnen. Beim elften Vollmond wird er sie besuchen, beim zwölften ist sie bei ihm eingeladen.
Das erste gemeinsame Jahr wird beim 13. Vollmond seinen Abschluss finden.
Was sie erwartet, weiß sie nie…

*Wohin es führt, ist eine Überraschung.*

## Über die Autorin

Magdalena Almado, die ursprünglich als Juristin tätig war, ist ihrer Passion gefolgt und hat sich nun als Ausdruckstänzerin und Autorin unter diesem Pseudonym, dem künstlerischen Weg verschrieben.

Ihre sehr traumatische Lebensgeschichte und ein Überleben vieler schwerwiegender Erlebnisse, unter anderem eines beinahe tödlichen Unfalls, bei dem sie sich - alleine und schwer verletzt - aus einem von hohen Wellen des Atlantischen Ozeans überfluteten Felsengebiet retten musste, waren Auslöser, mit dem Schreiben zu beginnen. Zuerst schrieb sie *Lyrische Prosatexte*, um in weiterer Folge einen *autobiografischen Roman* zu verfassen.

Eine Begegnung mit einem außergewöhnlichen Liebhaber und ihre große Sehnsucht nach einer erfüllten Liebe mit dem Mann ihres Herzens, waren schließlich Inspiration, Highlights ihres eigenen Lebens, die eine Verwebung gelebter Realität mit Fantasien, Sehnsüchten, Gedanken und Visionen darstellen, in einer *Erotischen Trilogie* niederzuschreiben.

Magdalenas größte Vision ist es, Menschen auf vielfache Weise zu berühren - durch ihre Worte, ihren Tanz, ihre Coachings und Workshops - und gemeinsam mit ihrem *zukünftigen Mann* eine *‚geheiligte Partnerschaft‘* an einem schönen Platz am Meer - oder wo auch immer - zu leben, um mit ihm in einem von ihnen errichteten ‚Zentrum der achtsamen Begegnung‘ Menschen zu einem friedvollen Dasein auf Erden und zu einem in LUST und LIEBE gelebten LEBEN zu begleiten.

***In Dankbarkeit***

*für die Vision*

*einer lustvoll gelebten Liebe,*

*die ich niemals aufgeben werde zu leben,*

*mit dem Wissen um ihre Erfüllung*

# *Inhalt*

# *Einleitung*

Ich wünsche mir mit meinen Büchern Menschen Botschaften zu vermitteln, die meines Erachtens diesen Lebensschauplatz für uns alle zu einem lustvolleren, glücklicheren und bewussteren werden lassen.

Somit leite ich von meinem ersten Band der Trilogie *LUST ~ volle ~ LUST,* in dem es um wirklich ungezügelte und ungehemmte Sexualität geht, weswegen ich oftmals bewusst auf eine Beschönigung der Wortwahl verzichtet habe - obwohl mir das empfohlen wurde - zu einem zweiten Band über, der von reinem wilden Sex zu vielen neuen Möglichkeiten wahrer Sinnlichkeit führt.
Durch dessen Titel *LUST ~ volle ~ LIEBE* möchte ich auf eine berührende doch lustvolle Liebesgeschichte hinweisen, in der ein Paar neue und vielfältige in Liebe gelebte Erfahrungen der Ekstase genießen darf. Damit kann Sex zu einer wahrhaft gesunden, freudvollen, ganzheitlich erfüllenden und *‚geheiligten‘* Begegnung werden, in der Menschen schon hier auf Erden Einheitserfahrungen in der Verbindung von Mann und Frau erleben.

Jenes Paar aus dem zweiten Band wird in Folge,

durch die selbst erfahrenen und gelebten Transformationsprozesse in seiner Beziehung, ein sich tief liebendes Ehepaar, das alleine durch seine ‚gelebte Liebe‘ anderen Paaren zur Veränderung verhilft. Die beiden sehen ihren Lebensauftrag darin - in jenem dritten Band *LUST ~ volles ~ LEBEN* -, das Leben vieler anderer in einer Weise zu berühren, die uns Menschen ermöglicht, schon hier auf dieser Erde ein Paradies zu erschaffen, in dem wir in wahrhaft erfüllter *LUST und LIEBE Einheit LEBEN.*

Ich freue mich jenen Lesern, die sich nicht vom ersten Band abschrecken ließen, in weiterer Folge eine Liebes- und Lebensgeschichte anzubieten, die möglicherweise nicht nur ihre Lust, sondern auch ihre Herzen berühren mögen und ihnen neue Tore zu *lustvoll gelebter Liebe* öffnen können.

Allerdings besteht auch die Möglichkeit mit jedem der drei Bände eine jeweils abgeschlossene Geschichte in Händen zu haben.

# *Prolog*

Ich weiß jetzt eigentlich nicht, wie ich mit all dem beginnen soll, was ich mit Euch teilen möchte. Tatsächlich bin ich unendlich aufgeregt, weil ich in mir etwas spüre, das meinem Leben nun einen vollkommen neuen Weg eröffnen will, in eine Richtung, die ich noch nicht wirklich erahnen kann.

Ich habe das Gefühl, als würde sich etwas ganz Besonderes ereignen und doch kann ich nicht erfassen, was es sein könnte. Wieder einmal soll es sein, dass ich alleine auf eine Urlaubsreise gehe, obwohl ich mir eigentlich immer wieder vorgenommen hatte, niemals mehr alleine reisen zu wollen.

Ich war soeben bei einer Vernissage, die ein Reiseveranstalter in seinen Räumen ausgerichtet hatte und bei der es ein Preisausschreiben gab, in dem man eine Reise gewinnen konnte. Nun ist es tatsächlich geschehen, dass ich diese Urlaubsreise nach

Griechenland gewonnen habe - für zwei Wochen, in denen ich auf vier griechischen Inseln sein werde. ‚*Warum gerade nach Griechenland?*‘, dachte ich bei Übergabe meines Gutscheines.

Ich finde es nun unglaublich spannend, nach so langer Zeit wieder in jenes Land zu reisen und genau dorthin, wo ich vor fast 30 Jahren die ersten Urlaube mit *meiner großen Liebe* verbracht habe - mit dem zukünftigen Vater meiner beiden wunderbaren Kinder.
So werde ich unter anderem auf jene Insel reisen, auf der wir in unseren einzigartig schönen Flitterwochen in einer berauschenden Liebesnacht unseren Sohn gezeugt haben, *ein Kind der Liebe*, ein Kind, das ich in einer wunderschönen Sommernacht empfangen durfte - auf Santorin.

Nun soll ich dorthin alleine zurückkehren.

Außerdem werde ich auch auf Zakynthos sein, wo ich das letzte Mal vor neun Jahren einen Urlaub mit meinen Kindern verbracht habe und noch einmal meinem Exmann begegnet bin, der uns eine Woche nach unserem Abflug heimlich nachgereist ist. Er wollte uns überraschen, meinte er damals. Ich hatte in diesem Jahr einen zweiwöchigen Urlaub mit meinen beiden Kindern, die ich zu diesem Zeitpunkt schon elf Jahre lang alleine aufgezogen hatte, auf diese griechische Insel gebucht. Seine Überraschung ist ihm tatsächlich gelungen - plötzlich stand er vor mir im Speisesaal und blickte mir in die Augen. Ich war einfach nur fassungslos - er ist uns tatsächlich nachgereist, elf Jahre nach unserer Scheidung, mit dem Risiko, mir dort womöglich mit einem Liebhaber zu begegnen. Dem war nicht so, und ich verbrachte mit meinem geschiedenen Mann und unseren Kindern einen wunderschönen einwöchigen *Familienurlaub*. Wir erlebten erotische, lustvoll intensive Nächte miteinander und unsere Kinder freuten sich, einen glücklichen Urlaub mit ihren Eltern zu verbringen. Was nicht alles möglich ist, wenn man respektvoll miteinander zwei Kinder aufzieht, obwohl man eigentlich schon lange getrennt voneinander ist. Doch auch nach dieser Woche trennten sich unsere Wege wieder, wussten wir doch, dass wir als Paar nicht mehr miteinander sein konnten, zu unterschiedlich waren unsere Werte und Lebensinteressen in der Zwischenzeit geworden. Für mich war es allerdings der schönste *Familienurlaub*, den wir zu viert miteinander erleben durften. Alle anwesenden Gäste nahmen uns dort als das glücklichste verheiratete Paar mit zwei Kindern wahr. In dieser Woche waren wir tatsächlich wieder glücklich im Miteinander-Sein.

Schon all die Jahre zuvor - und auch einige Male nach dieser Begegnung - war unsere Lust aufeinander immer wieder aufgeflammt, wenn keine andere Beziehung dem im Wege stand. Wir genossen es unvermindert, unsere Körper zu sehen, zu berühren, zu spüren und manches Mal auch zu vereinen.

Interessanterweise werde ich nun an all diese Orte der gemeinsamen Erinnerungen zurückkehren.
*‚Wird mich dort womöglich Wehmut erfassen? Werde ich an diesen Plätzen Sehnsucht danach bekommen, mit meinem Exmann und wunderbaren Vater meiner Kinder doch noch zusammen zu sein?*
*Oder wird alles ganz anders kommen? Wer weiß, was das bedeuten soll - vielleicht dürfen sich nun Kreise schließen und neue Perspektiven eröffnen.‘* Viele wirre Gedanken gingen mir immer wieder durch den Kopf.
Ich weiß wahrhaft nicht, was mich dort erwarten wird.
Bereits in zwei Wochen werde ich fliegen.
Ich bin wirklich dankbar immer noch mein *freies Jahr* zu genießen und deshalb auch so flexibel zu sein.
Erst vor wenigen Wochen bin ich von meiner langen Zeit in Mexiko zurückgekehrt.

Am Abend liege ich nun nach dieser Vernissage in meinem Bett, träume vor mich hin, und sehe plötzlich unterschiedliche Bilder vor meinem inneren Auge auftauchen…

Ich erlebe mich auf der Insel *Paros* am *Golden Beach*, wo ich am Strand liege und den Sonnenuntergang genieße. Unerwartet streicht eine Hand zärtlich über meinen Körper, der sanft zu beben beginnt. Ich spüre, wie sich meine Knospe langsam öffnet, feucht und immer offener wird, um ihn zu empfangen. Wir küssen einander innig und geben uns ganz dem Tanz unserer Zungen hin, bis ich meine Augen öffne, in die seinen blicke und schwer atme, während er langsam und immer tiefer in mich eindringt…

Ich bin auf *Zakynthos*. Noch habe ich den Geruch von Schwefel in meiner Nase - mein Körper war zuvor ins Schwefelwasser eingetaucht - und blicke friedvoll dem Sonnenaufgang entgegen. In diesem Moment umfassen mich von hinten zwei Arme und zarte doch kraftvolle Hände berühren und liebkosen meine Brüste. Ich beginne tief und heftig zu atmen und spüre, wie sanfte Wellen der Lust durch meinen Körper strömen, während er meine Brüste achtsam massiert und die harten Knospen mit wendigen Fingern knetet…

Ich sehe mich in einer Vollmondnacht auf das Meer hinaus blicken und erlebe, wie der Mond seine wunderschöne breite Lichtspur zu mir führt - auf der Wasseroberfläche erblicke ich unvermutet in der Ferne kleine funkelnde Lichter. Daraus erscheint mir für einen kurzen

Moment eine *Lichtgestalt* ... aus anderen Sphären vernehme ich eine tiefe erotische Männerstimme … doch schon verstummt sie wieder und alle Bilder entschwinden vor meinem inneren Auge, während ich in einen traumlosen Tiefschlaf sinke, aus dem ich am nächsten Morgen aufgeregt und ein wenig verwirrt, erwache…

*‚Was war denn das - all diese Bilder meiner Traumwelt - Visionen, Sehnsüchte…?*
*Eine Verwebung von Vergangenheit und Zukunft?*
*Was wird mir diese Reise wohl bringen?‘*

# *Eine magische Vollmondnacht*

Meine Güte, waren das zwei aufregende Wochen, die ich auf diesen griechischen Inseln verbracht habe - zwei unfassbar magische Wochen…

Gerade befinde ich mich auf dem Heimflug und lasse diese Zeit nochmals an mir vorbeiziehen - irgendwie ist dort so viel passiert und ich weiß gar nicht, womit ich zuerst beginnen soll. Außerdem ist mir klar geworden, dass ich jetzt in meinem Leben einige wesentliche Veränderungen vornehmen möchte.

Schon der Flug nach Zakynthos verlief spannend und unglaublich kurzweilig, saß ich doch neben einem sehr attraktiven jungen Mann, mit dem ich mich blendend unterhalten konnte. Ich bin immer wieder erstaunt, wie sehr ich mich stets von jungen Männern angezogen fühle, obwohl ich mir doch schon lange wünschte, endlich einmal einem altersmäßig besser zu mir passenden Mann zu begegnen. Nur auf diese Weise wäre vermutlich auch mehr als eine bloß lustvolle sexuelle Kurzbegegnung möglich. Zumindest ist mir klar geworden, dass mein zukünftiger Mann doch eher über 40 sein sollte. Nun gut - so saß ich in diesem Flugzeug und hatte eine sehr prickelnde Unterhaltung. David, wie er sich mir vorstellte, hatte vor, auf dieser Insel ein Fortbildungsseminar für Künstler zu besuchen und eine zweite Woche zur Erholung anzuhängen, ich selbst würde bloß drei Tage dort verbringen, um dann mit einem Schiff weiter auf die Insel Paros zu fahren. Es war sehr schnell spürbar, dass wir beide einander anziehend fanden. ‚*Nein*', dachte ich mir, ‚*nicht schon wieder bloß ein sexuelles Abenteuer, aber andererseits warum auch nicht?*' Es wäre klar, dass es in drei Tagen vorbei sein würde. Außerdem hatte ich ja beschlossen, es mir auf dieser Reise richtig gut gehen zu lassen. Ich war frei und ungebunden, niemandem Rechenschaft schuldig und nur mir selbst gegenüber verantwortlich, und er war auch Single. Vor einigen Monaten hatte ich nämlich eine weitere, für mich essenzielle, Entscheidung getroffen - kein Verhältnis mehr mit gebundenen Männern und Exmännern. ‚*Wie lange ich jetzt schon keinen Sex mehr hatte, aber immerhin bin ich mir selbst treu geblieben.*' Ich versuchte mich von meiner inneren Unruhe abzulenken und blickte aus dem Fenster. ‚*Meine Güte, wie wunderschön hier*

*oben in den Wolken, die untergehende Sonne aussieht - ein berauschendes Erlebnis.'* Er lehnte sich scheinbar ganz beiläufig zu mir hinüber, um auch etwas von diesem Sonnenuntergang zu erleben. *‚Hatte er absichtlich meine Brust gestreift?'* Ein Hitzeschauer durchflutete mich. So begann mein Urlaub mit einem berauschenden Prickeln, bei dem sich alle Härchen auf meinem Körper aufstellten. Sofort fühlte ich unendliche Sehnsucht nach körperlicher Nähe und Sex. Noch für denselben Abend verabredeten wir uns, auf einen Drink in eine Bar zu gehen. Mit Erstaunen stellten wir fest, dass sein Hotel, in dem auch das Seminar stattfand, nur zwei Minuten von meinem entfernt war.
Wir würden uns bald wiedersehen.

In meinem Hotel wurde ich mit einem Begrüßungscocktail empfangen und lernte auch noch ein paar andere Gewinner dieser Urlaubsreise aus verschiedenen europäischen Ländern kennen. Es sollte eine Veranstaltung für *Griechenlandwerbung* sein und ich wurde gefragt, ob es mir recht wäre ein paar schöne Fotos von verschiedenen Plätzen zu machen und danach ein Interview für einen Reisebericht zu geben. Gerne war ich dazu bereit - so war ich wenigstens nicht alleine und lernte außerdem interessante Menschen aus den verschiedensten Ländern kennen. Schon beim Abendessen saß ich mit einer unbeschreiblich temperamentvollen Frau aus Spanien zusammen, mit der ich mich auf Anhieb blendend verstand. Attraktive Männer sah ich keine, aber ich hatte ohnedies schon eine Verabredung mit meinem jungen Verehrer. Pünktlich um 22:30 Uhr stand er an der Rezeption, um mich abzuholen. Wir landeten in einer gemütlichen Bar, unterhielten uns über Kunst aller Richtungen - Malerei, Tanz, Theater und Musik - und genossen das immer anregendere Gespräch. Gegen Mitternacht machten wir noch einen Spaziergang zum Strand, wo er mich plötzlich zu sich zog und mich feurig und innig zu küssen begann. Unverzüglich erbebte mein ganzer Körper, mein Atem wurde heftig und Schauer der Lust durchzuckten mich. Hitzewallungen strömten über meinen Rücken und ich konnte mich seiner Anziehung einfach nicht mehr erwehren. Seine rechte Hand glitt zu meiner Brust und begann sie zuerst zärtlich, dann immer intensiver zu berühren, er nahm meine harten Knospen zwischen seine Finger und massierte sie. Immer ausgiebiger wurde sein Spiel mit meinen Brüsten, auch seine Zunge liebkoste sie so herrlich, dass ich mehr und mehr spürte wie sich in meinem Unterleib ein Pochen bemerkbar machte und sich von dort ausgehend durch den gesamten Körper ausbreitete, um sich in einen sanften Orgasmus aufzubauen. Ich bäumte mich kurz aber heftig auf und genoss die Situation. Ein so junger und forscher Mann, der genau wusste, was er wollte und doch spürte, was mir und meiner Weiblichkeit guttat. Plötzlich kniete er sich vor mir nieder und begann mich entlang meiner Schenkel nach oben zu küssen. Er ließ sich Zeit und war doch zielgerichtet, bis er meinen schon ziemlich feuchten Slip zur Seite schob und wendig seine Zunge auf meiner Klitoris kreisen ließ, während er mir ganz unvermittelt zwei Finger in meine allzu bereite Vagina schob und sofort den Punkt fand, an dem er mich binnen kürzester Zeit zu einem intensiven Höhepunkt, den ich nur mit einem Schrei der Lust entäußern konnte, massierte. Dann fragte er mich, als ob es eine Selbstverständlichkeit wäre: „Verbringen wir die Nacht bei dir oder bei mir?“ Kurz zögerte ich - noch war ich zu verwirrt und auch verunsichert - überlegte einen Moment, ob ich das wirklich wollte, und entschied mich für ein klares *Ja:* „Bei mir.“ Ich wusste, dass die Zeit begrenzt war und genoss es, so sehr begehrt zu werden, hatte er mir doch schon den ganzen Abend wunderbare Komplimente über meine Schönheit und erotische Weiblichkeit gemacht.

Wir verbrachten eine lustvolle und intensive Nacht. David hatte nicht nur einen unglaublich schönen Penis, er wusste damit auch gekonnt umzugehen und mich in alle Höhen der Ekstase zu führen, bis ich so gesättigt war, dass auch er in einem explosiven Höhepunkt ejakulierte und sich dann innig und liebevoll an mich schmiegte.

Wie sehr hatte ich mir genau in diesem Moment gewünscht, dass ein Mann in meinem Leben auftauchen würde, der mindestens ein genauso guter Liebhaber wäre, frei, und meinem Alter entsprechend, damit ich endlich die Chance bekomme, eine wunderbare Beziehung erleben zu dürfen. Mit diesem innigen Wunsch schlief ich in seinen Armen ein und erwachte am Morgen durch seine zärtlichen Berührungen, die uns erneut in einen intensiven Rausch der Ekstase führten. Er war jung und potent - einfach herrlich. Dann musste er doch ein wenig in Eile in sein Hotel zurückkehren, um an seinem Kurs teilzunehmen. Zärtlich küssend verabschiedeten wir uns für den Tag.
Ich verbrachte diesen geruhsam am Strand, führte interessante Gespräche mit der hübschen Spanierin und genoss am Nachmittag unseren Ausflug zu den Caretta-Caretta Wasserschildkröten.
Am Abend lud mich David in eine griechische Taverne ein. Danach verbrachten wir zwei heiße, lustvolle Stunden am Meer nach denen ich beschloss, die Nacht alleine verbringen zu wollen, weil ich doch am nächsten Morgen vorhatte, mich noch vor Sonnenaufgang zu den heißen Schwefelquellen fahren zu lassen, um dort alleine und nackt in den Sonnenaufgang zu schwimmen.

Um 4:30 Uhr holte mich ein Taxi ab und ich genoss die Stille und den Frieden des Morgens.

Als ich ganz ruhig da saß, mit dem Geruch des Schwefels auf meiner Haut, und auf die Meeresoberfläche blickte, sah ich, wie langsam das Licht der Sonne die Dunkelheit der Nacht verdrängte. Ich hatte die Kamera in der Hand, um diesen wunderschönen Augenblick zu dokumentieren. Plötzlich hörte ich von hinten leise Schritte. Kurz zuckte ich zusammen und erlebte einen Moment der Angst, doch schon spürte ich, wie mich zärtliche Lippen auf meinem Nacken berührten und mich ein wenig zu beißen begannen, während zwei Hände von hinten auf meine Brüste gelegt wurden, um sie zu liebkosen. Währenddessen er mich so von hinten umfasst festhielt, seine Beine nach vorne um mich schlang und mich mit Küssen verwöhnte, erlebten wir gemeinsam den Sonnenaufgang, bevor wir erneut hungrig und verspielt wie zwei Kinder übereinander herfielen. Ich genoss es, ihn ungestüm auf den Rücken zu drehen und mich langsam über ihn zu hocken, um mir seinen herrlich harten Penis ganz langsam einzuführen, bevor ich mir wild und ungezügelt einen Orgasmus nach dem anderen an diesem wunderschönen Platz Natur gönnte. Ich erlebte meine Höhepunkte mit Schreien der Lust und Leichtigkeit, bis ich gesättigt war. Danach glitt ich an seinem wundervollen Körper nach unten und erfreute mich daran, seinen köstlichen Penis zu lecken und zu massieren, bis er mit einem heftigen Aufschrei in meinem Mund kam. Es war eine so

intensive Entladung, dass ich gar nicht imstande war, alles in mir aufzunehmen. Umso schöner war es dann, gemeinsam ins Meer zu laufen und das an diesem Platz nach Schwefel riechende Wasser zu genießen. Die Überraschung war ihm wahrlich gelungen. Gemeinsam fuhren wir anschließend in unseren Ort zurück, um zu frühstücken und unseren Tag zu beginnen, er wieder bei seinem Kurs, bei dem sie an diesem Tag malten, und ich mit ein paar neuen Bekannten, mit denen ich geplant hatte, einen Ausflug ins Landesinnere zu machen.
Nachdem ich noch ein wenig geschlafen hatte, konnte ich den Tag in seiner ganzen Fülle genießen.

Die letzte Nacht auf dieser Insel verbrachten wir noch einmal gemeinsam und ich genoss jeden Moment, in dem ich so wundervoll verwöhnt wurde und verwöhnen durfte. Allzu verblüfft war ich auch, dass ich ausgesprochen gut in den Armen und an der Seite eines Mannes schlafen konnte, der mir nicht einmal vertraut erschien. Das hatte ich schon lange nicht mehr versucht, war es mir doch zumeist nicht möglich gewesen.
*‚Wie würde ich es erst genießen können, wenn der richtige Mann für mich - mein Mann - an meiner Seite schliefe?!‘*
Am nächsten Morgen verabschiedeten wir uns nochmals mit einer intensiven Vereinigung, wobei uns beiden klar war, dass es nun ein

endgültiger Abschied sein würde - ich wollte keine Zukunft mit einem fast 20 Jahre jüngeren Mann aufbauen - David war 33. Dennoch hatte ich es unglaublich genossen, einen so jungen und männlichen Mann und guten Liebhaber mit all seinem Begehren und Zuvorkommen zu erleben.
Um 10 Uhr musste ich auf das Schiff, zu dem er mich noch begleitete und somit auch zu spät zu seinem Kurs kommen würde. Es tat gut, zu erkennen, wie es sich anfühlte, wenn man als Frau für einen Mann wirklich wichtig war. Ein wenig Wehmut verspürte ich beim Abschied, doch war ich dankbar, drei unglaublich lustvolle Tage und Nächte erlebt zu haben.

*Kaum war ich an Bord des Schiffes spürte ich, in die Ferne des Horizonts blickend, wieder so etwas wie Aufregung in mir, wie ein Ahnen, dass etwas ganz Besonderes passieren würde.*

Gesättigt und frei genoss ich diese Schifffahrt - wir würden erst um 1 Uhr früh auf Paros anlegen.
Ich bekam sogar eine Kabine für diesen Tag zur Verfügung gestellt, in der ich mich noch wunderbar ausruhen und ein paar Stunden schlafen konnte. Den Rest der Zeit verbrachte ich an Deck und genoss es, auf das offene Meer zu blicken. Plötzlich sah ich ganz in der Nähe einen Schwarm Delfine. In diesem Moment spürte ich, wie Tränen der Berührtheit meine

Augen benetzten und es war als würden mir diese Delfine etwas zurufen wollen.
Nach dieser geruhsamen und wettermäßig angenehmen Überfahrt landeten wir auf der Insel Paros, jener Insel, auf der ich meinen ersten Urlaub mit *meiner großen Liebe,* dem Vater meiner beiden Kinder, verbracht hatte. *‚Wie würde es mir hier wohl ergehen?‘*
Es war spät und wir wurden direkt in unser Hotel gebracht.
Ich bekam ein Zimmer mit Blick aufs Meer und freute mich nun auf vier erholsame Nächte auf dieser schönen Insel. Ich schlief tief und wachte frisch und erholt am nächsten Morgen auf.
Diesen Tag verbrachte ich mit meiner spanischen Bekannten am Strand des Hotels - er war weitläufig, und wir genossen es, beide nur Ruhe und Entspannung zu erleben. Ein wenig versuchte ich mit Carla Spanisch zu sprechen, hatte ich doch schon in meiner Zeit auf der Isla Mujeres diese Sprache in ihren Grundzügen gelernt. Ich wollte schon seit vielen Jahren Spanisch lernen, doch gab ich immer wieder auf, weil es mir an Möglichkeiten fehlte, zu üben. In Mexiko hatte ich dann endlich die Gelegenheit gehabt, obwohl ich dort fast ausschließlich von Englisch sprechenden Menschen umgeben war. Es war schade für mich, da mich gerade die spanische Sprache so sehr faszinierte.
Wir ließen es uns richtig gut gehen, tauschten ein wenig unsere Lebensgeschichten aus und stellten fest, dass wir beide bisher ziemliche

Abenteurerinnen waren und uns nun schon sehr nach einem *Ankommen* sehnten - Liebes- und Sexgeschichten hatten wir beide sehr ausgiebig erlebt. Ein wenig merkte ich schon, dass ich die intensive Sexualität, die ich mit diesem jungen feurigen Liebhaber erlebt hatte, vermisste, dennoch genoss ich es auch, wieder zur Ruhe zu kommen.

Am zweiten Tag machte ich mich alleine auf den Weg, fuhr mit dem Bus über die Insel, stieg aus, wo es sich richtig anfühlte, und kam zu dem Entschluss, den Abend am *Golden Beach* zu verbringen. Es war jener Strand, an dem ich als junge Frau mit meinem damaligen Freund Gottfried, dem zukünftigen Vater meiner Kinder, die schönsten und aufregendsten Stunden verbracht hatte. Ich fand den Platz wieder, an dem wir damals so manchen Tag verlebt hatten und beschloss, genau dort den Sonnenuntergang zu genießen. Also saß ich an diesem schönen Strand, blickte aufs Meer und sah langsam das Abendrot in seinen schönsten Farben erstrahlen. Ich legte mich in den Sand und begann zu träumen …
*Plötzlich spüre ich eine Hand ganz sanft über meinen Körper streichen, leicht beginnt dieser zu vibrieren, die Hand gleitet zu meinen Brüsten, im nächsten Moment spüre ich, wie Lippen meine Brustwarze liebkosen und die andere Hand nach unten streift, vorsichtig meine Schenkel öffnet und sich auf meine Bikinihose*

*legt. Während er mir ein Tuch über den Körper legt, drehe ich mich auf die Seite und erlebe, wie er mir ganz langsam das Höschen nach unten zieht. Ich beginne intensiver zu atmen und nehme die Feuchtigkeit zwischen meinen Schamlippen wahr. Seine Finger gleiten entlang meiner Schenkel nach oben und in mir entsteht diese Sehnsucht, seinen Penis ganz tief in mir aufzunehmen. Ich strecke ihm meinen knackigen jungen Hintern entgegen und spüre schon, wie er Einlass sucht, sein erigierter Penis, der in meine so sehr bereite Vagina eindringen möchte…*

Unerwartet zucke ich zusammen, spüre Tränen meine Wangen hinunterfließen, blicke um mich. Da ist niemand außer mir. Ja, es war meine Erinnerung an diesen aufregenden Abend, den wir vor fast 30 Jahren hier verbrachten. War ich damals unsicher, ob ich mich getrauen durfte - einfach so ungeniert in der Öffentlichkeit meine Lust zu genießen? Schon damals war ich eine ziemlich lustvolle junge Frau, aber noch weit von all dem entfernt, was ich dann später, und vor allem jetzt, an Intensität der Lust und Ekstase erleben konnte und kann.

Meine große Verliebtheit machte jedoch alles andere wett. Ich genoss es unendlich mit diesem schönen jungen Mann zu sein und seinen ästhetischen, athletischen Körper an meinem zu spüren.

Wir hatten hier auf dieser Insel eine unglaublich aufregende und unbeschwerte Zeit miteinander

genossen. Mein Gott, wie schön es doch ist, Lust und Liebe in Gemeinsamkeit zu erleben. Die Liebe macht wahrlich jedes Lusterlebnis zu einer außergewöhnlichen Erfahrung. *‚Wann wird mir, das zu erleben, wieder vergönnt sein?...‘* Aber es ist auch wunderbar, schöne Erinnerungen aufleben zu lassen.
Nach diesem fantastischen Sonnenuntergang ging ich in eine kleine griechische Taverne zum Abendessen und fuhr dann mit dem Bus zurück ins Hotel. Ich hatte viele Fotos an diesem Tag gemacht, an dem ich an den außergewöhnlichsten Plätzen gelandet bin.
Die beiden nächsten Tage verbrachte ich mit angenehmen menschlichen Begegnungen und einem Wechsel aus Kurzausflügen und dem Genuss im Meer zu schwimmen und Sonne zu tanken.

Nach diesen vier Tagen auf Paros ging es weiter nach Mykonos, um auch ein wenig Nachtleben und Highlife zu erleben. Dort sollten wir bloß zwei Tage und Nächte sein, um danach, zum Abschluss, fünf Tage, mit Erholung, Ruhe und der Schönheit der Natur, auf Santorin zu verbringen.
Diese Insel birgt für mich wahrlich eine ganz besondere Erinnerung in sich.
Auf dieser Insel hatten wir unsere Flitterwochen verbracht, und ich hatte genau eine Woche nach unserer Hochzeit meinen wunderbaren Sohn empfangen.

Doch jetzt ging es einmal nach Mykonos, die einzige der vier Inseln, die ich noch nicht gut kannte, hatten Gottfried und ich diese Insel doch nur für einen Halbtag besucht. Nach knapp zwei unruhigen Stunden auf dem Schiff - war ich froh, dass ich inzwischen meine Seeuntauglichkeit auf Schiffen überwunden hatte - kamen wir am Spätnachmittag auf dieser Insel an. In der Zwischenzeit hatte ich mich auch mit weiteren Gästen unserer Reisegruppe angefreundet, weshalb Carla und ich beschlossen, uns mit einigen der anderen Mitreisenden ins Nachtleben zu stürzen. Wir gingen nach unserem Abendessen zu acht in eine sehr stilvolle Bar, in der ich ausnahmsweise einen alkoholischen Cocktail trank, der köstlich schmeckte, mich aber auch ein wenig schwindlig werden ließ. Prompt tauchten einige charmante Griechen auf, die uns weiter in einen Nachtclub führten. Carla und ich flirteten heftig und hatten unseren Spaß dabei.
Die Musik war außergewöhnlich gut und ich begab mich auf die Tanzfläche. Schon nach kurzer Zeit spürte ich die Blicke aller an mir haften, genieße ich es doch immer wieder, zu tanzen und dabei gesehen zu werden. ‚*Wie lange ich schon keine Tanzperformance mehr gegeben hatte.*‘ Die Bühne ging mir tatsächlich ziemlich ab - auf der Bühne zu sein hat mich schon immer aufblühen lassen. Hier hatte ich zumindest die Möglichkeit mich intensiv und frei nach guter Musik zu bewegen - ich erfreute

mich an den bewundernden Blicken vieler Anwesender. Unvorbereitet spürte ich, wie ich von hinten umfasst wurde und eine Hand sich auf meine Brust legte. *Das ging eindeutig zu weit!* Ich fühlte heftige Wut in mir aufsteigen und machte schwungvoll eine Drehung im Tanz. Im selben Moment landete meine rechte Handfläche ziemlich hart auf der Wange dieses ungehobelten Mannes, der es gewagt hatte, mich ungefragt zu berühren. Ich vernahm bloß einen recht lauten Knall, er strauchelte zurück, starrte mich mit weit aufgerissenen Augen an und hielt sich seine offensichtlich schmerzende Wange, während ich mit einem Schmunzeln auf meinen Lippen unbeirrt weiter tanzte. Ich liebe es sehr zu flirten, meine Erotik zu präsentieren, meine Lust zu genießen, aber ich hasse Männer ohne Taktgefühl und ich weiß, dass ich enorme Kräfte habe, wenn es darauf ankommt, mich vor Übergriffen zu schützen. Der Typ war ebenso schnell verschwunden, wie er aus dem Nichts aufgetaucht war. Ich ließ mir dadurch meine Laune nicht verderben, merkte aber auch, dass einige der anderen Männer respektvoll vor mir zurückwichen. Ich bin für vieles bereit, wenn es sich für mich stimmig anfühlt, aber ich lege auch großen Wert auf Stil und Respekt eines Mannes - andernfalls kann ich diesen auf keinen Fall achten. Trotz dieses kurzen Zwischenspiels hatte ich eine lustvolle Nacht der besonderen Art und beschloss, diese alleine ausklingen zu lassen, während ich beobachtete, wie Carla sich

intensiv und innig mit einem jungen Griechen küsste und dann strahlend erregt mit diesem auch verschwand. In mir war im Moment so gar kein Bedürfnis nach einem bloßen Abenteuer, war ich doch noch von meinen schönen Stunden auf Zakynthos gesättigt und nicht eine Frau, die einen bloßen *One-Night-Stand* wollte. Für eine sexuelle Begegnung war mir schon seit einiger Zeit eine gewisse Tiefe und wirkliche Intensität wichtig, bloßes *Ficken* ohne jegliche Berührung auf anderer Ebene wollte ich nicht mehr erleben. So ging ich alleine in mein Bett und schlief in den späten Vormittag hinein.
Auch die restliche Zeit auf dieser Insel war eher von freudvoller Abwechslung und einer weiteren intensiven Nacht auf der Tanzfläche geprägt. Carla hatte mir erzählt, dass dieser noch recht junge Grieche sie sehr erfüllt hatte und sie sich darauf freute, auch in der nächsten Nacht von ihm genommen zu werden. Obwohl er sich mit ihr verabredet hatte, tauchte er nicht wieder auf. Es ist für mich oftmals unverständlich, wie respektlos Menschen sein können. Ich versuchte nun eine ziemlich frustrierte und verletzte Frau zu trösten und wieder aufzubauen. Genau darin liegt das Problem solcher Abenteuer - meist haben diese Männer keinen Anstand wenigstens ehrlich zu kommunizieren. Ich gab mein Bestes Carla zu vermitteln, dass sie deswegen weder eine Schlampe sei noch eine nicht begehrenswerte Frau, nur weil ein Mann ohne Taktgefühl sie

einfach sitzen gelassen hatte. So war der zweite Abend ein wenig getrübt durch Carlas schlechte Stimmung, obwohl sich ein englischer Gentleman aus unserer Gruppe redlich um sie bemühte und das schon seit einiger Zeit, wie ich beobachtet hatte. War ich froh, dass ich mir eine Enttäuschung dieser Art erspart hatte und dennoch viel Spaß haben konnte.

Wenn man das Nachtleben schätzt, ist Mykonos sicher ein sehr gutes Reiseziel. Mir persönlich haben diese zwei Nächte wieder für lange Zeit gereicht.

Am nächsten Tag ging es schon um 13 Uhr weiter, eine Schifffahrt nach Santorin, die knapp sechs Stunden dauern würde.

Als ich auf das Schiff ging, spürte ich heftiges Herzklopfen und eine mir unverständliche Aufregung. *‚War es der nahende Vollmond, der mich so emotional reagieren ließ? Was konnte es sonst sein, dass ich auf diesem Schiff stand, aufs Meer blickte und plötzlich Tränen in meinen Augen wahrnahm?‘* Irgendetwas berührte mich und ich konnte mit diesem Gefühl so gar nichts anfangen.

*‚War es die Fahrt auf die Insel meiner Hochzeitsreise?‘* Ich verstand es nicht und beschloss, mich stattdessen auf dem Schiffsdeck gemütlich in einen Liegestuhl niederzulassen und den Moment zu genießen. Gott sei Dank hatte Carla sich schon ein wenig beruhigt und sich tatsächlich von unserem gar allzu höflichen,

aber mir etwas langweilig erscheinenden Engländer trösten lassen.
Ich döste auf dieser Fahrt ein wenig ein und hatte vollkommen unerwartet wieder dieses Bild einer Lichtgestalt vor mir, die aus der Ferne über das Wasser des Meeres auf mich zukam, immer näher kam und dann vor mir verschwand - sich einfach wieder auflöste. Kurz hatte ich das schöne Gesicht eines Mannes mit dunklerer Hautfarbe gesehen und mir schien als hätte er in einer sehr tiefen erotischen Stimme meinen Namen gerufen. Er hatte ein wenig längeres, gelocktes Haar sowie dunkle Augen, und war ebenso schnell auch wieder verschwunden wie er zuvor aufgetaucht war. Ich wusste nicht, ob ich das geträumt hatte. ‚*Ich war doch nicht eingeschlafen?*‘ Mein Herz pochte heftig und ich fühlte eine ganz seltsame Unruhe in meinem Inneren. Ein wenig versank ich dann noch in meinen Erinnerungen: *An jene Nacht, in der Taverne, in der ich ein bisschen zu viel von dem griechischen Wein getrunken hatte. Wir hatten ganz viel Freude und Leichtigkeit an diesem Abend erlebt und sind dann in unsere Höhlenwohnung gegangen, wo ich unendlich große Lust auf meinen jungen Ehemann bekommen hatte. Meine Güte, hatte ich damals einen wilden freudvollen Ritt erlebt und laut schreiend meine Orgasmen entäußert, entfesselt durch den Wein und meine ungezügelte Lust. Ich genoss unsere Liebe und unsere Vereinigung. Es war in dieser Nacht, in der wir unseren Sohn*

*gezeugt hatten. Schon wenige Tage danach hatten meine Brüste zu spannen begonnen und die Übelkeit eingesetzt. Ich war tatsächlich schwanger von unserer Hochzeitsreise heimgekehrt ...*
Dann schien ich eingeschlafen zu sein. Als ich wieder auf die Uhr sah, war es bereits 16 Uhr.
Ich ging zur Schiffs-Bar, um mir etwas zu trinken und einen Snack zu holen. Am Weg zurück begegnete ich Carla, die eigentlich recht glücklich zu sein schien. Wir legten uns gemütlich in zwei Liegestühle und sie erzählte mir von ihrem englischen Verehrer, von dem sie ganz begeistert war. Sie genoss es, so höflich und zuvorkommend behandelt zu werden, und sie meinte, auch den Sex mit ihm als sehr angenehm erlebt zu haben.
Vermutlich haben wir doch alle so unterschiedliche Vorstellungen und Bedürfnisse, dass es immer jemanden geben kann, der den eigenen Wünschen entspricht.

*‚Ob mir das auch noch vergönnt sein wird? Ich bin schon viel zu lange alleine.*
*Unendlich ist meine Sehnsucht nach einer wunderschönen Beziehung.‘*

Ich freute mich für und mit Carla und wünschte ihr sehr, dass sie nicht eine weitere Enttäuschung erleben würde. Die restlichen Stunden auf dem Schiff verliefen sehr kurzweilig. Es versammelte sich eine Gruppe von interessanten Menschen um uns, mit denen wir anregende und spannende Gespräche führten. Wie interessant es doch ist, so unterschiedlichen Menschen verschiedener Nationen zu begegnen und viele facettenreiche Lebensgeschichten zu hören.

Kurz nach 19 Uhr erreichten wir Santorin und wieder befiel mich diese aufregende Unruhe meines Herzens. Als ich vom Schiff ging, flossen mir schon wieder unvermutet Tränen über meine Wangen, mein Herz begann heftig zu pochen, und ich war aufgeregt, als wäre ich ein kleines Mädchen, das dem Weihnachtsabend entgegenfieberte.
Wir wurden in eine wunderschöne Apartmentanlage gebracht, in der ich einen abgeschlossenen Bereich hatte, mit einer Terrasse, von der ich über das Meer blicken konnte. Ich war tief berührt von allem hier und atmete intensiv die Energie meiner neuen Umgebung ein. Ein wenig versuchte ich mich zu orientieren, wo ich war, aber ich konnte mich nicht mehr so genau erinnern, an welchem Platz ich damals auf unserer Hochzeitsreise gewesen war. Die Taverne könnte ich sicher wieder erkennen, falls es sie nach dieser langen Zeit überhaupt noch geben würde - nach 25 Jahren.
Ich ging zum Abendessen, um mich danach sehr schnell wieder zurückzuziehen. Irgendwie war es mir wichtig diesen Abend für mich alleine zu verbringen, wo doch am nächsten Tag ein

Ausflug zum Vulkan geplant war und abends ein Vollmond-Dinner am Strand. Es sollte ein besonderer Vollmond sein, in einer Nacht, in der es auch eine halbe Mondfinsternis geben würde und durch die ungewöhnliche Planetenkonstellation eine unglaubliche Kraft vorhanden wäre. Also zog ich mich auf meine Terrasse zurück, lauschte dem Meeresrauschen und fühlte mich in diesem Moment vollkommen erfüllt. Ich erlebte tiefe Dankbarkeit in mir - für mein Leben, meine beiden außergewöhnlichen Kinder, die ich mit einem wunderbaren Mann und Vater aufgezogen hatte, auch wenn wir es nicht als Paar gemeinsam schaffen konnten, für all die liebevollen und hilfreichen Freunde und Menschen in meinem Leben und dafür, dass ich diese besondere Reise gewonnen hatte, auf der mir schon so viel Schönes widerfahren ist. Es war irgendwie ein besonderer Tag für mich und ich wusste nicht, warum ich an diesem Tag außerordentlich emotional war - vielleicht war es doch der Vollmond, der in der folgenden Nacht seine ganze Kraft entfalten würde. Mit diesem Gefühl von Dankbarkeit ging ich schlafen und erwachte am nächsten Morgen nach einer Nacht mit aufregenden und äußerst verwirrenden Träumen. Eigentlich konnte ich mich an nichts erinnern, mir blieb bloß eine gewisse Unruhe. Es war ein strahlender Sonnenaufgang, als ich erwachte und auf meine Terrasse trat. Ich atmete tief durch. Die Luft war herrlich und es schien ein wunderschöner Tag zu werden. Ich versank in dieser Stille und dem Frieden der Morgenstimmung in meiner Meditation und begann immer ruhiger und entspannter zu werden. Voller Freude ging ich nach dieser friedvollen Stunde zum Frühstück, wo ich schon Carla mit Charles sitzen sah. Beide strahlten sie ganz besonders an diesem Morgen, und auch die anderen aus unserer Gemeinschaft schienen alle guter Dinge zu sein. Wir fuhren zum Vulkan bevor uns noch die größte Hitze belasten würde. Es war interessant in den Krater dieses ewig brodelnden Vulkans, der ein weiteres Wunder all dieser faszinierenden Natur auf unserem Planeten für mich war, zu blicken. Es ist schon beeindruckend, dass man so am Rande eines Vulkankraters stehen konnte, ohne Angst haben zu müssen, dass er ausbrechen könnte oder auch nur heiße Lava entkommen und einen verbrühen würde. Ich bin immer wieder fasziniert, was unsere Natur hier auf Erden alles zu bieten hat, all diese großen und kleinen Wunder.

Den Nachmittag verbrachte ich alleine am Strand, in einem Wechsel aus Ruhen und Schwimmen im Meer. Immer wieder hatte ich ganz unvermittelt das Gefühl, als würde mich jemand beobachten, wenn ich mich ausgelassen und voller Lebendigkeit in meinem geliebten Element, dem Wasser, bewegte. Oftmals ist mir schon gesagt worden, dass ich im Wasser des

Meeres den Eindruck erwecke, als sei ich eine Meerjungfrau - eigentlich fühlte ich dort zumeist auch eine zu sein. ‚*Wer könnte mich denn hier beobachten*?‘, dachte ich ein wenig beunruhigt. Aber immer, wenn ich um mich sah, war da niemand. ‚*Litt ich unter Halluzinationen?*‘ Es konnte doch nicht sein, dass ich mir dauernd einbildete, hier jemanden ganz in meiner Nähe wahrzunehmen.
Am späten Nachmittag ging ich in mein Zimmer, um noch ein wenig zu schlafen und mich für dieses besondere Dinner fertigzumachen. Ich liebte es, mich in schönen Kleidern zu zeigen und mich in meiner ganzen Weiblichkeit zu präsentieren. Wunderschön hergerichtet und in meinem edlen roten Kleid erschien ich auf der festlich geschmückten Terrasse. Ich spürte förmlich die Blicke aller Männer auf mir, als ich auf diesem, mit Lampions und Blumenarrangements geschmückten Platz erschien, der unmittelbar am Meer vorbereitet war. Welch eine Schönheit - am Himmel erschien schon der Mond, umgeben von einer Fülle an Sternen, und vor mir das Meer, in dem der Mond sein Licht in einer breiten Lichtbahn widerspiegelte. Einen kurzen Moment zuckte ich zusammen, bildete ich mir doch schon wieder ein, eine Gestalt auf dieser Bahn dahinschweben zu sehen.
Ich bekam einen perfekten Platz zugewiesen, saß mit Carla und ihrem englischen Verehrer, einem Franzosen, einer Italienerin und einem

Schweden am Tisch und hatte den direkten Blick auf diese unbeschreiblich schöne, vom Mond gezeichnete, Lichtspur aufs Meer. Wir hatten einen gemütlichen Abend, führten eine interessante Konversation über Kunst und Kultur in den verschiedenen Ländern, genossen ein köstliches Essen und hörten gute Musik, die mich dazu veranlasste, zu späterer Stunde alleine zu tanzen zu beginnen. Wieder einmal nahm ich die Blicke aller auf mir wahr. *‚Immer noch koste ich es aus, eine Frau zu sein, die im Mittelpunkt steht und gesehen werden möchte. Ich erfreue mich einfach daran, bewundert und begehrt zu sein…'*
Es war herrlich, mich bei dieser guten Musik nach ihren Klängen zu bewegen und mit ihrem Rhythmus zu verschmelzen, um meinen Körper ganzheitlich zu erleben.
Vollkommen unvermutet hatte ich mitten im Tanz das Gefühl aufhören zu müssen und mich alleine zurückzuziehen. Ich verspürte den Drang, in dieser wunderschönen Vollmondnacht noch ein wenig mit mir selbst Zeit zu verbringen, um ganz ruhig zu werden und nur mehr dem Klang des Meeresrauschens zu folgen - mich der Stille dieser Nacht hinzugeben. Dafür wollte ich alleine einen Spaziergang am Strand machen. Ich verabschiedete mich von den anderen und zog mich zurück. Bloßfüßig, in meinem wunderschönen Kleid, spazierte ich im Sand, immer weiter weg von den Geräuschen, bis ich

ganz für mich war und nur mehr das Rauschen der sanften Wellen vernahm. So schlenderte ich glücklich dem Meer entlang und blickte immer wieder fasziniert auf das Licht, das der Mond auf die Meeresoberfläche zeichnete.
Plötzlich meinte ich, einen Schatten wahrzunehmen. Ein wenig spürte ich ein Aufflackern von Unsicherheit und Angst, doch noch mehr fing ein Gefühl von Aufregung an, sich in mir breitzumachen. Ich ging einfach weiter, als ich eine tiefe Männerstimme hörte, die mir zurief: „Madam, sorry, you have lost your scarf!" Einen kurzen Moment erstarrte ich verunsichert, weil ich nicht wirklich verstehen konnte, was er zu mir gesagt hatte. Ich drehte mich um und sah diesen Mann mit dunklerer Hautfarbe und leicht gelocktem dunklen halblangen Haar auf mich zukommen, in der Hand meinen roten Seidenschal ... mir stockte der Atem, als er näher kam und mir direkt in diesem hellen Mondlicht in meine Augen blickte. Kurz bevor er mir ganz nahe war, blieb er stehen, streckte mir die Hand mit meinem Schal entgegen, um im selben Augenblick ebenso zu erstarren, wie ich und seine Hand wieder sinken zu lassen. Wir sahen uns wortlos an, beide unfähig zu sprechen - ich habe keine Ahnung, wie lange wir so gestanden sind und uns tief in die Augen blickten, als sei es das Selbstverständlichste auf der Welt, sich einfach nur anzusehen. Im selben Moment begannen wir uns aufeinander zuzubewegen, um uns innig

zu umarmen, so als ob wir uns nach ewigen Zeiten endlich wieder getroffen hätten. In dieser Position standen wir eng umschlungen am Strand, zwei Fremde, die sich gerade erst begegnet waren, unfähig uns voneinander zu lösen. Mein Körper begann zu vibrieren und Tränen rannen über meine Wangen. Nach einiger Zeit - fünf Minuten, fünfzehn oder einer Ewigkeit - lösten wir uns ein wenig voneinander, nur um uns erneut in die Augen zu blicken. Auch in seinen Augen sah ich einen feuchten Glanz, mir flossen immer noch die Tränen über mein Gesicht, mein Körper bebte und ich war einfach sprachlos. Beide schienen wir unfähig zu reden. Erneut verschmolzen wir in einer weiteren Umarmung und ich hatte das Gefühl als wären wir einander seit Ewigkeiten vertraut. Bilder tauchten vor meinem inneren Auge auf, Bilder aus lang vergangenen Zeiten, wechselnde Bilder, wechselnde Szenerien.

Ich wusste, dass ich diesen Mann kannte - wahrhaft seit ewigen Zeiten.

Mein Atem wurde heftig und mein Körper begann immer mehr zu beben. Ich hatte das Gefühl, als würde ich mit ihm ganzheitlich verschmelzen und eine tiefe, stille Ekstase erfasste mein gesamtes Sein. Er hielt mich fest, streichelte mir über mein Gesicht, wir starrten einander erneut zutiefst ergriffen an, unsere Lippen bewegten sich langsam, beinahe unmerklich, aufeinander zu, um in einem unbeschreiblich innigen Kuss zu versinken...

*'Wer bist du, dass du mich so unglaublich tief berührst? Wir haben noch kein einziges Wort miteinander gesprochen. Was machst du mit mir, dass ich das Gefühl habe, nichts anderes zu wollen, als bloß, in deinen Armen gehalten, zu versinken?'*

All diese wirren Gedanken kamen in mir auf.

Ich wollte in diesem Moment nichts anderes, als mit dir vollkommen eins zu werden. Das Gefühl war, als hätte ich diese unbeschreibliche Lust, Sex zu haben und doch fühlte es sich anders an. Schon in unserer Umarmung hatte ich das Empfinden eins mit diesem Mann zu sein.

*'Endlich bist DU wieder da!'*

Ja, es war in diesem Moment das Gefühl in mir, endlich, nach einer unendlich langen Reise, angekommen zu sein. Immer noch war es mir unmöglich, auch nur ein Wort zu sprechen, obwohl ich das Gefühl hatte, irgendetwas sagen zu müssen.

Vorsichtig löste er sich von mir, blickte mich erneut an und wir begannen zu lachen, lauthals zu lachen - der Bann war gebrochen. Er meinte: „Sorry, I saw that you must have lost this scarf." Er schien nicht von englischer Herkunft zu sein. „Oh yes, it is mine, thank you, it´s so kind of you." Erneut mussten wir lachen. Diese Situation war schon sehr skurril. Eine Frau im roten langen Kleid, bloßfüßig mitten in der Nacht am Strand und ein Mann im eleganten,

dennoch sehr legeren Anzug mit einem Seidenschal in der Hand - zwei Fremde, die das Gefühl hatten, als ob dieses Geschehen eine Selbstverständlichkeit sei.
Wir ließen uns in unseren eleganten Gewändern am Sandstrand nieder und begannen zu reden, in einer Mischung aus Englisch, Deutsch und Spanisch.

Das gesamte Gespräch hindurch liege ich in deinen Armen, nur kurz lösen wir uns immer wieder voneinander, um uns erneut innig und tief in die Augen zu blicken und uns anzusehen, zärtlich zu berühren und intensiv zu küssen. Wir reden über uns, unsere Interessen, unsere Wünsche und Sehnsüchte, über Kunst und Architcktur.

Sein ursprünglicher Beruf war Architekt, in dem er weltweit unterschiedliche Projekte verwirklicht hatte. Aufgewachsen ist er an verschiedenen Orten, weil sein Vater - ein Spanier - im diplomatischen Dienst war und mit seiner Mutter, die Mexikanerin ist, und seinen beiden Geschwistern, in den unterschiedlichsten Ländern gelebt hatte.

*‚Meine Güte, was bist du für ein schöner Mann. Wie lange schon habe ich davon geträumt, einem Mann wie dir - nein vermutlich genau DIR - zu begegnen.‘*
Immer wieder blicke ich dich atemlos und

fasziniert an.
Ich fange unvermutet zu weinen an, um ebenso im nächsten Augenblick einfach ausgelassen zu lachen. Meine Emotionen spielen verrückt.
*‚Mein Körper ist erfüllt von dir, obwohl ich dir gerade erst begegnet bin, meine Seele und mein Herz scheinen hell zu strahlen.‘*
Ich starre dich an ...
Soeben habe ich den Faden unseres Gesprächs verloren, zu tief bin ich in dich hinein gesunken.
*‚Wie schön dein Name klingt - Isaias, der Name eines Propheten. Habe ich dafür schon seit Jahren unbedingt Spanisch lernen wollen, weil meine Seele bereits wusste, dass du kommen würdest?‘*
Was für ein gebildeter Mann du bist, du sprichst sieben Sprachen - Spanisch, Englisch, Französisch, Portugiesisch, Russisch und auch ziemlich gut Deutsch und Italienisch.

Plötzlich ziehst du mich zu dir hoch und zeigst aufs Meer - dort taucht ein Schwarm von Delfinen auf, mitten in der Nacht, beleuchtet von diesem magischen Licht des Vollmondes. Meine Berührtheit ist so tief, dass ich erneut zu weinen beginne, Tränen tiefsten Glücks und unglaublicher Erfülltheit.
*‚Soll sich nun tatsächlich mein größter Wunschtraum meines Lebens erfüllen?*
*Ob du wohl ungebunden bist? Gott, bitte lasse diesen Mann frei sein!‘*
Als ob du meine Gedanken gelesen hättest,

drückst du mich fester an dich…
Wieder ziehst du mich zu dir in deine Arme, um mich mit einer Innigkeit zu küssen, die unbeschreiblich ist. Wir scheinen wie zwei Ertrinkende zu sein, die nichts mehr haben, als diesen anderen Körper, an den sie sich schmiegen können - ich beginne zu zittern, vor Lust, aber noch mehr vor tiefer Erfülltheit. Es ist immer wieder als wäre ich schon vollkommen eins mit dir. Zärtlich umfasst deine Hand meine Brust und ich erbebe in Schauern zu einem ganz sanften Orgasmus, der mich in Dimensionen zu erheben scheint, wie ich sie noch nicht gekannt habe, bloß diese zarte Berührung meiner Brüste und meiner Brustwarzen. Oh Gott, wie sehne ich mich danach mit dir zu verschmelzen, dennoch weiß ich, dass es jetzt nicht sein soll.
*‚Wir sind schon immer eins, verschmolzen in der Ewigkeit aller Zeiten, die wir einander kennen.‘*
In dem Moment meiner weitschweifenden Gedanken fragst du mich, wie lange ich denn noch hier sei. Ich antworte, dass es noch drei ganze Tage wären und ich dann am vierten Tag um 15 Uhr zum Flughafen müsste. „Willst du diese Zeit mit mir verbringen?“, fragst du mich. Ich antworte wie selbstverständlich: „Ja unbedingt, aber jetzt muss ich, glaube ich, einmal noch ausgiebig schlafen, um alles danach mit dir so richtig genießen zu können.“
„Darf ich dich zu deinem Hotel begleiten?“ Ich

bin natürlich sehr dankbar für dieses Angebot, ist es doch schon 4 Uhr in der Früh, und weit und breit niemand außer uns beiden. Zärtlich legst du deinen Arm um meine Schultern, als wäre es das Selbstverständlichste der Welt, dass du nun auf diese Weise mit mir zum Hotel gehst. Dort angekommen, begleitest du mich zum Eingang meines Apartments, küsst mich nochmals so wunderbar, dass ich mir nichts anderes wünsche, als immer und immer wieder von diesem Mann geküsst zu werden - und fragst mich zum Abschied: „Darf ich dich morgen hier abholen, meine wunderschöne Magdalena?" „Ja gerne, aber es ist ja eigentlich schon heute und ich brauche dringend Schlaf. Passt es dir um 12 Uhr?" „Wann immer du möchtest - ich reserviere mir all deine Zeit, die du hier bist, für dich, wenn dir das recht ist?!"

*‚Ich bin fasziniert - er scheint es tatsächlich so zu meinen.'*

Langsam ziehst du dich zurück, ich stehe in der Türe und bin bewegungslos. Noch einmal drehst du dich um, unsere Augen begegnen einander und es ist pure Magie, die uns hier umgibt.

Es ist wahrhaft magisch, was heute Nacht passiert ist.

Du bist schon gegangen und ich stehe immer noch hier in dieser Türe - fassungslos darüber, was sich heute ereignet hat.

Dann gehe ich in mein Zimmer, nehme eine heiße Dusche und lege mich ins Bett. Ich bin

viel zu aufgeregt, um sofort einzuschlafen - plötzlich erinnere ich mich an all die Vorzeichen, die ich offensichtlich schon bekommen habe. *‚Kann es tatsächlich sein, dass wir alles schon im Voraus erahnen? Oder erschaffen wir uns diese Realität?‘*
Ich spüre meinen Körper immer noch beben, erfüllt von diesen außergewöhnlichen Küssen und Berührungen, und wir hatten nicht einmal Sex miteinander.
*‚Wie wird es erst sein, wenn wir uns tatsächlich vereinigen?‘*

So schien ich dann irgendwann mit meinen Gedanken doch eingeschlafen zu sein - denn ich erwache erst wieder um 10:30 Uhr und fühle mich so erholt und ausgeruht, wie schon lange nicht mehr. Ein Lächeln kommt über mein Gesicht - ich freue mich auf diesen ersten gemeinsamen Tag.
*‚In eineinhalb Stunden wirst du mich abholen! Oh mein Gott - und wenn alles nur ein Traum war?*
*Ich weiß nicht einmal, in welchem Hotel du bist! Ich kenne nur deinen Vornamen. Was ist, wenn du womöglich verheiratet bist, eine Familie hast oder auch nur eine Freundin?*
*Mach dich jetzt nicht verrückt mit diesen Gedanken! Er kommt sicher - vertraue!‘*

Ich schiebe alle meine ängstlichen Gedanken zur Seite, stehe auf, gehe in die Dusche, rasiere meine Beine, trimme meine Lotusblüte, wie ich liebevoll meine Vagina zu bezeichnen gewohnt bin - *man kann ja nie wissen, was passiert* - putze meine Zähne und creme mich intensiv ein. Mein Körper fühlt sich herrlich an - endlich kann ich ihn vollkommen akzeptieren, genauso wie er ist, auch wenn ich schon knapp über 50 bin. Ich habe einen schlanken, muskulösen Körper, kleine feste Brüste, und, obwohl meine Haut nicht mehr die einer jungen Frau ist, fühle ich mich rundum wohl, so wie ich bin. Besonders mag ich meine schönen, langen, dichtgelockten Haare, auch wenn ich mit der Haarfarbe nachhelfen muss. Mein Gesicht ist ebenmäßig schön, vor allem, wenn ich entspannt und glücklich bin - und das bin ich gerade, allerdings ziemlich aufgeregt. Ich ziehe mir ein hübsches Sommerkleid an, dazu meine Silbersandalen und schminke mich dezent - vermutlich werde ich ja heute noch ins Meer eintauchen.

Kurz nach 11:30 Uhr komme ich in die Hotel-Lobby. Ich brauche dringend einen guten Cappuccino - um irgendetwas essen zu können, bin ich viel zu nervös.

Ich sitze an der Hotelbar mit Blick nach draußen, das Meer und die Sonne strahlen mir entgegen, mein Herz pocht heftig. Ich genieße den Anblick des Wassers, hänge meinen Gedanken nach und trinke meinen Kaffee. Kurz schließe ich meine Augen - plötzlich zucke ich

zusammen, blicke auf die Uhr in der Halle - es ist 11:56 Uhr - schon sehe ich dich durch die Türe hereinkommen. Unsere Blicke begegnen einander und es scheint mir als würde die Zeit still stehen, ich sehe nichts - nur deine Augen. Du kommst auf mich zu - wie in Trance gleite ich von meinem Hocker und schon umfassen wir einander in einer innigen Umarmung.
Als ich mich von dir löse, sehe ich Carla mit großen Augen auf uns blicken. Ich winke sie heran und stelle euch einander vor: „Carla, darf ich dir Isaias vorstellen, wir haben uns gestern Nacht am Strand kennengelernt. Isaias, das ist Carla, sie ist ebenfalls Spanierin.“ Carla scheint immer noch verblüfft zu sein: „Ich dachte mir für einen Moment, dass du mir verheimlicht hast einen Mann zu haben, der hierher nachkommt - ihr wirkt so vertraut, als würdet ihr euch seit Ewigkeiten kennen.“
Ohne jegliches Zögern meinst du: „Das tun wir auch - wir kennen uns seit ewigen Zeiten.“ Wir beide - Carla und ich - starren dich fragend an. Mit welcher Selbstverständlichkeit du das soeben gesagt hast. Du lächelst uns wissend an und fragst uns beide, ob wir noch ein Getränk wollen. Doch Carla meint, dass sie schon eine Verabredung hätte und gleich weiter müsse. Beim Abschied umarmt sie mich und flüstert in mein Ohr: „Das ist er - er ist dein Mann!“ Ich merke, wie ich leicht erröte, dann ist sie schon wieder verschwunden. „So, wunderschöne Frau, hast du irgendwelche Wünsche für den heutigen

Tag?“ Ich bin viel zu aufgeregt, um klar zu denken, und meine nur: „Ich bin im Moment gerade wunschlos glücklich.“ „Na, dann lass dich einmal überraschen. Hast du deine Badesachen bei dir?“ Diese habe ich natürlich schon eingepackt und mitgenommen.

Du führst mich hinaus, wir gehen zu einem offenen Sportwagen. Höflich hältst du mir meine Autotür auf - herrlich, ein Mann mit Stil und Manieren.

Wir fahren durch verschiedene wunderschöne baum- und blütenreiche Gegenden, um irgendwann vor einer ganz kleinen Taverne haltzumachen. Inzwischen habe ich doch schon Hunger bekommen.

Wir befinden uns in einer einsamen Gegend, weit und breit nichts außer Natur, mit einem Blick von oben auf das Meer und in die unglaubliche Weite. Das Essen ist herrlich und wir unterhalten uns angeregt. Irgendwann kann ich mich dann nicht mehr zurückhalten, dir diese eine entscheidende Frage zu stellen: „Isaias, bist du verheiratet? „Nein, ich bin seit zwei Jahren geschieden“, ist deine spontane und absolut ehrlich wirkende Antwort. Mir fällt ein Stein von Herzen, aber noch bin ich nicht vollkommen beruhigt: „Und hast du eine Beziehung?“ „Nein, ich bin Single, und wie sieht es bei dir aus?“ Erleichtert und ohne zu zögern antworte ich: „Ich bin schon seit 20 Jahren geschieden und hatte nie wieder eine wirklich lang andauernde Beziehung seit meiner

Ehe." Du schmunzelst - offensichtlich merkst du, wie wichtig mir diese Antwort war und wie erleichtert ich zu sein scheine. Jetzt stellt sich nur noch die Frage, wo du lebst - nicht erfüllende Fernbeziehungen hatte ich schon oftmals gehabt. Du meinst, dass du derzeit auf Mallorca wohnst, aber immer wieder einmal auch deine Wohnorte wechseln würdest. Ist das interessant: „Da hätten wir uns doch vor knapp zwei Jahren schon beinahe begegnen können - ich war doch einen ganzen Sommer auf dieser Insel." Daraufhin erzählst du mir jedoch, dass du erst nach deiner Scheidung dorthin gezogen wärst, vor allem aus beruflichen Gründen und wegen deiner Kinder. *‚Wirklich spannend - wie sehr ich doch damals den Drang hatte auf dieser Insel leben zu wollen, um Spanisch zu lernen und am Meer zu sein. Als ob ich dein Kommen schon erahnt hätte. Beinahe wollte ich mir dort ein Apartment kaufen. Wie schade, dass ich es mir nicht leisten konnte.'*

Du hattest inzwischen deine berufliche Laufbahn verändert und machst nun weltweit Coachings und Trainings für große Unternehmen und auch Privatpersonen. Auch hier auf diese Insel bist du für eine Woche Seminartätigkeit gekommen und hast nun eine weitere angehängt, um Entspannung und Ruhe zu genießen. Vor zwei Tagen hatte dein Seminar geendet. Dein Ansatz ist vielfältig und ich erkenne einige Parallelen zu all dem, was ich gerne mache. Doch hatte ich bisher noch nicht den Mut, klare Entscheidungen zu einer vollkommenen Veränderung zu treffen. Daher ist es mir nun wichtig an *mein Auszeit-Jahr*, in dem ich auf einer mexikanischen Insel, der Isla Mujeres, ein halbes Jahr verbracht und Spanisch gelernt habe, zumindest noch ein weiteres halbes Jahr Auszeit anzuhängen, um beruflich neue Wege einzuschlagen und endlich meiner Passion zu folgen.

*‚Wahrhaft interessant, dass mir ausgerechnet das Spanischlernen so wichtig war.'*

Nach diesem köstlichen Mittagessen, einem intensiven Gespräch und diesem wunderbaren Weitblick schlägst du mir vor, mich nun an deinen besonderen Platz zu bringen. Ich bin einverstanden und sofort zunehmend aufgewühlt. Wir fahren wieder durch bezaubernde Gegenden und landen vor einer Villa, vor der du das Cabriolet abstellst. Ich bin nur mehr fassungslos, du führst mich in eine Gartenanlage mit Olivenbäumen und einem in Weiß und Blau gestalteten Traumhaus, das sich perfekt in die Harmonie der Umgebung einfügt. Dann erklärst du mir, dass dies ein Haus sei, das du für ein befreundetes Ehepaar errichtet hast und in dem du nun immer wieder die Möglichkeit hättest, in Abwesenheit der beiden hier einige Zeit verbringen zu dürfen. Es liegt unmittelbar am Meer. Sogleich führst du mich auf eine weitläufige Terrasse, die direkt in ein wunderschönes Stück weißen Sandstrandes übergeht. Hier wage ich nicht, auszusprechen, dass ich am liebsten nackt bade, weshalb ich mir meinen Bikini anziehe und kurz darauf ins Meer eintauche. Nachdem du mich kurze Zeit in meinem Lieblingselement beobachtet hast, folgst du mir ins Meer und gemeinsam schwimmen und genießen wir dieses herrliche Wasser. Langsam und achtsam näherst du dich, ziehst mich sanft an dich heran und küsst mich voller Begehren. Durch die Badehose spüre ich deine Erektion und nehme auch die Feuchtigkeit in meiner Mitte wahr - allzu groß ist meine Lust auf diesen aufregenden, attraktiven Mann - auf dich.

Immer heftiger wird unser beiderseitiges Verlangen. Schon spüre ich heiße Wellen der Ekstase in mir aufwallen - Gott sei Dank befinden wir uns noch in der Frische des Meeres. Wir gehen Hand in Hand aus dem Wasser, ich fühle mich wie in Trance. Du führst mich zu dieser riesigen Doppelliege direkt am Wasser, hebst mich auf und legst mich achtsam darauf, um mir dann mein Bikinioberteil zu öffnen und mit deinen Lippen und Händen meine Brüste zu liebkosen und zu massieren, meine Brustwarzen sanft und auch wieder fester zu küssen und leicht zu beißen. Mein Atem wird heftig und ich spüre, wie sich eine unglaublich heiße Welle der Lust von meinen Brüsten in den Unterleib ausdehnt, ein sanfter Orgasmus durch meinen ganzen Körper zu pulsieren beginnt, und ich mit einem Lustschrei - meine Hüften aufbäumend - intensiv und explosiv komme. Mein Körper zuckt und zuckt unter deinen Berührungen, gleichzeitig nehme ich wahr, wie dein Atemrhythmus nun intensiv wird, während du mir mein Höschen von den Beinen streifst und dein Kopf zwischen meine Schenkel gleitet. Sanft küsst du meine Vulva, leckst zärtlich meine Klitoris und schiebst mir deine Finger in meine so unglaublich begehrend pulsierende, inzwischen unbeschreiblich nasse, Vagina, um mich damit in eine Serie lustvoller Höhepunkte zu begleiten. Alles in mir schreit danach, endlich vollkommen genommen zu werden.

*‚Bitte nimm mich, ich will dich ganz in mir spüren!‘*

Anscheinend hörst du meinen inneren Ruf nach mehr, streifst dir deine Hose ab - ich blicke deinen Körper entlang nach unten und sehe diesen für mich absolut perfekten Penis, der in voller Größe und Härte nur mehr darauf wartet eindringen zu dürfen. Vorsichtig legst du dich über mich, küsst mich heftig und verlangend und blickst mir tief in meine Augen. Alleine dein Blick reicht schon aus, um erneut Wellen der Ekstase durch mich strömen zu lassen und dir sehnsuchtsvoll meine Hüften entgegenzustrecken. Als ob du wüsstest, was ich mir wirklich wünsche, dringst du im Zeitlupentempo Millimeter für Millimeter in mein Innerstes. In meiner Höhle spüre ich jede Faser pulsieren und lasse mich von dieser ersten heißen Welle meines Orgasmus in die

Unendlichkeit tragen, in dem Moment, in dem du ganz tief in mir zu Ruhe kommst. Ich bebe, ich weine und lache, ich höre aus der Ferne meine Lustschreie, die mich von einer Welle zur nächsten katapultieren. Es soll nie wieder enden. Diese Sanftheit geht über in einen innig wilden Tanz gemeinsam erlebter Lust, bis auch du plötzlich mit einem lauten Aufschrei kommst und noch im letzten Moment deinen Penis aus mir ziehst, um dich über meinem Bauch zu ergießen. Über Verhütung haben wir noch gar nicht gesprochen. Du sinkst nieder, rollst dich auf die Seite und ziehst mich liebevoll in deine Arme, um meinen Körper zärtlich zu liebkosen.
*'Meine Güte, war das richtig? Ich kenne dich ja nicht wirklich. Eigentlich habe ich mir doch gewünscht einen Mann erst kennenzulernen, bevor ich mit ihm Sex habe. Aber gibt es ein Rezept dafür, wie etwas beginnen muss, damit es auch lange funktioniert? Ich glaube, es sind nur Konzepte, mit denen wir uns selbst beschränken. Alles was im Leben sein soll, geschieht doch tatsächlich von selbst und ist im Fluss'.*
Ich hänge meinen unsicheren Gedanken nach, dabei war es gerade unbeschreiblich schön mit dir.
Ich habe Durst. Wieder ist es, als würdest du meine Gedanken lesen können: „Darf ich dir etwas zum Trinken bringen?“ „Ja bitte, ein Glas Wasser.“ Du stehst auf und gehst ins Haus - ich blicke dir nach und genieße es, diesen

herrlichen Körper zu betrachten. ‚*Wie alt du wohl bist?*‘
Ich vermute, dass du etwas jünger bist als ich, genauso wie es meinen Wünschen entspricht.
Du kommst zurück - erscheinst mir auch von vorne als Abbild eines griechischen Gottes. Wie sehr ich deinen schönen Körper genieße. Du strahlst mich an, reichst mir das Glas, um es mir dann wieder abzunehmen, nachdem ich getrunken habe, mich hochzuziehen und mich zum Wasser zu führen. Wir genießen es beide im Wasser nackt und ausgelassen zu sein. Wieder umschlingst du mich mit deinen Armen und ich spüre erneut deine Erektion. ‚*Wie wunderbar - ein potenter Mann.*‘ Ich bekomme unverzüglich wieder Lust und schlinge meine Beine um deine Hüften. Wir küssen uns wild und ungestüm - währenddessen spüre ich, wie du mit einem heftigen Stoß in mein Innerstes eindringst, einfach göttlich. Wie lange es schon her ist, dass ich Sex im Meer hatte. Ich bewege meine Hüften auf und ab, vor und zurück, während du mich mit deinen kraftvollen Armen hältst. Und wieder erlebe ich, wie mich eine sanfte Welle durchflutet. Ich will dich reiten - darauf habe ich jetzt die größte Lust. „Bitte lass mich dich reiten.“ So vereint wie wir sind, gehst du mit mir aus dem Wasser, trägst mich zu den Liegen, setzt dich mit mir auf dir darauf und legst dich zurück. Ich gleite kurz in die Höhe, damit du dich gut auf die Liege legen kannst, gehe wieder in die Hocke, führe mir diesen

perfekten Penis in meine glitschig nasse Muschi und beginne sanft meine Hüften zu bewegen. Du stöhnst auf, willst deine Beine anwinkeln, die ich vorsichtig, doch bestimmt, wieder nach unten drücke - so erhalte ich den perfekten Winkel. Wir blicken einander in die Augen und ich lasse es zu, mich immer wilder auf dir zu bewegen, in einem Ritt, der mich schon kurz darauf zu meinem ultimativen Orgasmus führt. Ich spüre ihn sich aufbauen, reite weiter und lasse mit lauten Lustschreien all meine Energie nach außen strömen, um gleich wieder weiter zu reiten. Jetzt bin ich zügellos, eine Welle nach der anderen überrollt mich, es ist, als ob mich der gesamte Ozean umspülen würde. Ich will gar nicht mehr aufhören, bewege mich in meinem wilden Rhythmus und genieße unendlich, solange, bis ich nicht mehr kann und auf dich niedersinke - weinend, lachend, erlöst, erfüllt. Du hältst meinen zitternden Körper in deinen Armen und wischst mir die Tränen von den Augen, was dazu führt, dass ein weiterer Strom zu fließen beginnt - vor Berührtheit und Erfüllung, Erleichterung und Aufregung.

Dann gleite ich langsam nach unten, will ich doch auch dir lustvolle Erfüllung verschaffen, nehme deinen herrlich prallen Penis in meine Hände und lege zart meine Lippen um deine Eichel, ganz langsam und achtsam massiere ich deinen Schaft und lecke die Eichel. Du stöhnst auf und genießt. Als ich intensiver zu werden beginne, nimmst du meine Hand und meinst:

„Schönheit, nicht jetzt, ich will im Augenblick nur deinen Körper an meinem genießen, komm zu mir herauf.“ Ich gleite wieder nach oben, wir küssen uns ganz liebevoll und berühren und liebkosen unsere Körper.

*Welch ein Nachmittag!*

Ich verliere jedes Gefühl für Zeit, doch irgendwann beginnst du zu sprechen: „Hast du Lust auf etwas Süßes?“ „Ja unbedingt, darauf habe ich fast immer Lust, obwohl ich vor einem halben Jahr - am Tag nach meinem Geburtstag - aufgehört habe, Zucker zu mir zu nehmen. Aber man darf doch zwischendurch einmal eine Ausnahme machen.“

Vorsichtig ziehst du mich hoch, wir bekleiden unsere Hüften mit Pareos und gehen ins Haus, das ich zuvor noch gar nicht von innen gesehen habe.

Der erste Raum ist wunderschön, hell, modern, geschmackvoll eingerichtet und unglaublich groß. „Darf ich die anderen Räume auch sehen?“, frage ich. Du führst mich weiter, zuerst nach oben, wo es ein unbeschreiblich ästhetisches Schlafzimmer mit einem Kingsize-Bett und eigenem Bad gibt. Auch in all den anderen Räumen, die edel gestylt und lichtdurchflutet sind, gibt es eigene Badezimmer. Das habe ich zuvor nur in Mexiko, in den Häusern der wohlhabenden Amerikaner, gesehen. Von oben bringst du mich wieder nach unten, wo wir durch das geräumige Wohnzimmer in eine Küche mit weißen Fronten und weißem Marmor kommen - in diesem Haus ist wirklich alles sehr harmonisch eingerichtet.

Du hast alle möglichen Eiscremesorten im Eisfach vorbereitet, als ob du gewusst hättest, wie sehr ich Eiscreme liebe. Ich schwelge in der Vielfalt und genieße einen riesigen Eisbecher mit Schokosoße und geschlagenem Obers. Wie lange habe ich mir einen solchen Genuss schon nicht mehr gegönnt. Während ich mit meinem Eis auf der Terrasse sitze und mich durch all die verschiedenen Geschmäcker durchkoste, nippst du an deinem Eiskaffee und beobachtest mich schmunzelnd. Ich erfahre nun mehr von deinen beiden Kindern, die jünger sind als meine, deine Tochter ist bald 17, dein Sohn 15. Sie leben bei ihrer Mutter auf Ibiza, weswegen du auf Mallorca bist, um in ihrer Nähe zu sein, damit sie auch immer wieder Zeit bei dir und mit dir verbringen können, wenn du nicht gerade beruflich in anderen Ländern unterwegs bist.
Du bist 44 Jahre alt, also genau sieben Jahre jünger als ich und Single. Du wolltest nach deiner 20 Jahre dauernden Beziehung nun lieber alleine leben. All das und mehr habe ich von dir erfahren, bevor wir erneut beginnen, uns zu küssen, zu streicheln und uns unserer Lust hinzugeben…

So verbrachten wir Stunden um Stunden miteinander, erforschten unsere Körper, erzählten uns von unserem Leben und erkannten, dass wir uns beide nach demselben sehnten - einer erfüllten und bewussten Liebesbeziehung. Diese drei Tage erlebte ich in einem Rausch von Lust und Ekstase, von Weinen, Lachen, Gesprächen, Kennenlernen wunderschöner unberührter Plätze auf dieser Insel und der Sehnsucht, dass die Zeit stillstehen möge. Außerdem konnte ich neben dir und sogar in deinen Armen tief und erholsam schlafen, ohne von jedem kleinsten Geräusch geweckt zu werden. Interessanterweise gelang mir dies im Ansatz bereits mit David auf Zakynthos, in dessen Armen ich allerdings meinen größten Lebenswunsch noch einmal so innig verspürt hatte. Mit ihm hatte ich diese Erfahrung erstmals nach vielen Jahren gemacht - doch ist es unglaublich, welch ein Unterschied es noch einmal ist, wenn auch das Herz zutiefst berührt wird. Offensichtlich war er schon eine Vorbereitung darauf - ich hatte mich von ihm als Frau wirklich gewürdigt gefühlt und konnte damit auch Vertrauen aufbauen. Bei dir fühlte ich mich bereits umfassend sicher und geborgen, obwohl wir nur wenig Zeit miteinander erleben durften.

Du erfuhrst von mir, dass ich gerade dabei bin, mein Leben neu zu ordnen, für jede Veränderung in die Richtung meines Herzenswunsches offen sei und derzeit keine beruflichen Verpflichtungen habe, die mich zeitlich oder örtlich an Salzburg gebunden sein

ließen.
Auch privat war ich frei, weil meine beiden Kinder nicht mehr bei mir lebten und bereits studierten.

Nach unglaublich beglückenden Momenten kam dann doch sehr schnell die Zeit des Abschieds mit der Vereinbarung, dass wir einander bald wiedersehen würden. Du hast mich allerdings darum gebeten, in der Zwischenzeit weder telefonisch noch durch E-Mails in Kontakt zu treten. Ich sollte mir nur in der Zeit um den nächsten Vollmond nichts vornehmen.
*Welch eine merkwürdige Bitte - sofort spürte ich Angst aufkommen - unendliche Verlustangst.*

Beim Abschied am Flughafen konnte ich meine Tränen nicht zurückhalten - du hast mich innig in deine Arme genommen, mich geküsst und mir nochmals tief in die Augen geblickt, als wäre alles zwischen uns vollkommen klar und sicher.
Dann musste ich durch die Sicherheitskontrolle gehen.

Carla hatte ihren Abflug eine halbe Stunde nach mir - kurz konnten wir uns noch austauschen.
Auch sie schien sich verliebt zu haben und war nun traurig, eine Fernbeziehung nach England zu führen. Sie zweifelte daran, dass es gut gehen könnte, ich meinte, dass es möglich wäre,

wenn beide daran glaubten und sich damit für alles eine Lösung finden würde. Diese Worte sprach ich vor allem auch zu mir selbst, wünschte ich mir doch nichts mehr, als endlich beim richtigen Mann angekommen zu sein. In mir verspürte ich diese tiefe Klarheit - erstmals nach vielen Jahren.
Ich musste zum Flugzeug, winkte Carla und wünschte ihr das Allerbeste.

Bei diesem Rückflug ließ ich nochmals all unsere wunderbaren und auch sexuell unglaublich intensiven Stunden Revue passieren ...
*‚Dieser Mann fühlt sich für mich absolut perfekt an.*
*Aber wie soll ich all die Zeit ohne Kontakt ertragen? Hat er doch eine andere? War das seine Art, sich zurückzuziehen? War ich nur ein Abenteuer für ihn? Will er mich bei der Stange halten, um mich dann fallen zu lassen?‘*
Alle denkbaren und undenkbaren Ängste kamen auf und vermischten sich mit den freudvollen Erinnerungen an diese unbeschreiblichen Momente, die wir miteinander genossen hatten.

Laura, meine liebste Freundin, holte mich am Flughafen ab und erkannte sofort meine Verwirrung.
Eigentlich konnte ich in diesem Moment nicht viel erzählen, ich wollte alleine sein und meine Gefühle ordnen. Sie akzeptierte meine

Sprachlosigkeit und führte mich direkt nach Hause.
Dort angekommen fühlte ich tiefe Einsamkeit, wie schon lange nicht mehr.
Es entstand ein Gefühl absoluter Leere in mir.
*‚Vielleicht hatte ich nur einen wunderschönen Traum erlebt.‘*
Ich packte unter Tränen meinen Koffer aus…

Plötzlich sehe ich ein Päckchen zwischen meinen Kleidern.
Ich packe es aus und finde außergewöhnlich schöne Ohrringe darin: *‚Wann hat er bloß Zeit gehabt diese zu besorgen - wir waren doch die meiste Zeit beisammen?‘*
Mein Herz klopft, als ich den Brief öffne, den du dazugelegt hast.

*Meine wunderbare Magdalena,*
*ich weiß, dass Du gerade vollkommen verunsichert bist, wegen meines Wunsches zwischen unseren Begegnungen keinen Kontakt zu haben. Wir sind in Kontakt - über unsere Herzen und unsere Seelen, und bei jeder Begegnung werden wir mehr voneinander kennenlernen und wissen, was wir beide wahrhaft wollen. Die Zeit dazwischen sollen wir nach innen kehren, reflektieren und wahrnehmen, was unser tiefer Wunsch ist. Ich spiele nicht mit Dir, ich bin offen und ehrlich, in jedem Moment und ich bitte Dich mir zu vertrauen.*

*Du wirst von mir eine Woche vor dem nächsten Vollmond ein Flugticket geschickt bekommen, damit Du weißt, wo wir einander wiedersehen. Nur wenn Du Dir sicher bist, dass Du mich nicht wiedersehen möchtest, gib mir bitte Bescheid ... Deinen Wunsch werde ich immer respektieren.*
*Es war eine einzigartige Zeit für mich mit Dir zu sein, Deiner Schönheit, Deiner Grazie, Deinem heiteren, verspielten Wesen, Deiner Hingabefähigkeit und Deiner wahrlich unbegrenzten, ungezügelten lustvollen Weiblichkeit. Und der Sex mit Dir war einfach fantastisch!*
*Ich danke Dir für diese Momente.*
*In ewiger Verbundenheit,*
*Isaias*

Mein Körper bebt vor Berührtheit - ich darf vertrauen ...
Alles wird gut und ist schon jetzt einfach unbeschreiblich schön.
*Er ist sicher kein Mann, der mich für Machtspiele missbraucht.*

Trotz meines intuitiven Gefühls vertrauen zu können, erlebe ich in der Zeit danach alle Höhen und Tiefen, werde wieder ganz häufig getestet - viele Männer aus meiner Vergangenheit tauchen auf, um Sex mit mir haben zu wollen. Kaum gehe ich irgendwohin, habe ich das Gefühl begehrliche Blicke von

Männern auf mir zu spüren. Nichts kann mich aus der Balance bringen.
Ich weiß ganz klar, ich will mit dir mein Leben verbringen.
Kein anderer Mann interessiert mich mehr.
*Die Jägerin hat tatsächlich ihre Jagd auf Männer beendet, sie will nur mehr mit diesem Einen sein.*
Ich habe das sichere Gefühl, dass du mein Seelenpartner - wenn es einen solchen geben kann - bist, auf den ich schon so lange gewartet habe. Jener Mann, mit dem es keiner karmischen Verstrickung und Erlösung mehr bedarf, nur mehr eines Zusammenlebens in wahrer Bewusstheit und tiefer Liebe. Vielleicht war es ja genau das, was du meintest, in deinem Wunsch Stille zu halten - zu erkennen, was jeder von uns tatsächlich will. Ein wenig aufgeregt und ängstlich bin ich dennoch.
*‚Wird wirklich ein Ticket kommen?'*

Zumindest weiß ich, dass ich einen wunderbaren und umfassenden Reisebericht abgeben konnte, nicht nur, dass ich außergewöhnlich schöne Fotos gemacht habe, von Plätzen, die vermutlich kaum jemals Touristen gesehen haben, konnte ich beim Interview auch von vielen Besonderheiten erzählen.

*Ich kann es einfach nicht beschreiben, wie glücklich und dankbar ich bin, diese Reise gewonnen zu haben - das Schicksal hat es offensichtlich so vorgesehen.*

Immer wieder schwelge ich in meinen Fantasien:
*Wir beide im Meer - du ganz tief in mir, das Plätschern der sanften Wellen... Ich vornübergebeugt, meine Arme auf der weißen Marmorplatte - du nimmst mich hart und intensiv von hinten... Ich mit deinem köstlich erigierten Penis im Mund, den ich kraftvoll massiere und lecke, bis sich dein ganzer Saft in meinen Mund ergießt, ich ihn schlucke und ein wenig davon über meine Lippen nach außen strömen lasse... Wir beide in tiefer Verschmelzung, ohne jegliches Zeit- und Raumgefühl...*

Tatsächlich, sieben Tage vor dem Vollmond - ein eingeschriebener Brief.
Ungeduldig und mit klopfendem Herzen öffne ich ihn.
Vier Tage und drei Nächte in Paris - Abflug Donnerstag, 9 Uhr, Ankunft in Paris 11:15 Uhr, Rückflug Sonntag, 17:30 Uhr.
Eine kurze handgeschriebene Notiz ist beigelegt:

*Meine Wunderschöne,*
*ich erwarte Dich mit großer Freude am Flughafen Charles de Gaulle.*
*Wir werden uns in Kürze wieder in die Arme schließen können.*

*Lass die Zeit bis zu unserem Wiedersehen mit Leichtigkeit erfüllt sein.*
*Innig*
*Isaias*

Leichtigkeit ist so eine Sache, wenn mir mein Herz bis zum Hals klopft und ich vor Lust und Begehren nach dir in unendlicher Aufregung bin. Außerdem habe ich über zwei Wochen absolut nichts von dir gehört und bin nun zutiefst erleichtert, dass ich dieses Ticket erhalten habe.

Trotz meiner Unruhe vergeht die restliche Zeit beinahe wie im Flug.
Meine Freundin Laura bringt mich zum Flughafen und wünscht mir die Erfüllung all meiner Träume und Herzenswünsche.
*Diese erlebe ich bereits durch die Tatsache, bald wieder mit dir zu sein.*

## *Paris – Champs-Élysées*

Angespannt sitze ich am Flughafen und warte auf meinen Abflug, während mir alle möglichen Gedanken durch den Kopf gehen: *‚Was werden denn diese vier Tage bringen? Bin ich froh, dass mein Rückflug erst Sonntag am Abend sein wird - da haben wir wenigstens noch den ganzen Tag für uns. Wie es wohl sein wird in dieser ganz anderen Umgebung einander wieder zu begegnen?‘*

Der Flug verläuft sehr angenehm.
Vor der Landung blicke ich andauernd nervös in den Spiegel, ob ich denn wohl schön genug sei, dezent geschminkt, meine lange Lockenpracht frisch gefärbt - alles passt.
Ich komme durch die Türe und blicke ein wenig verunsichert um mich.

Schon sehe ich dich mit einem riesigen weißen Lilienstrauß in deinen Armen - unvermutet rinnen mir wieder Tränen die Wangen hinunter.

Ich sehe dich an, erfasse deine dunklen Augen und gehe wie in Trance auf dich zu, stelle den Koffer ab, du legst die Lilien darauf - nimmst mich in deine kraftvollen Arme, um mich zuerst nur tief und intensiv anzusehen und dann ganz sanft und innig zugleich zu küssen.
*Endlich wieder vereint!*
Danach überreichst du mir diesen prachtvollen Blumenstrauß mit den Worten: „Willkommen, meine Schöne, du göttliches Wesen, willkommen in der Stadt der Liebe!"
Vor der Flughafenhalle wartet bereits ein Taxi, du hältst mir die Autotür auf und setzt dich zu mir auf die Rückbank.
Ich höre dich sagen: „Hotel *Marriott de Champs-Élysées*, je vous en prie." Wieder siehst du mir tief in die Augen: „Ich bin so glücklich, dich wiederzusehen." Schon beginnst du mich begehrend und lustvoll zu küssen, ich spüre deine Hand über meinen Schenkel nach oben gleiten und nehme wahr, wie ein Schwall von Feuchtigkeit zwischen meinen Schamlippen zu fließen beginnt. Ich habe glücklicherweise einen Spitzentanga an, sonst würde ich mein Kleid sofort beflecken.
Aufreizend blicke ich in deine Augen. Deine Finger suchen forschend meine allzu bereite Muschi und gleiten dennoch vorsichtig und langsam zwischen meine Schamlippen, sodass mir unverzüglich ein heftiger Atemstoß entkommt. ‚*Wie peinlich vor dem Taxifahrer.*' Ich wage einen vorsichtigen Blick

nach vorne - der Fahrer scheint die Situation dezent zu ignorieren, genauso wie du, indem du vorsichtig deine Finger auf meiner Klitoris zu bewegen beginnst, um sie mir dann noch ein Stück tiefer nach innen zu führen - genau auf meinen empfindlichen Punkt der Lust. Ich bemühe mich Contenance zu bewahren, bis ich nicht mehr anders kann, als mit leicht verhaltenen aber doch nicht ganz lautlosen heftigen Atemzügen unendlicher Lust einen sanften Orgasmus wahrzunehmen. Ich erlaube mir, ihn ganz zuzulassen, indem ich versuche, ihn so gut wie möglich mit dem Atem unter Kontrolle zu halten. In diesem Moment sehe ich deinen lustvollen Blick auf mich gerichtet, während sich in mir sanft bebend weitere Wellen verströmen und ich spüre, wie ein Schwall meines Saftes über deine Finger rinnt. Oh mein Gott, ich bin in Ekstase und sitze in einem Taxi, du blickst mich liebevoll schmunzelnd an und ziehst mich wieder an dich heran, um mich noch heftiger zu küssen.

Ich habe das Gefühl, wir seien zwei Teenager, die keinen anderen Platz zur Verfügung haben, um übereinander herzufallen.

So komme ich schon ein wenig aufgelöst im Hotel an. Der Taxifahrer blickt zum Abschied mit einem typisch männlich erheiterten Blick auf mich, und ich habe das Gefühl zu erröten. In der Hotelhalle blicke ich um mich - Luxus pur. Ich kann es gar nicht fassen, wohin du mich gebracht hast. Solch einen Luxus habe ich schon lange nicht mehr erlebt. Wir stehen an der Rezeption und ich höre wie in Trance: „Madame, Monsieur, la Suite Presidential?!“ Ich glaube, nicht richtig gehört zu haben. *Wir werden drei Nächte in der Presidential Suite verbringen.* Fassungslos stehe ich da, wie erstarrt … liebevoll werde ich von dir an der Hand genommen und zum Lift geführt. Ich glaube, mich in einem Traum zu befinden. Kaum sind wir eingestiegen, drängst du mich gegen die Kabinenwand und küsst mich leidenschaftlich, ich spüre deinen unglaublich erigierten Penis gegen mich gedrückt und wünsche mir jetzt nur mehr, dass dieser Lift stecken bleibt. Aber wir sind schon angekommen, mit Ausstieg direkt in die Suite. Ich kann es immer noch nicht fassen, wir bewohnen ein Luxusapartment, noch dazu mit Blick über die Champs-Élysées, zum Arc de Triomphe, zum Eiffelturm und in die Weite. Verwirrt wie ich bin, suche ich eine Vase für meinen wundervollen Blumenstrauß - diese steht schon mit Wasser gefüllt auf dem Tisch des Salons bereit. Kaum hat uns der Hotelboy meinen Koffer gebracht, schließt du die Türe und schiebst mich mit klarer und zielgerichteter Direktheit ins Schlafzimmer. Unverzüglich beginnst du meine Bluse zu öffnen und meinen Rock nach unten zu streifen, um dich dann ein wenig von mir entfernt hinzustellen und mich mit einem begehrenden und faszinierten Blick anzusehen. So stehe ich vor dir - in meiner

Spitzenwäsche und meinen Spitzenstrümpfen - und sehe dich lustvoll an. Unsere Blicke begegnen einander in einer Mischung von tiefem Erkennen und unbeschreiblichem Begehren. Während du mich weiterhin anblickst, streifst du dein Hemd und deine Hose von deinem wunderschönen Körper und ich sehe wie in deiner Unterhose dein pulsierend erigierter Penis nach Befreiung strebt, um sofort tief und fest in meine feuchte pochende Vagina einzudringen.
Mit wenigen Schritten zurück, erreiche ich das Bett, setze mich auf die Bettkante und bewege mich sinnlich und schlangenartig nach hinten, um mich mit weit gespreizten angewinkelten Beinen auf den Rücken zu legen - bereit dich aufzunehmen.
Du streifst dir deine Unterhose ab und küsst mich über meine Schenkel, langsam - so langsam, dass es mich vor Lust schon fast zerreißt - in Richtung meiner heißen und begehrenden Pussy, die weit geöffnet darauf wartet, vollkommen ausgefüllt zu werden. Nun fängst du an, sie über meinem Slip zu lecken und diesen noch mehr zwischen meine Schamlippen zu drücken, um ihn mir dann ebenfalls ganz langsam auszuziehen, dich vor mich hinzuknien und meinen Geruch tief in dich einzusaugen. Bin ich froh, mich noch auf der Flughafentoilette frisch gemacht zu haben. Wieder senkst du deinen Kopf zwischen meine Schenkel und beginnst mich mit einer Intensität

zu lecken, dass ich nur mehr wahrnehme, wie sich mein gesamter Unterleib aufbäumt und eine unbeschreiblich heiße Welle eines in die Weite strömenden Höhepunkts mich wegträgt, sodass ich vor Lust laut aufschreie. Ich genieße, zu erleben, wie mein Körper wild und ungestüm eine Welle nach der anderen entlädt, während du auch mit deinen Fingern wendig und wissend an meiner empfindlichsten Stelle im Inneren massierst. Welch ein Rausch - doch ich will dich ganz und als ob du es spürst, gleitest du zu mir nach oben und küsst mich noch mit meinem eigenen Saft auf deinen Lippen, um danach Millimeter für Millimeter in mich einzudringen, so langsam, dass ich schon während deines Eindringens wahrnehme, wie mich die nächste Welle erfasst, um mich mit einem weiteren lauten Aufschrei wegzuspülen. Ich umklammere dich heftig mit meinen Schenkeln und spüre, wie ich in eine nicht enden wollende Serie von köstlich sanften Orgasmen getragen werde. Es ist tatsächlich ein unbeschreiblicher Rausch, in den du mich begleitest, um dann unvermittelt mit mir auf die Seite zu rollen und weiter auf deinen Rücken. So lande ich sitzend auf dir. Nun darf ich das Tempo bestimmen, um mich mit nicht enden wollendem Begehren auf dir von einem zum nächsten immer intensiver werdenden Höhepunkt zu reiten. Du bist unglaublich standhaft - dein Penis bleibt unverändert hart und trifft mich bei jedem Stoß mitten in mein

Zentrum höchster Lust. Als du merkst, dass die Wellen sanfter werden, feuerst du mich noch ein letztes Mal an: „Komm noch einmal für mich, du lustvolle, wunderbare Frau, du unglaublich geiles Weib!“ Ich reite mich zu meinem letzten Orgasmus und spüre kurz vor dessen Explosion, wie auch deine Energie in die Höhe schießt und wir gemeinsam in einem furiosen Finale uns beide - laut aufschreiend - ineinander in einer unbeschreiblichen Intensität ergießen. Danach sinken wir erleichtert und auch erschöpft einander in die Arme und halten uns eng umschlungen. Ich weiß nicht, wie lange wir so da gelegen sind, bevor du zu sprechen beginnst: „Es ist unbeschreiblich, was du für ein lustvolles Weib bist. So eine Frau habe ich noch nie erlebt.“ Meine Antwort: „Immerhin hat sich diese Lust jetzt doch fast vier Wochen aufgebaut - du hast ja keine Ahnung, wie sehr ich mich nach dir und unserer Wiederbegegnung verzehrt habe.“ Im selben Moment beginnen Tränen über meine Wangen zu fließen, Tränen großer Erleichterung - irgendwie erschien mir die Anspannung in der Zeit dazwischen doch manchmal fast unerträglich. Liebevoll und zärtlich küsst du mir die Tränen von meinem Gesicht und meinst nur: „Du kannst mir vertrauen. Ich weiß, was ich will, Geliebte.“ Wieder einmal scheinst du zu erfassen, welche meine größte Angst gewesen ist. Beruhigt und erfüllt liege ich in deinen Armen und genieße die sanften Nachbeben.

Obwohl ich jetzt lieber deinen Geruch auf meinem Körper bewahren würde, brauche ich doch eine Dusche. Der Flug, die Aufregung, und jetzt noch dieser unbeschreiblich intensive Sex, haben mich ordentlich zum Schwitzen gebracht.
Gemeinsam gehen wir ins Badezimmer, eine Badewanne mit Whirlpool und eine riesige Duschkabine stehen zur Auswahl. Wir entscheiden uns für die Duschkabine, seifen uns gegenseitig ein, duschen uns ab und haben einen unglaublichen Spaß miteinander. Wie zwei kleine Kinder spucken wir uns das Wasser in Fontänen über den Körper und erfreuen uns am gegenseitigen Anblick. Erfrischt und abgekühlt steigen wir aus der Dusche.
Ich ziehe mir ein luftig leichtes Sommerkleid an - haben wir doch gerade Juli - schminke mich erneut dezent, knete meine Naturlocken und beschließe, sie im Freien in der Sommersonne trocknen zu lassen. Du bist begeistert, wie schnell ich fertig bin, tendieren Frauen doch eher dazu, viel Zeit im Badezimmer zu benötigen.
Meine Güte, jetzt merke ich erst, wie hungrig ich bin, es ist inzwischen schon nach 15 Uhr und ich habe bisher kaum etwas gegessen. In meiner Aufregung vor der Wiederbegegnung mit dir konnte ich nichts zu mir nehmen. Und dann dieser außergewöhnlich lustvolle Beginn unserer vier Tage. Was wir soeben erlebt hatten, war wahrlich ein wunderbarer Start in unsere

gemeinsame Zeit.
Wir gehen entlang der Avenue des Champs-Élysées, einer wirklich beeindruckenden Straße. Es ist tatsächlich knapp 35 Jahre her, dass ich das einzige Mal in Paris gewesen bin, zu einer Zeit, als meine Cousine dort mit ihrer Mutter und ihrem Stiefvater gelebt hatte. Danach hat es mich eigentlich nie wieder an diesen Ort gezogen, weil ich kein Fan von Großstädten bin. Mit dir und durch dich merke ich allerdings, wie sehr ich bereit bin, für alles ganz offen zu sein. Ich habe natürlich nicht damit gerechnet mit diesem unbeschreiblichen Luxus verwöhnt zu werden.
Da wir nun beide Hunger haben, setzen wir uns in ein Bistro an der Straße und essen bloß eine Kleinigkeit, weil du meintest, dass du für den Abend einen Tisch in einem Restaurant reserviert hast.
Es ist unglaublich faszinierend all diese Menschen hier zu beobachten, ein buntes Treiben von unterschiedlichen Rassen und Persönlichkeiten.
Wir haben uns so vieles zu erzählen, erkennen, wie ähnlich unsere Vorlieben sind und dass wir beide sowohl den Luxus lieben, den ich mir allerdings selbst nicht leisten kann, als auch die Einfachheit der Natur. Wie sehr habe ich mir einen solchen Mann gewünscht. Außerdem hast du inzwischen auch beruflich schon immer mehr begonnen, deinen Traum zu verwirklichen und mit Menschen zu arbeiten, allerdings auf

sehr gehobenen Businessniveau. Manchmal setzt du daneben noch ein architektonisches Projekt um, immer dann, wenn dir etwas besonders herausfordernd und kreativ erscheint. Wenn ich nur daran zurückdenke, wie sehr mein Traumberuf der einer Innenarchitektin und Raumdesignerin gewesen wäre, leider habe ich dann das studiert, was mir bis heute absolut keine Freude gemacht hat - Recht. Aber es ist tatsächlich nie zu spät, etwas im Leben zu verändern. Gerade bin ich sehr daran interessiert, mich beruflich nur mehr nach meinem Herzen ausrichten zu wollen. *Du lebst all das, was ich mir von Herzen zu leben wünsche, und ich weiß, dass sich auch mir demnächst alle Tore für meine wahre Berufung und meinen Auftrag im Leben öffnen werden.* Fasziniert lausche ich deiner Lebensgeschichte und erkenne, welch ein bewusst lebender Mann du doch bist.

Für diesen Tag hast du nicht viel geplant, damit wir einfach nur Zeit haben, miteinander zu sein, einander kennenzulernen, uns auszutauschen - in jeglicher Form.

Am frühen Abend kommen wir nach einem ausgiebigen Bummel durch die Straßen des Pariser Zentrums wieder ins Hotel zurück, um uns für das Dinner frisch zu machen. Es scheint ja doch ein gehobenes Restaurant zu sein, in das du mich ausführen möchtest. Ich bin noch gar nicht dazugekommen, dir mein nicht sehr einfallsreiches Empfangsgeschenk zu überreichen, deinen Lieblingsduft, den ich mir noch auf Santorin eingeprägt habe und den auch ich als besonders angenehm auf deiner Haut empfinde. Du freust dich offensichtlich dennoch sehr über meine kleine Aufmerksamkeit, kannst es jedoch nicht lassen, mir schon im nächsten Moment mein Kleid über den Kopf zu ziehen und mich entschlossen umzudrehen, sodass ich mich vornüber auf den vor mir stehenden Stuhl lehnen kann. Ich genieße die Situation und bin vollkommen bereit, indem ich mich auf ihn knie und du mich mit einer unbeschreiblichen sanften Wildheit von hinten nimmst. Intensiv spüre ich, wie du mir deinen pulsierenden Penis mit einem festen tiefen Stoß in mein Innerstes schiebst und in mir alles in meinem Unterleib zu zucken beginnt, während du wild und heftig in mich stößt - oh mein Gott, wie herrlich es ist, so lustvoll genommen zu werden. Ich erlebe schon wieder einen Orgasmus in mir aufsteigen und zucke in einem Lustschrei auf, um dir noch ungestümer mein Hinterteil entgegen zu strecken, damit du mich einfach nur tief und fest nehmen kannst. Plötzlich höre ich dich immer heftiger atmen und spüre dabei auch dich zum Höhepunkt aufsteigen, bei dem du zum Abschluss deinen Penis aus mir herausziehst, um dich über meinem Rücken zu ergießen. *Welch ein lustvoller Quickie.* Ich bitte dich mir deinen Saft vom Rücken zu wischen, um mich dann für den Abend fertigzumachen. Lachend drehst du mich um, ziehst mich an dich und meinst: „Sorry, ich bin einfach so extrem geil auf dich!“ *‚Als ob ich das nicht genießen würde‘,* denke ich mir und antworte lachend: „Und ich erst auf dich, am liebsten würde ich immer und überall mit dir Sex haben.“ Nun müssen wir uns schon beeilen, um rechtzeitig zu unserem Dinner zu kommen.

Wir werden von einem Fahrer abgeholt, der uns in ein edles Restaurant, das sich in der Nähe vom *Moulin Rouge* befindet, bringt. Welch ein fantastisches Essen - ich genieße mit dir jeden einzelnen Moment, unsere tiefgehenden intellektuellen Gespräche, aber auch all das erotische Prickeln und die Anzüglichkeiten, die immer wieder zwischen uns das Feuer neu entfachen. Irgendwann spüre ich deine Hand unauffällig unter dem Tisch über einen meiner Schenkel streichen - kaum berührst du mich nur ein wenig, erfasst mich die volle Bereitschaft und Sehnsucht, dich erneut sofort wieder ganz in mir aufzunehmen. Du genießt es, diese Lust bei mir zu spüren, und schmunzelst. *‚Was hast du denn heute noch vor mit mir?‘* Als wir dieses unbeschreiblich köstliche Drei-Gang-Menü - mehr wollte ich keinesfalls, weil ich diese Art von Dekadenz doch nicht allzu sehr schätze - beendet haben, teilst du mir mit, dass wir noch eine Show im *Moulin Rouge* erleben würden, wenn ich das möchte. Wie sehr ich das will. Du meinst auch, dass mir dort alle Wünsche offen stehen, falls ich irgendwelche erotischen

Fantasien hätte - es gäbe einen Durchgang in ein edles Etablissement, in dem einem alle Möglichkeiten angeboten werden. ‚*Was willst du damit andeuten?*', denke ich mir ein wenig verblüfft über deine Bemerkung. ‚*Erinnerst du dich womöglich an meinen in Griechenland unbedacht ausgesprochenen Wunsch, irgendwann einmal mit zwei Männern Sex zu haben.*' Du sprichst es tatsächlich ganz beiläufig an, obwohl ich mir nicht sicher bin, ob ich das mit dir, und vor allem in deiner Gegenwart, überhaupt noch erleben will. Dieses Bedürfnis habe ich doch vor unserer Begegnung in mir getragen. Ich denke mir, dass dieser Wunsch eher eine Sehnsucht meiner unerfüllten Vergangenheit sein könnte, in der ich in den letzten Jahren nur selten tiefgehende in Liebe gelebte sexuelle Begegnungen hatte. Dir scheint diese Möglichkeit, das mit mir zu erleben, durchaus denkbar zu sein.

So kommen wir zu späterer Stunde in das *Moulin Rouge* und sehen eine atemberaubend ästhetische, aber auch wirklich meine Lust in alle Höhen treibende Show - eine Ansammlung von schönen Frauen, die unglaublich erotisch tanzen und Männerkörper, die eine unbeschreibliche Kraft ausstrahlen. Ich werde immer unruhiger, noch dazu, weil ich ständig deine Hände an unterschiedlichen Stellen meines schon intensiv bebenden Körpers wahrnehme. Es ist ein wahrhaft prickelnd erotischer Abend. Plötzlich - wir stehen im

Foyer nach dem Ende der Show - kommt ein faszinierend schöner, muskulöser junger Mann auf uns zu und bittet uns, ihm zu folgen. Er führt uns durch einen langen Gang in ein Separee, das sich in einem Nebengebäude zu befinden scheint, ausgestattet mit Samt und Seide und einer überdimensional großen runden Liegewiese. *‚Was soll das jetzt bedeuten?‘*, denke ich mir ein wenig verblüfft. *‚Hast du tatsächlich diesen anderen Mann für mich bestellt?‘* Du meinst ganz nebenbei und liebevoll lächelnd: „Nun meine Schöne, du kannst mit ihm beginnen - ich werde dir mit Freude dabei zusehen.“

*‚Oh mein Gott, was soll ich davon halten - gerade du, der erste Mann, in den ich mich nach so langer Zeit richtig verliebt habe, willst das nun tatsächlich mit mir erleben …‘*

Ich stehe ein wenig verunsichert da, währenddessen dieser Fremde - nach einem Zeichen deinerseits - langsam beginnt, mein Kleid zu öffnen, sich vor mich hinkniet und meine Strümpfe entlang kraftvoll mit seinen Händen nach oben streicht. Er lässt sie kurz zwischen meinen Schenkeln verweilen, um mir dann das Kleid abzustreifen, meinen String zur Seite zu schieben und mich mit seiner wendigen Zunge intensiv zu lecken, bis mein Körper heftig ins Schwanken kommt und ich in einer intensiven Welle explodiere - all das, während ich dir ununterbrochen in die Augen blicke. Es scheint dich wirklich nicht zu stören, dass mir ein anderer Mann vor deinen Augen Lust bereitet. Ich selbst fühle mich dabei ein wenig im Zwiespalt. *‚Darf das denn sein?Was willst du mir damit zeigen, was willst du damit bezwecken?‘* „Und jetzt zeige ihm, wie wild du einen Hengst reiten kannst, meine Wunderbare, mach es dir du geiles Weib, erfülle dir endlich deine Sehnsucht!“ Ich sehe Lust in deinen Augen aufflackern. Der Schönling legt sich auf den Rücken, öffnet seine eng anliegende Hose, um mir einen unbeschreiblich großen, erigierten Penis zur Verfügung zu stellen. Fast schon ein wenig überdimensional erscheint mir dieser zu sein, und doch merke ich, wie lange ich diesen unerfüllten Wunsch bereits schon in mir verspürt habe. *‚Aber jetzt, vor dir, dem Mann, den ich gerade beginne, zu lieben?!‘* Noch ein wenig zögernd blicke ich zu dir, sehe die Lust in deinen Augen intensiver werden und setze mich auf ihn. Während ich ihn reite, blicke ich dir ständig in die Augen und werde von deinem lusterfüllten Blick noch intensiver angetrieben. Ich verspüre tatsächlich das Gefühl, von dir in keiner Weise für mein Tun verurteilt zu werden. Ich reite wild und ungezügelt auf diesem schönen Männerkörper, bis ich sehe, wie du dich entkleidest mir dein Prachtstück entgegenstreckst und ich nun ganz gelöst lauthals einen Orgasmus nach dem anderen aus mir schreie. In dem Moment, in dem ich ein wenig ruhiger werde, hockst du vor mir, sodass ich deinen köstlichen Penis in meinen Mund nehmen kann und intensiv zu saugen beginne. All das, während sich der andere unter mir nach unten bewegt, meine Hüften nach oben schiebt, mich unvermutet mit einem heftigen Stoß von hinten nimmt und ich nur mehr im Taumel bin von allem, was ich hier erlebe. Du scheinst ihm bald darauf erneut ein Zeichen zu geben, weil er sich nun ganz aus mir zurückzieht. Sogleich betritt eine wunderschöne Blondine den Raum und widmet sich dem anderen Mann, währenddessen du mich auf den Rücken legst und sanft, doch tief und immer härter in mich eindringst, bis ich nur mehr den heftigen Atem von uns allen wahrnehmen kann. Der Raum ist erfüllt von unglaublich ekstatischer Energie. Beinahe gleichzeitig kommen unsere vier Körper zur Ruhe - so liegen wir auf dieser runden Liegefläche, bis du ein weiteres Zeichen zu geben scheinst und die beiden anderen sich dezent zurückziehen. Ich schmiege mich erschöpft und unglaublich erfüllt in deine Arme. Du meinst beiläufig: „Es sollen doch keine Wünsche offenbleiben."

*‚Was du mir damit wohl sagen willst?'* Ich bin zu verwirrt, um nachzufragen, aber auch ein wenig beunruhigt. Als ob du es wieder einmal ahnst, meinst du: „Meine Geliebte, ich verurteile dich für keinen deiner Wünsche, ich verehre und achte dich genau so wie du bist." Tränen kommen in meine Augen - du hältst mich innig umschlungen.

Nach diesem heißen Erlebnis fahren wir zurück

ins Hotel und ich schlafe in deinen kraftvollen Armen ein, um irgendwann, Stunden später, in diesen wieder zu erwachen. Ich stehe ganz leise auf, um mich dann nochmals an dich zu kuscheln, während du nur im Halbschlaf nach mir greifst. Wie sehr ich das genieße - ich kann offensichtlich richtig tief neben dir schlafen und fühle mich nach langer Zeit in meinem Leben endlich einmal richtig geborgen und aufgehoben.

Nach diesen ersten unbeschreiblichen Stunden, erleben wir noch so viel Schönes in der wunderbaren Stadt. Wir sehen uns eine moderne Ausstellung im *Louvre* an, um danach auch einige der alten Gemälde dort zu betrachten, spazieren zum *Eiffelturm*, flanieren durch die pompöse *Kathedrale Notre-Dame*, erleben einen herrlichen Blick vom *Sacré-Cœur de Montmartre* sowie vom *Panthéon* und genießen das pulsierende Stadtleben, nicht ohne uns immer wieder lustvolle abwechslungsreiche Stunden zu gönnen. Es ist als wollten wir jeden einzelnen Moment auskosten.

Von Samstag auf Sonntag ist die Vollmondnacht - an dem Tag davor führst du mich in ein paar edle Nobelboutiquen, kaufst mir ein atemberaubend schönes eng anliegendes Kleid, dazu passende High Heels und unglaublich luxuriöse erotische Spitzenwäsche, die ich an diesem Vollmondabend für dich anziehe.

Mit einer Flasche Champagner führst du mich nach einem delikaten Abendessen zum Triumphbogen, um mit mir darunter auf unsere einzigartigen Momente anzustoßen und mir zu versichern, wie gerne du mich sehr bald wiedersehen möchtest, wenn auch ich das will. Natürlich will ich das: *'Nichts wäre mir lieber, als mich gar nicht mehr von dir verabschieden zu müssen.'*

Ich habe mich Hals über Kopf verliebt, und spüre bei deinen Worten sofort ein wenig Angst vor der Zeit dazwischen aufkommen. Als ob du wieder wüsstest, was in mir vorgeht, meinst du nur: „Vertraue, es wird alles so kommen, wie wir uns beide es wünschen. Außerdem haben wir noch eine ganze Nacht und fast einen Tag für uns - bleib nur im Moment.“ Ich lächle: „Ich weiß, dass du recht hast, aber ... “, sanft legst du deinen Finger auf meine Lippen und küsst mich innig und liebevoll. Dann blicken wir in den strahlenden Mond und senden unsere Herzenswünsche nach oben. Mein Wunsch ist für mich vollkommen klar: *'Ich wünsche mir so sehr, mein Leben mit dir zu verbringen.'*

Den Sonntag verbringen wir fast ausschließlich im Bett, machen einen ausgiebigen Spaziergang im *Jardin de Tuileries* und gehen gemütlich zu Mittag essen, um noch in einer intensiven lustvollen und unbeschreiblich tiefgehenden Begegnung unseren Abschied zu zelebrieren.

Gemeinsam fahren wir zum Flughafen. Dein Rückflug ist eine Stunde nach meinem - so bin

ich sogar noch im Bereich der Gates bis zum letzten Moment mit dir zusammen.
Mein Aufruf an Bord zu gehen, ein inniger Abschiedskuss und das Versprechen von dir, mir in knapp drei Wochen das nächste Ticket zu senden, beenden unser magisch, lustvolles Beisammensein.
Mit Tränen in den Augen drehe ich mich noch einmal um, blicke tief in die deinen und gehe durch den Verbindungsgang, der mich direkt zu meinem Flugzeug führt.
Schon bist du meinem Blick entschwunden.

Beim Heimflug lasse ich all das Schöne, das Magische und so Besondere, das wir erlebt haben durch meine Gedanken ziehen und merke, wie trotz meines Abschiedsschmerzes immer wieder ein Lächeln in meinem Gesicht ist.
Meine liebste Freundin holt mich wieder vom Flughafen ab. Ich scheine vor Glück zu strahlen - sie sieht mich an, als wäre ich eine ganz andere geworden. Irgendetwas ist in mir auch verändert. Ich vermute, es ist das Gefühl der vollkommenen Klarheit, nur mehr mit diesem einen Mann sein zu wollen. *‚Warum er mir dennoch diesen anderen Mann zur Verfügung gestellt hat? Wollte er mir damit tatsächlich die letzte Sehnsucht nach einer unerfüllten Erfahrung nehmen? Wenn es das war, so ist es ihm wirklich gelungen.‘*

Zu Hause angekommen, finde ich in meinem

Koffer wieder eine kleine Notiz, die du mir geschrieben hast:

*Du wunderbare, außergewöhnliche Frau,*
*ich hoffe, Deine Lust noch lange erleben zu dürfen ...*
*Sind noch irgendwelche Wünsche offen, die ich Dir erfüllen kann?*
*Ich bin bereit für Dich, Geliebte.*
*Unsere Seelen haben uns zusammengeführt, unsere Körper wollen sich noch kennenlernen, unsere Herzen haben sich schon tief berührt, unsere Egos wollen wir überwinden.*
*Ich denke an Dich und doch bin ich bei mir, so wie Du bei Dir sein mögest, um ganz klar zu wissen, was Dein Herz wahrhaft begehrt.*
*In tiefer Verbundenheit für immer*
*Isaias*

Er weiß wahrhaft in jedem Moment die richtigen Worte für mich zu finden, um mein aufgewühltes Herz und mein angsterfülltes Ego zu beruhigen. In der Zeit danach spüre ich immer mehr Ruhe einkehren in meinem Inneren und in freudiger Erwartung zu sein, wenn auch in manchen Momenten getrübt von der Angst, dass er es sich doch wieder anders überlegen könnte.
Tatsächlich bekomme ich exakt eine Woche vor dem nächsten Vollmond mein Ticket, diesmal allerdings ein Zugticket erster Klasse nach Venedig, wo ich Freitag abends um 19 Uhr

ankommen werde, Rückreise ist am Dienstag, spätabends in einem Schlafabteil, sodass ich Mittwoch in der Früh zu Hause sein werde. Wie glücklich ich bin, diesmal vier Nächte mit dir verbringen zu dürfen, wenn schon der erste Tag verloren geht.
Eine kurze Nachricht ist auch dabei:

*Edles Weib,*
*ich werde Dich vom Bahnhof abholen lassen und Du wirst direkt zu einem Maskenfest geführt, das für die Vollmondnacht veranstaltet wird - sei beruhigt, Du kannst dort duschen und bekommst ein Kostüm zur Verfügung gestellt. Es besteht Maskenpflicht und wir werden einander finden.*
*In unbeschreiblicher Freude auf unsere Wiederbegegnung*
*Isaias*

Unglaublich, was dieser Mann sich alles einfallen lässt, ich spüre große Aufregung in mir und auch ein Gefühl von Unsicherheit, das meine Gedankenwelt immer wieder erfasst: *‚Werde ich dich finden? Hinter einer Maske? Es liegt schon wieder so viel Zeit dazwischen - wie vertraut bist du mir denn schon?...‘*
Ich fiebere meiner Abreise entgegen.
Inzwischen habe ich ein schönes Geschenk für dich bestellt, eine besonders edle Füllfeder mit Gravur deiner Initialen, weil ich gesehen habe, dass du mir immer mit Tinte schreibst.

Wieder führt mich Laura, diesmal allerdings zum Bahnhof.
Ich habe jetzt einige Stunden Zugfahrt vor mir und werde diese nützen, um so ganz in meine innere Ruhe zu kommen. Ich hoffe, dass es mir gelingen kann, bei all dem Herzrasen, das ich jetzt schon habe. Gott sei Dank habe ich ein Abteil für mich alleine.
Tief beginne ich zu atmen und mich in eine Meditation zu versenken …

## *„Fest der Masken“ in Venedig*

In Venedig mit dem Zug anzukommen ist eine besondere Erfahrung für mich. Mit dieser Stadt verbinden mich einige Erinnerungen, viele schöne mit meiner Mutter, eine wunderbare mit meinem Exmann, mit dem ich damals auch mit der Bahn dorthin gefahren bin, und eine schmerzhafte mit einem respektlosen Liebhaber vor vielen Jahren. Dies war zu einer Zeit, wo ich immer und immer wieder Männer in mein Leben gezogen habe, die mich benutzten und demütigten. Ich habe lange gebraucht, um zu erkennen, wie wenig Wert ich mir selbst gegeben hatte und mich dadurch ständig von Männern angezogen fühlte, die entweder nicht frei waren oder mich auf andere Weise abwerteten und meine Energie benötigten, um selbst weiterzukommen. Bereitwillig stellte ich mich dafür zur Verfügung, indem ich mich meist selbst aufgab und alles tat, um dem Mann auf seinem Weg zu helfen - ich verwechselte tatsächlich Hingabe mit Selbstaufgabe.

Ich bin so dankbar, dass ich nun offenbar dieses Muster der Selbsterniedrigung durchbrochen habe, um endlich einem Mann zu begegnen, der mich mit wirklicher Wertschätzung und Achtung behandelt. Ich genieße unsere gemeinsamen Stunden und bin doch gerne auch wieder alleine.
*‚Was Venedig mir diesmal bringen wird?‘*
Ich spüre nichts anderes als große Freude und unendliche Aufregung. Aber der Einstieg in dieses Abenteuer erscheint mir doch sehr spannend.
Ich steige aus dem Zug aus und werde von einem Italiener mittleren Alters angesprochen, er spricht gut Englisch und erklärt mir, dass er den Auftrag hat mich in einer Gondel in einen Palazzo zu bringen - alles Weitere würde ich dann dort erfahren.
Die Fahrt in der Gondel genieße ich sehr, sie ermöglicht mir ein Ankommen in Ruhe, nicht eingepfercht zwischen vielen Menschen im Vaporetto. Vor einem beeindruckenden Palazzo bleibt mein Gondoliere stehen, hilft mir beim Aussteigen, und reicht meinen Koffer einem anderen Mann in Livree, der mich dort empfängt, um mich in den Palazzo zu begleiten. Ich glaube, mich in einer Filmszene zu befinden. Ich sehe diese unglaublich schönen Stuckaturdecken und fühle mich zurückversetzt in eine andere Zeit. Mein Begleiter meint, dass ich in diesem Raum, in den er mich geführt hat, in Ruhe duschen könne und dann das an der

Türe hängende Kostüm anziehen möge - die Maske liege auf dem Tisch. Er würde mich in einer Stunde holen kommen, damit ich noch Zeit zum Ruhen hätte.
*‚So lange muss ich noch warten, um dir zu begegnen - du machst es aber spannend.‘*
Auf dem Tisch sind kleine Snacks vorbereitet, sowie Wasser und Fruchtsäfte.
Ich dusche mich ausgiebig, labe mich an den kleinen Köstlichkeiten und schminke mein Gesicht, auch wenn es hinter einer Maske verborgen sein wird. Dann creme ich meinen Körper ein, der schon unendliche Sehnsucht nach dir verspürt. Irgendwie habe ich das Gefühl, mich in einem Déjà-vu-Erlebnis zu befinden. *‚Nein, jetzt erinnere ich mich! Irgendwie ähnelt das alles der Fantasiegeschichte meines Liebhabers, mit dem ich im letzten Jahr seltene, doch außerordentliche Begegnungen hatte. Wenn das alles hier auch so weitergeht, wie in seiner Geschichte ... nein das ist unmöglich!‘*
Ich streife mir rote Seidenstrümpfe über, ziehe den für mich bereitgelegten roten Spitzen-BH und einen roten Spitzen-String Tanga an. Darüber bekleide ich mich mit dem geschnürten Korsage- Zweiteiler, dessen Hauptfarbe in rotem Samt gehalten ist. Das extravagante Gewand hat wunderschöne Verzierungen und ist mit Perlen und Pailletten bestickt. Das Zuschnüren am Rücken fällt mir ein wenig schwer. Da ich jedoch sehr gelenkig bin, schaffe

ich es, alle Schnüre eng zusammenzuziehen. Meine Haare lasse ich in Locken offen über meine Schultern fallen – ,*vielleicht findest du mich auf diese Weise schneller*'. Zuletzt schlüpfe ich in die schwarzen Samt-High Heels, die für mich bereitstehen.
,*Das musst alles du ausgesucht haben, wie könnte es mir sonst so perfekt passen?*'
Fünf Minuten später werde ich auch schon abgeholt - mein Herz beginnt wieder heftig zu pochen. ,*Wann werde ich dir endlich begegnen?*'

Ich werde in einen weitläufigen Ballsaal geführt, in dem bereits viele wunderschön gekleidete Menschen versammelt sind. Es erscheint mir unmöglich, dich hier unter diesen vielen Masken finden zu können. Plötzlich ein Gong, bei dem alle Gespräche verstummen.
Ein elegantes Paar taucht auf und beide erklären den hier Anwesenden, den Grund ihres Festes.

*Sie erzählen uns, dass sie einander vor genau sechzig Jahren - sie war damals 14, er 16 - in einer lauen Vollmondnacht - auch im August - begegnet seien, und schon damals sofort die Magie ihrer Zusammengehörigkeit gefühlt haben. Seit diesem ersten Augenblick war es für sie klar, das Leben miteinander verbringen zu wollen. Und sie haben es mit tiefer Liebe geschafft, durch alles gemeinsam zu gehen, auf diesem schon langen und manchmal sehr herausfordernden Lebensweg, den sie Seite an Seite gegangen sind. Sie haben vier Kinder, neun Enkelkinder und drei Urenkel. Nun wollen sie diese Vollmondnacht zum Anlass nehmen allen hier anwesenden Paaren, die jeweils einzeln an diesem Ort erscheinen mussten, eine Möglichkeit zu geben, zu erkennen, in welchem Bereich sich ihre Beziehung derzeit befindet. Möglicherweise haben einige der Anwesenden heute Nacht die Gelegenheit, eine magische Verwandlung in höhere Bewusstseinsebenen oder neue Ebenen ihrer Lust zu erleben. Sie meinen, dass in dieser Nacht wahrhaft alles erlaubt sei, was für die jeweiligen Paare passt und erlebt werden möchte, um daraus gereifter und mit tieferer Erkenntnis weiterzugehen. Möge doch auf diesem Planeten mehr Freude, mehr Lust, mehr Liebe und Lebendigkeit Einzug halten, um schon auf Erden das Paradies zu erleben.*

Ich bin zutiefst berührt von den Worten dieser beiden über 70 Jahre alten, eleganten und anscheinend weisen Menschen, die eine Atmosphäre und Energie von immer noch lustvoll erlebter tiefer Liebe verbreiten. Tränen benetzen meine Augen. *‚Wo bist du, mein Geliebter?‘*
Der Ball sei hiermit eröffnet, um den Raum zu erforschen, neuen Menschen zu begegnen und ungehemmt in Anbetracht der Masken mit jedem Gegenüber das auszusprechen oder zu

erleben, was genau im Moment gesagt oder miteinander erfahren werden möchte, möglicherweise auch hemmungslos zu flirten. Es bietet die Möglichkeit kleine feine lustvolle Spiele zu kreieren oder einfach nur den Moment zu genießen, um dann den eigenen Mann oder die eigene Frau zu finden und das zu erleben, was für jedes Paar die größte Freude für diese Nacht sein kann. Es stehen allen Paaren alle offenen Räume des Palazzos zur Verfügung - jeder Raum kann von innen geschlossen werden oder offen bleiben, um anderen Paaren Zutritt zu gewähren - für ein Spiel der Lust, der Freude, der Leichtigkeit. An diesem Abend seien keine Schranken vorhanden, außer jene, die jede Frau, jeder Mann und jedes Paar für sich definieren. Die einzige Regel, die es zu beachten gilt, ist, tiefen Respekt vor dem jeweiligen Gegenüber zu haben.

*Etwas verunsichert stehe ich hier, blicke um mich und fühle mich noch ein wenig verloren.*

Schon reicht mir eine Männerhand ein Glas - ich werde eingeladen, an die Bar zu kommen. Von hier aus sehe ich in einen Raum, in dem ein opulentes Buffet aufgebaut ist. Ich erlebe immer intensiver ein Gefühl der Lust in mir, spüre meine Knospe feucht werden und sehne mich nach nichts mehr, als dir so schnell wie möglich zu begegnen. Vermutlich mussten nicht alle Paare eine so lange Wartezeit erleben, bis sie einander wiedersehen dürfen. Die Atmosphäre ist in Anbetracht der Anonymität aller Anwesenden wirklich prickelnd. Dem Gespräch folge ich ein wenig unkonzentriert, obwohl ich merke, dass schon hier an dieser Bar die Atmosphäre immer anregender und lustvoller wird. Irgendwann streift eine Hand über meinen Po, sehr dezent, doch eindeutig - dort ein sinnlicher Blick durch die Schlitze einer Maske, und wieder bemerke ich einen scheinbar sehr erotischen Mann nahe an mir vorbeistreifen. Dennoch strebt alles in mir ausschließlich danach, dich zu finden. Ich verabschiede mich von der Runde, höre in diesem Moment Musik, die den Tanzraum eröffnet und schlendere einfach ein wenig ziellos durch den riesigen Saal. Bereits in den letzten 15 Minuten habe ich irgendwie das unbestimmte Gefühl gehabt, beobachtet zu werden, doch immer wenn ich mich umdrehe, scheinen nur ein paar ineinander in Gesprächen oder prickelnden Berührungen vertiefte Menschen zu stehen. Da ich auch gehört habe, dass das Buffet eröffnet sei, beschließe ich, mich nun den oralen Genüssen zuzuwenden.

*‚Du wirst mich finden, da bin ich mir sicher…*
*Du hast mich doch auch an einem unbekannten Strand mitten in der Nacht gefunden.‘*

So stehe ich an diesem schön gestalteten Buffet und nehme mir auf meinen Teller all das, worauf ich gerade Lust habe. In dem Moment, in dem ich mich umdrehen will, um mir einen

Platz zu suchen, an dem ich mein Essen genießen kann, nehme ich von hinten einen intensiven Hauch von vertraut erscheinender Energie wahr. Ich drehe mich um, und blicke durch die Maske direkt in deine Augen. Ich erstarre fassungslos, beinahe lasse ich meinen Teller fallen und spüre wieder einmal Tränen meine Wangen hinunterrinnen. Auch du hältst einen Teller in deiner Hand, nimmst mir meinen ab und stellst beide auf den nächsten Tisch, um mich an dich zu ziehen und innig zu umarmen. Schon verschmelzen unsere Lippen zu einem verlangenden Kuss, sodass ich erneut spüre, wie ein Schwall von Feuchtigkeit aus mir strömt und mein Körper sich noch begehrender an deinen presst. Du sagst in einer kurzen Pause zwischen unseren Küssen: „Meine Güte, habe ich mich nach dir verzehrt Bellezza. Willst du mir folgen? Ich habe einen Raum für uns reserviert und die Desserts sind dort schon gerichtet.“ Ich nicke bloß und bin einfach sprachlos - vor Herzklopfen und tief pochender Lust in meinem Unterleib. Jeder von uns nimmt seinen Teller - du führst mich an meiner freien Hand in den ersten Stock, um einen Raum zu betreten, der mit Kerzenlicht beleuchtet ist und allen Wünschen gerecht wird. Dann fragst du mich, ob ich wünsche, dass der Raum geschlossen wird oder offenbleiben soll.

Ich bitte dich, ihn abzuschließen. In mir besteht in keiner Weise mehr der Wunsch danach, auch andere an unserem Lust- und Liebesspiel

teilhaben zu lassen.
Innig und liebevoll geben wir uns einer Umarmung hin, bis du dich von mir löst und wunderschöne Musik aufdrehst. Dann bittest du mich, für dich zu tanzen. Inzwischen weißt du wie gerne ich tanze, besonders wenn mir dabei zugesehen wird. Du setzt dich aufs Bett und blickst auf mich. Ich habe immer noch die Maske über meinen Augen und beginne mich langsam nach den Klängen der Musik zu bewegen. Ganz sanft und biegsam, wie eine Schlange, bewege ich meinen Leib, meine Arme, meine Beine, beginne mir bedächtig, die Häkchen meiner Korsage zu öffnen, tanze zu dir, um dir ein Zeichen zu geben, mir die am Rücken gebundenen Schnüre zu lösen, bewege mich danach wieder von dir weg, um mich zu drehen, zu winden und andächtig den Samtrock nach unten gleiten zu lassen, sodass ich nur mehr mit der leicht geöffneten Korsage, den roten Spitzenstrümpfen und den schwarzen Samt-High Heels meinen Tanz weiterführe. Sogar durch die Maske kann ich das Begehren in deinen Augen wahrnehmen. Ich nehme eines der vorbereiteten Champagnergläser, um daran zu nippen und mir ein wenig des köstlichen Getränks zwischen meine Brüste zu träufeln, dann bewege ich mich im Rhythmus der Musik wieder zu dir - du leckst mir die edlen Tropfen lustvoll vom Körper … greifst nach einer Brust. Mein Atem wird heftiger, und ich tanze erneut weg von dir, löse die Korsage und werfe sie in

einer Drehbewegung von mir, um im selben Moment auch die Maske von meinem Gesicht zu entfernen …

Nun nimmst auch du die deine ab und legst sie beiseite.

Tief blicken wir einander in die Augen.

Halbnackt, wie ich nun bin, stehe ich vor dir, mit gespreizten Beinen und voller Lust …

Du schiebst mir den Slip langsam entlang der Beine nach unten, leckst von meinen Knöcheln mit deiner Zunge nach oben, drehst mich um, wirfst mich auf das Bett und spreizt meine Beine noch weiter auseinander, um wild und begehrlich meine Schamlippen zu liebkosen, zu beißen, meine Klitoris zu lecken und mir deine Finger nach innen zu schieben. In unglaublicher Geschwindigkeit baut sich ein erlösender Orgasmus in mir auf, den ich mit einem lauten Schrei entlade. Ungeduldig reißt du dir nun auch dein eigenes Gewand vom Leib und kniest dich zwischen meine Beine, um mit einem harten, tiefen Stoß in mich einzudringen und mich wild und ungestüm zu nehmen. Plötzlich und unerwartet umfasst du mit einer Hand meinen Hals. Panik macht sich in mir breit - ich erstarre und blicke dich mit großen Augen an. Mein Atem stockt: *‚Bitte tu mir nichts - nein, bitte verletze mich nicht …*‘ Das Gesicht meines Vaters taucht vor mir auf … ich starre dich an: „Isaias…Isaias …!“ Du erkennst sofort die Angst in mir, ziehst unverzüglich deine Hand wieder weg und sprichst ganz sanft: „Geliebte, ich bin es … vertraue mir … es passiert dir nichts. Ich würde dich niemals verletzen.“ Langsam entspannt sich mein Körper, ich blicke in deine Augen und weiß, dass diese mich nicht belügen. Kurz bin ich in einem *Flashback* meiner Kindheit gelandet … doch dir kann ich vertrauen … nun erlaube ich mir, noch tiefer zu entspannen und mich erneut meiner Lust hinzugeben - ich sehe deine Achtung und zugleich dein Begehren. In diesem Moment halte ich dir meinen Hals nochmals offen entgegen und will nur mehr genommen werden. Tief blickst du in meine Augen, in vollkommener Präsenz. „Bitte fick mich, nimm mich, Geliebter!“ Du stößt mich fest und voller Lust - ich genieße einen befreienden Höhepunkt nach dem anderen und entschwinde in meine Welt tiefer Ekstase. Abrupt hörst du auf, drehst dich auf den Rücken und meinst nur: „Mach es dir jetzt selbst, du unglaubliches Weib!“ Weit schleudere ich meine High Heels von mir, drehe mich um und hocke mich über dich, und ebenso ungestüm, wie du zuvor, setze ich mich auf deinen prallen harten Penis, um mir diesen tief nach innen zu führen und dich in wilder Lust zu reiten. Alle Gedanken verschwinden - ich erlebe nur mehr ungehemmte Lust und Ekstase, Gipfelorgasmen, die ich in weiteren lauten Lustschreien aus mir strömen lasse, bis ich tief erfüllt auf dir zusammen sinke. Du küsst mich sanft, spielerisch - einfach göttlich, drehst mich dann liebevoll auf den Bauch, schiebst mir ein

Kissen unter mein Becken und nimmst mich von hinten, bis auch du dich in einem lauten Lustschrei in mir entlädst. Glücklich und erschöpft liegen wir letztendlich einander in den Armen und lachen beide vor Erleichterung.

*Welch ein Begehren sich in diesen Wochen aufgebaut hat.*

Endlich nehmen wir unsere Teller mit all den Köstlichkeiten zu uns aufs Bett und genießen nun den Champagner und diese wunderbar zubereiteten Speisen, die inzwischen allerdings schon kalt geworden sind. Nach diesem außergewöhnlichen Mahl gönnen wir uns eine gemeinsame Dusche, in der bereits eine weitere Welle der Lust spürbar wird, während wir uns gegenseitig einseifen. Wieder führst du mich zum Bett, gibst eine Augenbinde über meine Augen, und beginnst mich erneut am ganzen Körper zu küssen, zu lecken und mir süße Dinge zum Kosten in den Mund zu stecken. Es sind unglaubliche Geschmackskompositionen, die ich auf meiner Zunge erlebe.

Welch ein erotisches Prickeln.

Dann rieche ich warmes, herrlich duftendes Kokosöl - du lässt es auf meine Brüste rinnen. Von dort verteilst du es nach oben, Richtung Hals, ganz vorsichtig, ganz achtsam. Schon spüre ich deine Hand darübergleiten und genieße deine sanfte Berührung. Nichts kann mir passieren - ich gebe mich dir vollkommen hin, liefere mich dir aus und genieße … du erkennst mein Vertrauen, streichst sanft und dann etwas fester über meinen Hals - ich lasse geschehen, tiefe Dunkelheit um mich, und ich genieße tatsächlich jede deiner Berührungen. Sie steigern sogar meine Lust und bringen meinen Körper zum Erbeben. Langsam massierst du das Öl weiter nach unten, verteilst es auf meinen Brüsten und streifst danach über den Bauch, um es mir auf meinen Schamlippen, meiner Klitoris und in meinem Inneren zu verstreichen. Wieder fühle ich sanfte orgastische Wellen meinen Körper durchströmen. Mitten in diesem Genuss nimmst du meine Hände, bindest sie über mir an die Bettpfosten, spreizt meine Beine, um auch diese festzubinden, und dringst unverzüglich Millimeter für Millimeter in mich ein. In diesem lustvollen Gefühl des Ausgeliefertseins bauen sich in mir unfassbare Wellen auf, die meinen gesamten Körper in ein Beben verwandeln und mich in Höhen der Ekstase tragen, als würde ich mich auflösen. Alles bäumt sich in mir auf und verströmt sich aus mir. In meine letzte Welle tauchst du mit ein und entlädst dich in heftigen Zuckungen in mein Innerstes.

*Welch eine Vollmondnacht!*

Du streifst mir nun die Augenbinde von den Augen und löst meine Fesseln, blickst mich dabei mit einem unendlich tiefen und liebenden Blick an und ziehst mich zärtlich an dich. Ich weiß nicht, wie lange wir schon so gelegen sind, als du mich fragst, wie ich mich fühle. Ich bin glückserfüllt und sprachlos und bringe nichts anderes heraus als: „Einfach zutiefst erfüllt, in jeder Hinsicht und unendlich glücklich. Isaias, ich danke dir.“

Langsam ziehen wir uns nach diesen herrlichen Erlebnissen wieder an, um zu sehen, was sich inzwischen im großen Saal ereignet. Wir treffen immer noch auf viele Anwesende, obwohl es schon beinahe 2 Uhr in der Früh ist, die Atmosphäre scheint gelockert und gelöst zu sein. Ich sehe ein allgemeines Leuchten in den Gesichtern, die nun nicht mehr von Masken bedeckt sind. Endlich lerne ich auch das Paar persönlich kennen, das dieses Fest veranstaltet hat - die beiden wirken trotz ihres Alters wie zwei glücklich strahlende junge Wesen. Eleonora und Leonardo scheinen tatsächlich zu leben, wovon sie anfangs gesprochen haben. Es ist wohltuend, Menschen zu treffen, die das verwirklichen, wonach sich mein Herz schon unendliche Zeiten gesehnt hat. Wir unterhalten uns kurz mit den beiden und erhalten von ihnen einen ehrlich gemeinten Segen für unsere weitere gemeinsame Zukunft. Danach lerne ich noch einige andere interessante Menschen kennen, die Gespräche sind geprägt von vielfältigen Themen. Es scheint sich um eine umfassend gebildete Gesellschaft zu handeln, niemand ist betrunken und nachdem auch allgemeines Rauchverbot herrscht, ist die Luft im Raum bloß immer noch von prickelnd

erotischer Energie erfüllt, und vom Duft einer Mischung vieler verschiedener Parfums.
Zu sehr später Stunde werden wir von unserem Gastgeberpaar gefragt, ob wir den kurzen verbleibenden Rest der Nacht in unserem Liebesraum verbringen wollen. Dankend nehmen wir das Angebot an und ziehen uns zurück.

Erschöpft von all den Geschehnissen schlafe ich unverzüglich ganz tief in deinen Armen ein und erwache erst wieder um 11 Uhr vormittags - du bist verschwunden. Nicht einmal dein Weggehen habe ich wahrgenommen. Fünf Minuten später erscheinst du strahlend in der Türe, um mir einen Cappuccino ans Bett zu bringen. Ein ausgiebiger Brunch erwartet uns in einem anderen Raum, in dem auch die beiden wunderbaren alten Herrschaften und noch einige andere Gäste anwesend sind. Es ist ein herrlicher Ausklang dieses besonderen Vollmondfestes, das mir sicher immer in Erinnerung bleiben wird. Am Nachmittag verabschieden wir uns von unseren Gastgebern in Dankbarkeit und freudiger Erwartung dessen, was wir hier in Venedig noch alles miteinander teilen dürfen.

Du gehst mit mir auf dem Landweg aus dem Palazzo, nur zwei Gassen weiter, um mich in ein Haus zu führen: „Herzlich Willkommen, du meine wunderbare Geliebte.“ Sogleich zeigst du mir die Räume, die du für unsere gemeinsame Zeit gemietet hast. Es ist alles hier wieder einmal unglaublich pompös. Mit großen Augen sehe ich um mich und bin sprachlos. *‚Was du mir immer bietest - ich fühle mich beinahe wie in einem Märchen - als Prinzessin, die von ihrem Prinzen erobert wird.‘*

Wir machen uns frisch, um danach gemütlich durch die Gassen dieser außergewöhnlichen Stadt zu schlendern, am *Markusplatz* einen Kaffee zu trinken und bei anregenden Gesprächen das Geschehen zu beobachten, all die vielen Menschen verschiedener Nationen, die Tauben, das gesamte Treiben. Für alles Weitere sind wir heute beide zu müde und beschließen daher nach einem Bummel entlang des *Canal Grande* nur ein schnelles Abendessen in einer sehr kleinen Trattoria - einem Geheimtipp der Einheimischen - einzunehmen, um schon früh ins Bett zu kommen - aus zweierlei Gründen. Einerseits ist unsere Lust aufeinander erneut entfacht, andererseits wollen wir früh zum Schlafen kommen, um den nächsten Tag ausgiebig nützen zu können. In dem von dir gemieteten Haus gehen wir gemeinsam in die Dusche, wo unser Liebes-Lustspiel wieder einmal beginnt und seine Fortsetzung in unserem großen Bett findet, nicht ohne Zwischenstation am großen antiken Schminktisch. Vornübergebeugt lege ich mich auf die Tischplatte, sodass du wunderbar von hinten Einlass findest, während sich unsere

Augen über das Spiegelbild begegnen. Es ist eine Wonne, wie sehr meine Muschi und dein herrlicher Penis harmonieren. Ich bin unglaublich froh, dass du nicht nur mit deinem Prachtstück wirklich umzugehen weißt, sondern für mich auch noch die optimale Größe hast. Ich liebe es, voll und ganz ausgefüllt zu sein - dadurch können wir trotz meiner extremen Nässe einander umfassend spüren - einfach himmlisch.

*Auch wenn viele das Gegenteil behaupten, bin ich sehr wohl der Meinung, dass die Größe des Penis passen muss. Das Feingefühl alleine ist für ein umfassendes Wohlgefühl einfach zu wenig - es bedarf der vollendeten Harmonie von Größe und Sensibilität. So wie es mir als Frau auch wichtig erscheint, die Fähigkeit zu haben, mich auf die Bedürfnisse meines Mannes empathisch und sensibel einzustimmen, um ihn in höchste Sphären zu begleiten.*

Wir verwöhnen einander tatsächlich in jedem Moment auf wohltuende Weise und mir scheint, als wären wir uns auch beim Sex schon seit Ewigkeiten vertraut. Nach diesem weiteren umfassenden Liebesspiel schlafen wir erfüllt und glücklich miteinander ein.

Am Morgen erwachen wir beide mit einem Strahlen in den Augen und können es wieder nicht lassen, sofort ineinander zu verschmelzen.

*Welch ein Morgenerwachen in dieser zweiten Stadt der Liebe.*

An diesem Tag hast du für den Nachmittag mit

mir eine Fahrt in einer Gondel gebucht. Wir fahren am *Canal Grande*, vorbei an der barocken Kirche *Santa Maria della Salute*, weiter unter der *Rialtobrücke* durch und Richtung *Markusplatz* - es ist beeindruckend, wie schön diese Stadt ist. Natürlich werden wir auch zur *Seufzerbrücke* geführt, unter der der Gondoliere hält und ein Lied anstimmt - natürlich über *„Amore und Ewigkeit"*. Du küsst mich zärtlich und innig und sagst mir, wie sehr du dich in mich verliebt hast - auch schon tiefe Liebe spürst - und dir wünschst, dass es nie mehr enden möge. Bei deinen Worten, die du in dieser Weise erstmals ausgesprochen hast, breche ich wieder einmal in Tränen aus und überreiche ich dir mein mitgebrachtes Geschenk mit den beigelegten Zeilen, die dasselbe ausdrücken, das du mir soeben gesagt hast. Auch du scheinst berührt zu sein - wir versinken in einer Umarmung, die scheinbar diese Ewigkeit beinhaltet, von der der Gondoliere gesungen hat. Meine Gedanken spielen verrückt: *‚Ist es tatsächlich möglich, dass wir einander jetzt schon wirklich lieben ... wissen, dass wir zusammengehören ...? Ich wünsche mir nichts mehr, als ...‘* Als ob du wieder einmal meine Gedanken gelesen hättest, meinst du: „Genieße den Moment Schönheit, es gibt hier nichts zu weinen…" Lachend lösen wir uns voneinander.
Danach geht die Fahrt weiter. Abgesetzt werden wir beim *Peggy Guggenheim Museum*, in dem

wir uns eine Ausstellung ansehen und im künstlerisch gestalteten Garten flanieren. Auch dort kannst du nicht darauf verzichten, mir in einem weniger einsehbaren Teil des Gartens, meinen Rock hochzustreifen und mit deinen Fingern zwischen meinen Schamlippen zu spielen und sie vorsichtig nach innen zu schieben - ich habe, wie so oft kein Höschen an und genieße. Wie viel lieber würde ich hier jetzt sofort von dir genommen werden.
Doch auch dieses kleine *verbotene Spielchen* ist sehr prickelnd, lustvoll leckst du dir danach meinen Saft von deinen Fingern. Unsere Lust aufeinander scheint grenzenlos zu sein. Wir sind wie zwei spielende, lockende und ungezügelte Kinder.
Für den Abend hast du einen Tisch in der *Harry's Bar* reserviert, wo wir ein herrliches Dinner genießen, ich mir die besonders köstliche Schokoladentorte, die beinahe ebenso gut ist, wie die meiner Mutter, als Dessert nicht entgehen lasse, und wir uns dann noch an der Bar zum Abschluss einen *Bellini* genehmigen.
Nach diesem Tag kultureller und kulinarischer Genüsse kann ich eine weitere Nacht unbeschreiblicher Liebe und Ekstase mit dir erleben.

Den Montag verbringen wir in Murano, um uns am Rückweg ein paar Stunden am Pool eines schönen Hotels am Lido zu gönnen, weil es unglaublich heiß ist, im Hochsommer hier zu

sein. Um diese Zeit war ich noch nie zuvor in dieser Stadt.
Am Abend hast du Karten für das *Teatro La Fenice* reserviert, wo wir uns ein modernes Theaterstück ansehen, dessen tieferen Sinn ich - wie zumeist bei modernem Theater und seiner oftmals tiefgründigen „Tragik" - nicht wirklich erfasse. *Kann denn modernes Theater tatsächlich nur mehr Schwere, Leid und Grausamkeiten zum Ausdruck bringen? Brauchen die Menschen tatsächlich die ständige Fütterung mit „Grässlichkeiten", um sich selbst besser zu fühlen?* Ich verstehe denn Hintergrund solcher Inszenierungen einfach nicht und freue mich auf unsere lichte und leichte Freude, die wir im Anschluss wieder erleben dürfen. Aber schon der besondere Rahmen dieses Theaters ist es wert, dort gewesen zu sein.

Den letzten Tag genießen wir in aller Ruhe schlendernd durch die Gassen - du verwöhnst mich wieder einmal mit einem schönen Kleid als Geschenk. Zu Mittag essen wir eine herrlich zubereitete Pasta in einer Trattoria, um dann den Nachmittag noch einmal ausgiebig mit aufregendem Sex als Abschied von dieser gemeinsamen Zeit zu verbringen.
Diese vier Tage haben sogar mich ein wenig überfordert - jetzt kann ich wahrlich ein bisschen Erholung brauchen. *‚Aber nicht schon wieder fast vier Wochen.'* Ein wenig macht mir

die kommende Zeit Angst. Ich werde dich sicher vermissen.
Doch der Abschied naht.

Am Abend bringst du mich zum Bahnhof, wo wir erneut Abschied voneinander nehmen müssen. Meine Güte, wie sehr werden mir deine Stimme, deine Augen, dein Geruch, einfach du an meiner Seite fehlen. Wir küssen uns eng umschlungen und ohne Rücksicht auf all die Menschen um uns in tiefem Begehren und großer Hingabe. Dann steige ich in den Zug. Du bleibst am Bahnsteig, bis er losfährt, nicht ohne mir zuvor ganz klar vermittelt zu haben, dass ich keine Verlustangst haben müsse, es werde verlässlich ein weiteres Ticket kommen. Du spürst meine Ängste und Unsicherheit, in dem Moment, in dem sie in mir aufkommen.
Traurig und zugleich tief erfüllt und glücklich winke ich dir noch solange, bis du aus meinem Blickfeld entschwindest. Du hast ein Schlafwagenabteil für mich alleine gebucht. Kurz nach der Abfahrt sinke ich erschöpft ins Bett und schlafe mitten in meinen schönen Gedanken an all die vergangenen Erlebnisse ein.
Am nächsten Morgen werde ich eine halbe Stunde vor der Ankunft vom Zugbegleiter geweckt und komme somit ziemlich gut erholt und vor allem tief berührt in meiner Heimat an.
Am Bahnhof empfängt mich wie immer meine Freundin Laura, um sich von mir bei einem ausgiebigen Frühstück in einem gemütlichen

Kaffeehaus all meine aufregenden Erlebnisse erzählen zu lassen, bevor sie mich weiter nach Hause führt.

Wieder ist ein Geschenk mit einer Notiz in meinem Koffer. Du hast mir eine wunderschöne venezianische Maske zur Erinnerung mitgegeben und kurze aber intensive Zeilen geschrieben:

*Geliebtes mystisches Wesen, zugleich so unfassbar lustvolles Weib,*
*geschrieben mit der Tinte aus Deiner wunderschönen Füllfeder, möchte ich Dir mitteilen, dass ich mich jetzt schon wieder unendlich auf UNSERE ZEIT freue - es war atemberaubend aufregend, lustvoll und tiefgehend erfüllend, mit Dir zu sein, Du wunderbare Frau. Unsere Seelen wissen um diese außergewöhnliche Liebe, die uns immer schon vertraut war und uns für weitere Ewigkeiten in diesem Universum miteinander verbindet.*
*In tiefer Liebe und unbeschreiblicher Lust*
*Dein in ewiger Verbundenheit Geliebter*
*Isaias*
*PS. Meine Geschenke sind immer bedingungslos - Du darfst nur nehmen!*
*Fange nicht schon jetzt an, Dir Gedanken darüber zu machen, wie Du es ausgleichen könntest.*

Wie du wieder einmal meine Gedanken gelesen hast - ich muss einfach tief beruhigt schmunzeln.

Es ist Ende August und damit geht auch der Sommer dem Ende zu, und ich weiß nie, was du gerade machst. Ich denke viel an dich, an unsere Stunden der Gemeinsamkeit und daran, wie und wo ich mir mit dir zu leben wünsche. Ich bin inspiriert von unseren Momenten und so klar bei mir, dass meine kreative Lust sich verstärkt entfaltet und ich das Gefühl habe, in meinem Inneren immer mehr neue Geschichten entstehen zu lassen, die ich niederschreiben möchte. Es brennt dieses unbändige Feuer der Leidenschaft in mir, das mich tiefe Glücksgefühle erleben lässt und meine Kreativität so sehr entfacht.

Eines Abends erhalte ich einen Anruf meiner Freundin Atmo, die inzwischen wieder in ihre Heimat gezogen ist, in Mallorca alle Zelte abgebrochen hat und nun am Bodensee lebt. Sie ist glücklich mit einem Mann, mit dem sie anfangs noch einige Hürden zu überwinden hatte, dem sie aber nun in tiefer Liebe verbunden ist und den sie bald heiraten möchte. Meine Freundin, die eigentlich nie heiraten wollte, heiratet offensichtlich noch vor mir und teilt mir das freudestrahlend am Telefon mit. Interessanterweise haben wir schon vor einiger Zeit beschlossen, gegenseitig Trauzeuginnen füreinander zu sein, wenn es so weit wäre.

Sie leben seit wenigen Wochen in einem schönen Haus direkt am See, wohin mich Atmo nun einlädt, einerseits, um mit mir ihre Hochzeitspläne zu besprechen, andererseits um meine Zeit zwischen den Vollmond-Begegnungen ein wenig zu verkürzen. Diese Frau ist ein Phänomen für mich. Vom ersten Moment unserer Begegnung auf Mallorca habe ich mit ihr immer Leichtigkeit und Freude erlebt - eine kleine Krise durch Missverständnisse hat uns dann noch tiefer verbunden, obwohl wir meist getrennt voneinander waren. Nun lebt *mein Mann* dort, wo ich ihr begegnet bin, und ich bin derzeit mehr in ihrer Nähe. Es ist schon eigenartig, wie Lebenssituationen sich immer wieder, und oft ganz schnell, verändern können.

*‚Wann wird sich denn endlich ‚mein Leben' wirklich umfassend wandeln?*

Ich wünsche mir nichts mehr, als mit meinem Mann am Meer zu leben - oder auch an jedem anderen schönen Platz in der Natur - und nur mehr meiner Passion zu folgen, um meine wahre Lebensaufgabe zu verwirklichen. Ich bin mir sicher, dass dies schon ganz bald geschehen wird - ich spüre es mit jeder Faser meines Seins.

So fahre ich zu Atmo, um mit ihr den Sommerausklang am See zu verbringen.

Sie empfängt mich mit glänzenden Augen, so habe ich sie noch nie zuvor gesehen. Sie wirkt erfüllt und glücklich und in ihrem Frau-Sein so

richtig wahrgenommen.
Ihren zukünftigen Mann lerne ich auch kennen, Björn ist ein männlicher, doch auch sehr sensibler Mann. Die beiden wirken wie Yin und Yang. Atmo hat schon immer gewusst, wie sie ihr Leben manifestiert, das Schicksal und ihr Vertrauen, ihre Kraft und Weiblichkeit haben vermutlich das Übrige dazu beigetragen, dass sie zumeist das bekommt, was ihren Herzenswünschen entspricht.
Ich verbringe mit ihr, wie jedes Mal, wenn wir zusammen waren, eine Zeit voll Unbeschwertheit und Freude. Manchmal wird dennoch meine Sehnsucht nach Isaias unerträglich groß - immer wieder höre ich die Lustschreie meiner Freundin, die den Sex ebenso zu genießen scheint wie ich. Ich höre sie oftmals laut stöhnen und in ihren Orgasmen schreien, sodass ich hie und da nicht anders kann, als meinen kleinen *vibrierenden Lippenstift* zur Hand zu nehmen und mich mit einer intensiven Vibration zu erleichtern. Auch jetzt ist wieder einmal so ein Moment gekommen. Während die Finger meiner linken Hand die Schamlippen entlang reiben und in meiner feuchten Spalte eintauchen, presse ich meinen kleinen Vibrator mit meiner Rechten gegen meine Klitoris. Auch wenn mir das nicht gerade großen Spaß macht, liebe ich doch nichts mehr als von einem mich ausfüllenden Penis durchdrungen zu werden, gelingt es mir in dieser lustgeladenen Umgebung sehr schnell

mich zum Höhepunkt zu stimulieren. Was mir dabei fehlt, ist die Wärme, die Nähe, das Prickeln und der Genuss mit meinem Gegenüber - mit dir, meinem Geliebten - vereint sein zu können. Außerdem bin ich eine Frau, die die vaginalen Orgasmen um so vieles intensiver genießen kann als die klitoralen. Wie sehr ich Atmo gerade beneide…
*‚Meine Güte, freue ich mich, bald wieder mit dir ausgiebig unsere Lust und Leidenschaft zu erleben. Ob du gerade meine Sehnsucht spürst, mein Begehren wahrnimmst…?‘*

Atmo erzählt mir, dass sie nun endlich den Mann in ihrem Leben hat, der alle Vorzüge ihrer letzten beiden Partner auf so wundervolle Weise verbindet. Er ist ein genialer Liebhaber, der in seiner Männlichkeit zu geben weiß, damit sie sich in ihrer Weiblichkeit vollkommen hingeben kann und ist dennoch auch unglaublich sensibel und empathisch. Die Beschreibung ihres Mannes erinnert mich so sehr an dich.
Am See verbringen wir noch herrliche Stunden, mit Picknicks bei Sonnenuntergang, mit langen Gesprächen, schönen ausgiebigen Spaziergängen und Träumen unserer beider Vorstellung von unseren Hochzeiten an einem einzigartig schönen Strand am Meer. Ich werde in einem roten Kleid heiraten, Atmo natürlich in Pink.
Wie herrlich es ist, gemeinsam schöne Visionen zu erschaffen.

Zwei Tage vor meiner Rückreise meldet sich unerwarteterweise mein ehemaliger Liebhaber bei mir - Andreas, den ich im Kurzentrum kennengelernt hatte und mit dem ich drei Monate lang unglaublich erfüllende sexuelle Erlebnisse hatte, bevor ich für lange Zeit nach Mexiko gereist bin. Schon damals wurde mir bewusst, dass eine Steigerung meiner sexuellen Lust nur mehr verbunden mit tiefer Liebe lebbar sein kann, um mir und meinem Mann noch höhere Dimensionen sexuellen Erlebens möglich zu machen. Ich weiß, dass ich genau jetzt diesem einzigartigen Mann in meinem Leben begegnet bin. Umso verblüffter bin ich über Andreas´Anruf - als ob er gespürt hätte, dass ich in seiner Nähe bin.
Ich treffe ihn in einem Kaffeehaus am See und wir erzählen uns, was im letzten Jahr, seit unserem Beisammensein, alles geschehen ist. Er hat beruflich nun jenen Erfolg, den er sich schon lange gewünscht hat und genießt es, genau das zu leben, was seinen beruflichen Wünschen entspricht. Zu seinem Privatleben und seiner Ehe möchte ich ihn nicht befragen, das war schon immer ein Thema, das mich nicht wirklich interessiert hat. Ich kann nur wenig damit anfangen, wenn Menschen Beziehungen leben, die meiner Meinung nach nicht auf Liebe, sondern auf Konstrukten aufgebaut sind. So sehr ich diesen Mann einst begehrt habe, so ruhig bleibe ich nun. Es fällt mir in keiner Weise schwer, obwohl schon wieder beinahe

drei Wochen seit meiner Begegnung mit Isaias vergangen sind und mich die Schwingung von Atmos Intensität manchmal allzu lustvoll werden lässt. In seiner Gegenwart ist für mich klar erkennbar, was ich in meinem Herzen immer schon wusste - wenn der richtige Mann in meinem Leben ist, kann mich kein anderer mehr aus der Ruhe und Balance bringen. Auch nicht Andreas, der in den letzten Jahren der beste Liebhaber war, den ich bis zu meiner Begegnung mit meiner *großen Liebe* erlebt hatte. Diese Sicherheit fühlt sich wunderbar an und lässt mich noch besser erkennen, was ich wirklich will und wie sehr Treue kein Thema ist, wenn man den richtigen Partner gefunden hat - und Liebe das Fundament sein darf.
Ich freue mich, Andreas noch einmal begegnet zu sein. Er wünscht mir das Allerbeste für meinen Weg und wir trennen uns mit einer innigen Umarmung, in gegenseitiger Dankbarkeit für das gemeinsam Erlebte.

Am nächsten Tag verabschiede ich mich auch von Atmo und Björn und fahre leichten Herzens und glücklich, mit meiner Freundin gewesen zu sein, zurück in mein Zuhause, das derzeit noch meine Heimat ist.
*Wie lange noch? Ich bin nur allzu bereit, alles in meinem Leben vollkommen zu verändern, um mit meinem Geliebten leben zu dürfen.*

Am nächsten Tag kommt endlich das ersehnte

Ticket. Aufgeregt und wie immer mit pochendem Herzen öffne ich den Brief, der ein Flugticket nach Teneriffa beinhaltet. Beigelegt sind folgende Zeilen:

*Geliebte,*
*ich freue mich darauf, Dich am Flughafen von Teneriffa zu erwarten, um mit Dir auf der Fähre nach La Gomera überzusetzen. Ich habe dieses Ziel für Dich gewählt, damit nun ein schmerzhafter Teil Deiner Vergangenheit über einen heilsamen Teil Deiner Gegenwart und Zukunft zu einem auf- und erlösenden Abschluss kommt, und Du auch an diesem Platz erleben kannst, das Frieden und Liebe für Dich überall - auch dort - gelebt werden können.*
*In freud- und lustvoller Erwartung,*
*Dein Geliebter*
*Isaias*

Während ich diese Zeilen lese, zittert mein Körper - Tränen fließen meine Wangen hinunter. Ich habe dir bei unserer ersten Begegnung von meinem schweren Unfall auf dieser Insel erzählt, von jenem Platz, an dem ich vor einigen Jahren beinahe zwischen den Vulkanfelsen und den hohen Flutwellen des Atlantik gestorben wäre. Ich musste mich selbst aus dieser Situation - schwer verletzt und alleine - befreien, um zu überleben. Dort darf ich nun eine Woche mit dir verbringen, ich bin einfach nur zutiefst berührt. Eine ganze Woche werden wir

zusammen sein, ich freue mich so sehr. Es fällt mir schwer, mich zu beruhigen, ich bin fassungslos vor Glück.
Mein Abflug soll schon in fünf Tagen sein. Ich fühle mich wie ein junges Mädchen, das seinem ersten Date entgegenfiebert und Schmetterlinge im Bauch spürt …

Wieder ist es Laura, die mich zum Flughafen bringt, um mich von dort zu verabschieden.

## *Im Regenwald auf La Gomera*

Ich sitze im Flugzeug und weiß, dass ich dir in knapp fünf Stunden in deine wunderschönen, meine Seele erkennenden Augen blicken darf.
Mein Flug verläuft ausgesprochen angenehm und ruhig.
Beim Landeanflug pocht mein Herz so heftig, dass ich das Gefühl habe, es müsse jeder in meiner Nähe schlagen hören. Teneriffa ist ein kleiner Flughafen und ich sehe dich schon, bevor du mich gesehen hast. Es ist wunderbar von einem Menschen, auf den man sich verlassen kann, abgeholt zu werden. Inzwischen ist mein Vertrauen bereits so gewachsen, dass ich nicht einmal den Hauch eines Zweifels hatte, du würdest nicht kommen.
*Niemals mehr wollte ich eine Situation wie vor elf Jahren auf Maui erleben, wo ich eine Stunde lang am Flughafen gestanden bin, erschöpft und verzweifelt nach einer allzu langen Reise - nicht wissend ob Dolphin, mein damaliger Liebhaber, kommen würde.*

Nun siehst auch du mich, strahlend und glücklich fallen wir einander in die Arme, küssen uns innig und sehen einander tief in die Augen, minutenlang, ohne den Blick voneinander lösen zu können. Du bist da, ich starre dich mit großen Augen an und erfreue mich an deiner Schönheit.

*‚Mein Gott, was bist du für ein schöner Mann - im Außen und in deinem Inneren.‘*

Du nimmst mir meinen Koffer ab und bringst mich zu einem Taxi, das du schon zuvor reserviert hast. „Buenos dias, al Puerto Los Cristianos, por favor." Der Taxifahrer führt uns zum Hafen, von dem die Fähre nach La Gomera in einer Stunde abfahren wird. Schon im Taxi können wir wieder einmal nicht voneinander lassen und ich merke bei jeder kleinen, zarten Berührung von dir, wie mein Körper zu zittern beginnt und ich oftmals ein Stöhnen nicht unterdrücken kann, so sehr sehnt sich alles in mir, dich ganz in mein Inneres aufzunehmen. Auch in deiner Mitte sehe und spüre ich, wie sich dein Penis unter der Hose heftig zuckend bewegt, in offenbar ebenso großer Sehnsucht nach Vereinigung. Es zieht uns sogartig und magnetisch zueinander.

Am Hafen angekommen, besorgst du unsere beiden Tickets, während ich auf unsere Koffer aufpasse. Du selbst bist genau eine halbe Stunde vor mir auf Teneriffa gelandet. Offensichtlich schaffst du es immer wieder, alles wunderbar zu koordinieren. *‚Was mich jetzt wohl auf dieser*

*Insel erwartet?‘* Ich bin hier schon zwölf Mal zuvor gewesen und habe sie bereits als Teil meiner Vergangenheit gesehen, nachdem ich ein letztes Mal zwei Jahre nach meinem schweren Unfall und drei Knieoperationen hingeflogen bin. Damals war es für mich wichtig nochmals hinzukommen, um mich mit einem Ritual am Meer zu bedanken, dass ich bei diesem dramatischen Unfall im Atlantik doch nicht gestorben bin.
Mit dir werde ich diese Insel vermutlich vollkommen neu erleben.
Während wir auf die Fähre warten haben wir beide die ganze Zeit das Gefühl, einander berühren und küssen zu wollen. Es ist unbeschreiblich schön für mich, zu erleben, jetzt gemeinsam mit dir auf meinen Reisen sein zu dürfen. Wie oft habe ich mich zutiefst danach gesehnt, endlich nicht mehr alleine reisen zu müssen.
Schon hier am Hafen sehe ich ein paar Bekannte von La Gomera. Kurz plaudern wir mit ihnen.
In der Fähre setzen wir uns möglichst abseits von den anderen hin, um unsere Zweisamkeit zu genießen, ein wenig miteinander zu spielen, einander zu berühren, die Nähe des anderen wahrzunehmen, einfach das gemeinsame Sein zu erleben. Leider ist es nicht mehr möglich, an Deck zu sein, so wie es noch vor über zehn Jahren, zu Beginn meiner Reisen auf diese Insel, erlaubt war und somit schon auf der Fähre die

herrliche Meeresluft und Umgebung mit allen Sinnen wahrgenommen werden konnte. Aber diese eine Stunde der Überfahrt ins Valle Gran Rey vergeht ohnedies im Flug für uns. Du hast mein Lieblingszimmer - eher könnte ich sagen Kämmerchen - in der Anlage *Oasis* gebucht. Nach all dem Luxus, den wir bisher miteinander erlebt hatten, kann ich mir nicht vorstellen, dass du dieses geschmacklose kleine Zimmer, mit Küche im Freien unter den Bäumen und ohne eigene Dusche ertragen würdest. Es war im hintersten Teil einer wunderschönen Finca mitten in der Natur. Ich habe dir doch erzählt, dass ich es mir immer schön dekoriert hatte, wenn ich angekommen bin und zwei Matratzen auf die kleine Dachterrasse legen ließ, um unter einem vom Baum hängenden Moskitonetz die Nächte zu verbringen. Dieses Gefühl, du könntest womöglich enttäuscht sein, macht mich schon ein bisschen nervös. Ich habe genau diesen Platz dort geliebt, weil ich den Frieden und die Ruhe so sehr schätzte und nichts außer Natur um mich herum war, mit Avocado -, Mango- und Feigenbäumen, einem Kräutergarten und dem Meeresrauschen aus der Ferne. Ich selbst freue mich unendlich, dir dieses kleine Paradies zeigen zu können - dort werde ich auch erkennen, wie es dir in der vollkommenen Einfachheit ergeht.
Mit feuchtem Höschen unter meinem Sommerkleid und unbeschreiblich großer Lust auf dich komme ich mit dir auf dieser

Vulkaninsel mit schwarzem Sand an - deine Nähe erregt mich unglaublich, mein Herz pocht. Am Hafen von Las Vueltas begegnen wir beim Aussteigen Margret, meiner einzigen Freundin, die ich auf dieser Insel hatte. Sie ist hier, um eine Bekannte aus Deutschland abzuholen. Wir lachen uns beide überrascht an und ich stelle dich ihr freudestrahlend vor. Sie schmunzelt mich an und ich vermute, dass sie nun das Gleiche denkt wie ich. *'Als ich das letzte Mal vor fünf Jahren auf der Insel war, habe ich ihr erzählt, dass ich in einem roten oder vollkommen bunten Kleid am Strand heiraten möchte - so lange, nein, eigentlich schon viel länger, trage ich diese große Sehnsucht in mir. Ich habe ihr damals in allen Farben geschildert, wie ich mir meine Hochzeit mit dem Mann, der in diesem Leben noch zu mir gehören wird, vorstelle.'*

Ich sehe dich an und bin mir sicher - du bist dieser Mann, mit dem ich diesen Traum verwirklichen möchte. Wir werden von einem Mietwagenverleiher abgeholt, den wir am Weg zur *Oasis* vor seinem Laden absetzen - wie immer hast du alles perfekt geplant und organisiert. Ich bin richtig aufgeregt, all diese vertrauten Dinge hier mit dir genießen zu dürfen, endlich nicht mehr alleine.

Bei der Finca *Oasis* angekommen, erwartet uns die Eigentümerin der Anlage und freut sich, mich wiederzusehen. Als sie uns beide sieht fragt sie, ob wir uns sicher seien, dort hinten wohnen zu wollen, sie hätte auch ein kleines Haus frei. Ohne diese Unterkunft jemals gesehen zu haben, meinst du, dass es genau passen würde und ob denn alles wie bestellt gerichtet sei. Natürlich hätten sie alles gerichtet und die beiden darunterliegenden Zimmer wären, wie vereinbart, nicht vergeben. Somit würden wir den hinteren Teil der Gartenanlage vollkommen für uns alleine haben.

*Ich bin glücklich, hier zu sein und blicke voller Staunen um mich. Nun bin ich wieder einmal an einem vertrauten Platz und das erste Mal mit dem Mann, den ich mit jeder Faser meines Seins begehre und immer tiefer zu lieben vermag, und mit dem ich mir von ganzem Herzen wünsche in diesem Leben zusammen zu bleiben.*

Susanne will uns durch die Anlage begleiten, doch ich meine, dass ich das übernehmen könne. Hier ist mir alles sehr vertraut und ich möchte dir diese wunderbare Umgebung mit meinem persönlichen Empfinden vermitteln. Ich bitte dich mir zu folgen - gemeinsam gehen wir den kleinen Weg entlang in den hinteren Teil der Gartenanlage. Dort angekommen bin ich wieder einmal sprachlos - auf dem Tisch im Vorgarten steht ein riesiger Obstkorb, gefüllt mit allen tropischen Früchten, der Kühlschrank ist voll und das kleine Zimmerchen dekoriert mit

schönen Stoffen - die Farbauswahl hast du offensichtlich aus der Ferne getroffen - und Kerzen.
Auf dem Dach ist eine große Doppelmatratze bereitet und ein Moskitonetz schützt unser Lager.
Du schaffst es jedes Mal, mich zu überraschen.
Ich stehe hier, blicke dich fassungslos an und bin sprachlos. Unverzüglich nimmst du mich in deine kraftvollen Arme und küsst mich hingebungsvoll. Schon auf der Herfahrt konnten wir unsere Lust
kaum zügeln. Ich spüre nun deinen harten Penis gegen meine Vulva pochen und will ihn nur mehr in mir erleben. Wir stehen mitten in unserem kleinen tropischen Garten, du drängst meinen Körper zum nächsten Avocadobaum, ich lehne dort am Stamm und du beginnst mich von meinem Nacken ausgehend mit zarten und doch immer heftigeren Küssen und Bissen in Richtung meiner Brüste zu verwöhnen. Ich beginne mit heftigen Atemzügen zu stöhnen und merke schon beim Küssen und Kneten meiner Brüste, wie eine heiße Welle der Lust meinen Körper durchflutet und aus mir entladen wird. Mein Rücken wölbt sich und meine erregte Vagina strebt dir entgegen. Mein Kleid ist schnell vom Körper gestreift - darunter habe ich nur mein Spitzenhöschen an, das du mir langsam nach unten streifst, um mich genussvoll von oben bis unten zu betrachten und zu sehen, wie mein Körper bebt und sich

nach Vereinigung sehnt. Du entkleidest dich ebenfalls und drehst mich um, damit ich mit meinen Händen einen Ast zu fassen bekomme, an dem ich mich entspannt hängen lassen kann, während ich dir meinen Po entgegenstrecke: „Meine Güte, endlich sehe ich es wieder, dein kleines, knackiges Hinterteil." Du klappst mir mit deiner flachen Hand auf meine Pobacken. Das macht mich noch heißer und schon spüre ich, wie dein für mich perfekter Penis sich seinen Weg nach innen bahnt. Wie sehr habe ich mich danach gesehnt. Schon beim Eindringen spüre ich eine heiße Welle aufsteigen, die sofort in einem sanften Orgasmus mündet. Ich atme weiter tief und intensiv ein, kontrahiere meine Beckenbodenmuskeln, spüre wie sie dich fest umfassen und entlade mich mit einem intensiven Lustschrei. Du beginnst mich nun wild und hemmungslos an diesem Baum zu nehmen - deine Hände umklammern meine Hüften und ich genieße bewegungslos all die heißen Wellen, bis wir gemeinsam zu einem furiosen Abschluss in die Unendlichkeit aufsteigen und uns ineinander ergießen. Nach dieser intensiven Entladung fallen wir einander erleichtert in die Arme, unsere Sehnsucht war doch allzu übermächtig, nach all den Wochen des Wartens. Du strahlst und blickst in mein Gesicht: „Du bist so unbeschreiblich schön und hemmungslos frei, ich genieße das so sehr mit dir!" Ich erwidere: „Du hast ja keine Ahnung, wie sehr ich mich nach dir verzehrt habe, nach deinen Augen, deinem Gesicht, deinem unglaublich schönen Körper und diesem köstlichen Luststab, den ich so sehr in mir genießen kann.“ Mit dir erkenne ich immer mehr, dass ich die Vulgärsprache der Lust nicht mehr so häufig verwenden möchte, trotz unserer unbeschreiblichen Intensität im Erleben. Es fühlt sich jede Vereinigung immer anders an, nicht bloß nach *geilem Sex,* obwohl unsere Lust anscheinend alles ermöglicht, was wir beide wollen. Wir sind unglaublich heiß aufeinander und spüren dennoch die Veränderung der Begegnungen, die durch die wachsende Liebe ermöglicht wird. Und doch möchte ich es nicht missen, zwischendurch so wunderbar von dir *gefickt* zu werden, wie soeben.

Nachdem wir nun unsere erste intensive Spannung abgebaut haben, packen wir unsere Sachen aus und richten uns in diesem winzigen Heim ein. *‚Ob du das hier wirklich mögen kannst? Es ist völlig anders als alles bisher Erlebte - vollkommen ohne Luxus.‘*

Du schlägst mir vor eine gemeinsame Dusche zu nehmen.

*‚O mein Gott, wie wirst du die nicht sehr saubere Gemeinschaftsdusche hier erleben?‘*

Ich selbst habe dort niemals ohne Gummischuhe geduscht.

Wir gehen über den Gartenbereich hinunter und betreten eine Dusche auf deren Türe ein Schild mit der Aufschrift *Privat* angebracht ist, sie scheint neu adaptiert worden zu sein und ist blitzsauber. Auch das hast du geregelt - unsere eigene *Privatdusche*. Wir genießen es einander einzuseifen und unsere Körper zu betrachten, zu liebkosen und mit viel Wasser abzuspülen. Schon wieder sehe ich deine Erektion und bekomme selbst erneut Lust auf dich. Wild vor Verlangen springe ich auf deine Hüften und lasse deinen Penis sanft und langsam unter dem fließenden Duschstrahl in mein Inneres gleiten, es fühlt sich herrlich an, du umfasst meine Pobacken und schiebst mich langsam auf und ab. Während ich dich mit meinen Schenkeln noch fester umklammere, beginne ich selbst immer intensiver meine Hüften auf und ab zu bewegen, bis sich erneut eine sanfte Lustwelle aufbaut und mich unter Stöhnen und Genießen durchströmt. Dann gleite ich wieder von deinem Körper nach unten, auf meine Knie, und während mir das Wasser über mein Gesicht fließt. Lustvoll lecke und sauge ich mit meiner Zunge und meinen Lippen an diesem herrlichen Penis, schmecke mich selbst, massiere mit der einen Hand deinen Schaft und mit der anderen deine Hoden und genieße es zu spüren, wie du immer mehr Lust erlebst, mir zusiehst, wie genussvoll ich dich in meinem Mund aufnehme und mit einem heftigen Atemstoß in mir zum Höhepunkt kommst. Ich nehme deinen Saft auf, schlucke ihn, spüre einen weiteren Strahl und lasse diesen aus mir fließen - alles vermischt sich, das Wasser und unsere Flüssigkeiten. Du genießt es sehr, wenn du merkst, wie ich mich

an dir, deiner Lust und deinem Körper erfreuen kann. Nach diesem freudvollen Zwischenspiel verlassen wir die Dusche und machen uns fertig zum Ausgehen - heute Abend werde ich dir ein paar nette Plätze hier im *Valle Gran Rey* zeigen. Wir beschließen zu Fuß zu gehen, um die gesamte Promenade entlang zu spazieren. Die Temperatur ist herrlich angenehm - ich liebe das subtropische Klima der Kanarischen Inseln. Kurz überlege ich: *‚Ob ich dich zuvor noch an den Playa Ingles führen soll, jenen Strand, in dessen unmittelbarer Nähe ich vor wenigen Jahren beinahe bei meinem Unfall zwischen den Vulkanfelsen und den mächtigen Wellen gestorben wäre? Nein, der Einstieg in unsere gemeinsame Zeit soll ungetrübt von negativen Erinnerungen an meine Vergangenheit sein.‘*
Ich zeige dir zuerst die Kunstgalerie in unserer Anlage, dann gehen wir zur *Playa* und spazieren weiter entlang der Strandpromenade. Da wir beide schon ziemlichen Hunger haben, beschließe ich mit dir ins *Habibi* zu gehen, ein ausgesprochen gutes arabisches Restaurant mit Blick auf den Atlantischen Ozean und den Sonnenuntergang, den wir heute nicht hier genießen werden. Wir sitzen dort im Freien, blicken einander in die Augen und spüren offensichtlich beide dasselbe. Deine Augen werden ein wenig glasig und aus meinen fließen die Tränen. Ich habe mich nach langer Zeit endlich wieder tief verliebt und mein innigster Wunsch ist es, mit dir zusammen zu leben. In

diesem Moment sprichst du es aus: „Mein wunderschöner Engel, ich liebe dich und ich wünsche mir eine Zukunft mit dir. Dennoch möchte ich diesen Rhythmus mit dir aufrecht erhalten, weil es mir so wichtig erscheint, dass wir uns beide unserer Gefühle vollkommen sicher werden.“ Unter Tränen stammle ich: „Ich liebe dich auch immer tiefer und danke dir so sehr für all deine Geschenke, all diese außergewöhnlichen Momente, unsere gemeinsame Zeit, diesen Luxus, den du mir bietest - ich bin unbeschreiblich dankbar für *dich* in meinem Leben.“
Kaum blicken wir wieder auf, bleibt ein Auto vor uns stehen - Roman, mein erster Geliebter hier auf der Insel und seit Jahren bester Freund an diesem Platz, springt aus dem Auto. Wir schließen einander in die Arme und ich stelle ihn dir vor. Er blickt uns beide an, zuerst mich, dann dich, dann wieder mich: „Na endlich, wurde ja schon höchste Zeit!“ Er schmunzelt wissend. In seinem Auto sitzt sein letztes und fünftes Kind von der vierten Mutter. Roman ist ein absoluter Lebemann und ein herzensguter Mensch. Seine geliebte Dogge ist inzwischen gestorben - sie wäre sonst vermutlich schon vor ihm hier aufgetaucht. Genauso schnell wie er erschienen ist, meint er nun, dass er weiterfahren müsse und sich darauf freue irgendwann mit uns Zeit zu verbringen.

Hier wirst du noch einen wesentlichen Teil

meiner Vergangenheit kennenlernen.
Nach einem wunderbaren Essen führe ich dich zum besten Eissalon auf der Insel. Ich liebe Eis und du siehst mir lächelnd zu, wie ich meine riesige Eisportion genieße. Meine große Lust auf Eiscreme hast du ja schon bei unserer allerersten Begegnung erfasst. Hie und da gönne ich mir diesen Genuss immer noch aus vollem Herzen. Meine Zuckerabstinenz kann ich einfach nicht durchhalten, obwohl ich weiß, wie sehr Zucker meinem Körper schadet. Es ist ja ohnedies meine einzige *Sucht,* der ich fröne.
Nach dem Eisgenuss spazieren wir weiter zum Hafen und zur *Finca Argayall*, bei der wir endlich zur Abkühlung ins Meer gehen können, nackt und im Licht der untergehenden Sonne, die hier an diesem Platz sehr lange scheint, bevor die Nacht kommt.
Im Meer bin ich absolut in meinem Element, drehe mich, tanze im Wasser und mit dem Wasser und blühe vollkommen auf, so sehr liebe ich es. Du meinst nur: „ Du bist eine unbeschreiblich schöne *Mermaid,* mein Engel, aber nicht ungefährlich als *Sirene* - willst du mich in deine Tiefen ziehen?“ Schon schwimmst du auf mich zu, ziehst mich an dich und küsst mich innig. Gemeinsam beginnen wir im Wasser mit diesem Element eins zu werden, bis wir auch unsere Körper immer mehr aneinanderschmiegen und du von hinten in mein Innerstes gleitest. Wie schnell mein Körper jedes Mal bereit ist, dich unendlich tief

in mir aufzunehmen. Vereint gleiten wir wie ein Delfinpaar im Wasser. Ich genieße es in meinem geliebten Ozean mit dir Sex zu haben, sanft doch lustvoll diese Vereinigung zu erleben, auch wenn hier die Wellen schon recht intensiv werden können - die äußeren wie auch die inneren. Ich bin verblüfft, wie sicher und angstfrei ich mich in den Wellen des Atlantik mit dir fühle. Allerdings sind diese hier noch sanft im Vergleich zum Strand auf der anderen Seite des Tals. Da das Wasser nun schon sehr kühl und die Sonne am Horizont verschwunden ist, klettern wir über die Steine hinauf und wärmen uns gegenseitig mit unseren Körpern.
In der Finca hinter diesem Strand leben einige *Osho Sanyassins* - es war der erste Platz, an dem ich auf dieser Insel meinen Urlaub verbracht und einen Tanzworkshop besucht habe und wo ich vor 14 Jahren auch Roman begegnet bin.
Wir beschließen, den Rückweg anzutreten. Am Parkplatz sehe ich ein bekanntes Auto stehen - tatsächlich gehört es Mark, einem weiteren Exgeliebten, den ich hier auf der Insel vor Jahren einige Male besucht habe. Auch ihn stelle ich dir vor. Irgendwie ist es ein seltsames Gefühl für mich, dir schon am ersten Abend Männer meiner Vergangenheit zu präsentieren, obwohl mir scheint, dass dir das keine Probleme bereitet und es dir wirklich wichtig ist, mich immer besser zu erfassen.
Mark bietet an, uns zur *Oasis* zurückzufahren,

wofür ich ihm sehr dankbar bin. Ich bin doch ziemlich abgekühlt und hätte so gar keine Lust, die weite Strecke zu gehen. Mark hat inzwischen auch eine Frau kennengelernt, mit der er seit zwei Jahren zusammenlebt und glücklich zu sein scheint. Die Situation zwischen uns ist sehr zwanglos und ich freue mich, ihm nach unserem letzten, etwas spannungsvollen Abschied von der Insel nun frei und ungezwungen begegnen zu können.

In unserer Finca angekommen, sind wir endlich für uns alleine. Es ist eine unglaublich friedvolle Anlage und ich genieße es so sehr nach dieser Zeit des Wartens und der Sehnsucht, die ich nach dir hatte, in deinen Armen zu ruhen. Kaum liegen wir eng umschlungen in unserem *Himmelbett* mit Blick auf die Sterne und dem beinahe vollen Mond, der schon hinter dem Berg aufgetaucht ist, entsteht erneut diese unbändige Lust in uns beiden, einander wieder tief und innig zu spüren. Wie dankbar ich bin, dass du ein so dauerhaft potenter Mann bist, der augenscheinlich ebenso viel Lust hat wie ich und genauso unersättlich ist.
*‚Ob man so etwas in einer Alltagsbeziehung aufrechterhalten kann?*
*Ob wir uns unsere Lust aufeinander immer bewahren können?‘*
Jetzt auf jeden Fall ist es so und ich merke bei jedem Kuss und jeder deiner Berührungen ein intensiveres tiefes Atmen, bis wir im

vollendeten Gleichklang einen gemeinsamen Atemrhythmus aufnehmen und in ruhigen Bewegungen, die sich wie ein übereinstimmend choreografierter Tanz anfühlen, auf unglaublichen Wellen der Ekstase dahingleiten. Plötzlich spüre ich meinen Orgasmus kommen - im selben Moment nehme ich auch bei dir einen intensiven Anstieg deiner Energie wahr, der uns beide in die Explosion unseres gleichzeitigen Höhepunkts trägt. Als mein Atem sich beruhigt, vermute ich, dass du nun in mir ejakuliert hast, doch schon im selben Moment fühle ich deinen harten Penis weiter in mir pulsieren. Erneut reiten wir übereinstimmend zur nächsten Welle, um auf ihr aufzusteigen, abzugleiten und weiter zu explodieren in einem nie enden wollenden Strom lustvoller Höhepunkte. Irgendwann werden unsere gemeinsamen Wellen sanfter, bis sie in der Weite verebben. Ich bin fassungslos, doch du scheinst es noch mehr zu sein. Mit großen Augen blickst du mir tief in die meinen und fragst nur: „Was hast du gerade mit mir gemacht?“ Dies habe ich zuvor von den wenigen anderen, dafür offenen Männern, die ich in diese Wellen mitgenommen habe, auch schon gehört. „Ich habe gar nichts gemacht, dir offenbar nur mit meinem Sein und in meiner Hingabe die Tür geöffnet, durch die du mitgegangen bist. So unglaublich, wie mit dir habe ich es zuvor auch noch nicht erlebt.“ Mein Körper bebt immer noch und lässt kleine sanfte Schwingungen in alle meine Zellen strömen. Es

ist einfach fantastisch, dass ich nach meinen bisherigen intensiven Erfahrungen immer noch Neues erleben darf - vermutlich ist unsere Liebe die Kraft, die uns in neue Dimensionen begleiten möchte. Einfach göttlich!
Tief und erholsam schlafe ich nun unter freiem Himmel in deinen Armen ein und bin unendlich erfüllt und glücklich.
Wir erwachen mit dem ersten Tageslicht - es ist kurz vor 7:30 Uhr. Langsam kommt das Licht und lässt die Dunkelheit weichen. Die Sonne ist noch hinter dem Berg verborgen. Ich habe in keinem Land jemals das Klima so sehr genossen wie auf dieser Insel, die Tage herrlich warm, die Nächte abgekühlt, und erst nach 7 Uhr morgens beginnt das Tageslicht sich zu zeigen. Eng bin ich an dich gekuschelt und genieße deinen Körper an meinem zu spüren, sanft beginne ich deine Haut zu streicheln, ich schließe meine Augen, um dich noch intensiver an meinen Fingerspitzen zu fühlen. Liebevoll streichle ich über dein Gesicht, entlang deines Nackens, deinen Brustkorb nach unten, über das eine Bein bis zu den Zehenspitzen, um über das zweite nach oben zu gleiten und mit meinen Fingern deinen Penis zu massieren, der sich ihnen schon lustvoll entgegenstreckt. Auch ich spüre wieder Feuchtigkeit zwischen meinen Schamlippen und beginne zart meinen Körper auf deinen zu rollen, um deinen erigierten Lingam zwischen meinen Schenkeln zu reiben, immer mehr in Richtung meiner feuchten Yoni

und ihn mir dann mit kreisenden Bewegungen meines Beckens nach innen zu schieben, bewusst langsam. Schon beim Eingang spüre ich ein heftiges Pulsieren meiner Muskulatur, das sich immer mehr verstärkt, je tiefer du in mir bist, bis ich in dieser Langsamkeit einen fantastisch sanften Orgasmus erlebe, den ich auskoste und der nun meine Lust erst richtig in die Höhe treibt. Ich setze mich auf und beginne dich zuerst in kreisenden, dann wippenden und immer mehr in ungezügelt wilden Hüftbewegungen zu reiten, bis sich in mir mein ultimativer Höhepunkt aufbaut und sich mit einem lauten Lustschrei aus mir entlädt. Inzwischen weißt du schon, dass der erste Orgasmus bei mir erst der Beginn einer Serie von Höhepunkten ist. Zwischen diesen lasse ich nur kurze Pausen des Abklingens und Nachspürens zu, um mich weiter von einer Welle zur nächsten zu erheben. Ich genieße meine Lust ausgiebig und ungezügelt, ungeachtet der Situation irgendwo in dieser Anlage gehört zu werden. Irgendwann habe ich genug, du hast mir wie immer wunderbar standgehalten, indem du mir unverwandt in meine Augen geblickt und mich mit deiner unendlichen Hingabe begleitet hast. Da ich merke, dass du im Moment noch nicht selbst aktiv werden möchtest, gleite ich nach unten und nehme den von mir allzu befeuchteten Lingam in den Mund, lecke noch meine eigene Flüssigkeit von ihm, um dich dann mit lustvoller Freude zu deinem Höhepunkt zu begleiten, abwechselnd sanft und wild zu saugen und zu massieren - du genießt und entlädst dich mit einem intensiven Strahl. Ich lächle dich an und fühle mich gesättigt und genährt, während du mich mit Augen der Liebe anblickst und mich in deine Arme nimmst. Da ich in der Früh schneller munter bin als du, stehe ich schon auf, um uns vom Feigenbaum ein paar Früchte zu ernten, die ich nach meiner Rückkehr noch gemütlich im Bett gemeinsam mit dir verzehre. Frühstück möchte ich heute noch keines machen, daher beschließen wir an der *Playa de Valle Gran Rey* frühstücken zu gehen. Diesen ersten ganzen Tag wollen wir gemütlich am Strand verbringen, am *Playa del Ingles*. Nach einem ausgiebigen Brunch und Tratsch mit ein paar *Gomeros* - inzwischen ist es mir auch wieder gelungen die spanische Sprache zu verbessern - gehen wir zum Strand. Je näher wir kommen, umso mehr verspüre ich eine gewisse Unruhe, die sich noch verstärkt, als ich dich ins Felsengebiet meines Unfallgeschehens führe. Du bist ebenso verblüfft wie ich es vor über vier Jahren war, als ich nach dem Unfall das erste Mal wieder dort gewesen bin. Es erscheint uns beiden rätselhaft, wie ich an dieser Stelle überleben habe können. Offensichtlich war damals meine Zeit noch nicht abgelaufen.

Das, was ich hier jedoch wieder wahrnehme, ist meine wesentlich größere Unsicherheit bei den heftigen Wellen an diesem Strand ins Wasser zu gehen. Hier zu schwimmen ist mir nur möglich, wenn ich mit dir an der Hand ins Wasser gehe und dich immer in meiner Nähe weiß. Das schwere traumatische Erlebnis hat seine Spuren in mir hinterlassen. So unbeschwert wie einst kann ich nicht mehr durch die hohen Schaumwellen durchtauchen - auch nicht in und auf den Wellen schwimmen. Dazu ist das Trauma vermutlich doch zu schwerwiegend. Mein Zellgedächtnis lässt mein Knie schmerzen, wenn die hohen Wellen sich geräuschvoll an den Felsen brechen. Ich bin inzwischen auch nicht mehr die Grenzgängerin von einst, die immer Gefahren gesucht und herausgefordert hat.

Mit dir kann ich hier jetzt noch mehr ein Stück meiner Angst vor dem wilden Ozean gehen lassen, im Vertrauen, mich an deiner Seite wahrhaft sicher und beschützt fühlen zu können. Wie wunderbar es ist, dass ich endlich das Gefühl habe einen starken Mann - einen Mann, der vollendet in seiner Männlichkeit ist - einen *friedvollen Krieger* - an meiner Seite zu spüren.

Für den nächsten Tag planen wir eine kleine Wanderung durch den Regenwald „El Cedro“ im Nationalpark Garajonay, der seinen Namen durch eine besondere Legende erhalten hat:

*Die Legende von Gara und Jonay*

(siehe Wikipedia)

*Die schöne Prinzessin Gara lebte noch vor der spanischen Eroberung im 15. Jahrhundert auf La Gomera. Sie verliebte sich in den armen Bauernsohn Jonay aus Teneriffa. Dieser fuhr aus Liebe täglich auf einem Floß zur Nachbarinsel, um seine Geliebte zu treffen. Doch die Verbindung stand unter keinem guten Stern. Ein Priester sagte den beiden großes Unheil voraus. Als sich beide das Jawort zur Eheschließung geben wollten, schien sich die Prophezeiung zu erfüllen. Ein starkes Erdbeben erschütterte Teneriffa. Der Vulkan Teide spie Lava, das Meer um La Gomera färbte sich blutrot, und die Insel begann zu glühen. Die Adelsfamilie der Prinzessin versuchte daraufhin, die Heirat der beiden zu verhindern und brachte Jonay gewaltsam nach Teneriffa zurück. Seine Liebe jedoch war so groß, dass er wenige Wochen später erneut auf La Gomera landete. Gemeinsam floh das Paar ins Hochland und versteckte sich in den dichten Wäldern hoch oben auf der Insel. Als beide keinen Ausweg für ihre Liebe mehr sahen, nahmen sie eine an beiden Enden gespitzte Lanze aus Lorbeerholz und stießen sie sich durch die Brust. In inniger Umarmung ging das Liebespaar in den Tod.*

*Dies ist nur eine Version von einigen verschiedenen dieser Legende. Aber seit jener Zeit, so sagen die Gomeros, trägt der höchste Berg und der heutige Nationalpark auf La Gomera den Namen Garajonay. Es gibt Prinzessin Gara und den armen Jonay auch als Steinskulpturen im Nationalpark.*

Schon unsere Fahrt dorthin ist ein Erlebnis, weil auf dieser kleinen Insel innerhalb weniger Kilometer ziemliche Temperaturunterschiede in den verschiedenen Klimazonen wahrnehmbar sind. Während ich dir die Legende erzähle, wünsche ich mir von ganzem Herzen, dass unsere Liebesgeschichte vollkommen anders ausgehen möge.
Wir parken am Rande des Regenwaldes und gehen in dieses urwüchsige Gebiet, in dem die saftig knorrigen, oft moosbewachsenen Bäume, viele Farne und andere Wunder der Natur zu finden sind, die jede Nacht von den Nebeln, die durch die Passatwinde über die Insel kommen, befeuchtet werden. Du bist fasziniert von dieser unberührten wunderbaren Natur. Keine anderen Menschen scheinen hier zu sein - wir erforschen dieses faszinierende Waldgebiet und necken uns immer wieder voller Ausgelassenheit. Ich spüre meine sich aufbauende Lust auf dich. Wie sehr ich es doch genieße an außergewöhnlichen Plätzen Sex zu haben. Ich möchte dich jetzt und sofort mit allen Mitteln der Verführungskunst locken, und weiß, dass es dazu nicht vieler

Reize bedarf. Unvermutet beginne ich vor dir wie ein verrücktes junges Mädchen mit meinem Hintern zu wackeln, mich wild in der Natur zu drehen und verspielt zu springen und zu tanzen - manchmal glaube ich selbst nicht eine über 50-jährige Frau zu sein. Natürlich habe ich unter meinem kurzen Rock kein Höschen an, weil ich die Freiheit und Natürlichkeit so sehr genieße. Mir ist bewusst, dass du gerade dieses heitere, ungezwungene Mädchen in meinem Wesen sehr schätzt, lustvoll verspielt und unbeschwert. Im nächsten Moment drehe ich mich um, um dir meine kleinen festen Brüste zu zeigen und dich mit einem verschmitzten Lächeln anzulocken. Du lachst und packst mich: „Wo will denn meine kleine geile Superfrau vögeln?“ „Dort“, antworte ich und zeige auf eine Waldlichtung. „Und wenn Wanderer kommen?“, fragst du mich. „Na dann sollen sie doch zusehen“, meine ich frech zurück. *Das ist für mich genau der Reiz der Situation - wir könnten gesehen und ich, vor allem schon von der Ferne, gehört werden.* Ungestüm hebst du mich mit deinen kräftigen Armen hoch, trägst mich über deiner Schulter zur Lichtung, setzt mich ab und legst dich provokant auf den Rücken. Langsam ziehst du dir die Hose ein Stück nach unten und meinst während du deinen pochenden Penis auspackst: „Na dann los, mach’s dir du lustvolles Frauenzimmer, nimm ihn, er gehört ganz dir.“ Schon deine Worte erfüllen mich mit noch größerer Lust -

Ausdrücke, die ich in besonderen Momenten meiner Erregung manches Mal gerne höre. „Fick mich du geiles Weib, mein Schwanz gehört nur dir, du kannst dir nehmen, was du brauchst, komm schon, meine kleine geile Schlampe, reite ihn!“ Du kannst trotz deiner Eleganz und Höflichkeit in solchen Momenten auch unglaublich ordinär werden, so sehr, dass ich beinahe ausfließe, meinen ohnedies schon kurzen Rock noch ein Stückchen hochziehe und mich mit einem festen, wilden Stoß auf deinen pulsierenden harten Penis setze, um unverzüglich in heftigen Hüftbewegungen meinem ersten Orgasmus entgegen zu reiten. „Na komm schon endlich, meine kleine Schlampc, nimm ihn dir, …!“, du fcucrst mich an. Ich werde immer unbändiger und mein Atem lauter, bis er in lustvolle Schreie übergeht und ich in dieser Atmosphäre, wild und hemmungslos reitend, einen Höhepunkt nach dem anderen aus mir schreie. Ich mag einfach nicht mehr aufhören, doch plötzlich hältst du mir meinen Mund zu. Schon vernehmen wir, nicht weit von uns, ein Knacken im Geäst. Ich rolle mich außer Atem von dir herunter und du ziehst eilig deine Hose hoch. Im selben Moment tauchen vier Wanderer in unserem Blickfeld auf. Während uns die Frauen ein wenig pikiert ansehen, haben die beiden Männer ein breites Grinsen auf den Lippen und begutachten mich von oben bis unten mit ziemlich eindeutigen Blicken. Eine der Frauen unterbricht das vehement, indem sie ihrem Mann eine ziemlich belanglose Frage stellt und meint, er möge doch bitte dort drüben sofort ein Foto von ihr und ihrer Freundin machen. Als sie, eilig den Platz verlassend, um die Ecke verschwunden sind, bekommen wir beide einen Lachanfall, in dem ich es mir nicht nehmen lasse, dich gegen den nächsten Baum zu drängen, dir erneut deine Hose zu öffnen und diesen immer noch herrlich harten Penis mit meinen Lippen zu saugen, meiner Zunge zu lecken und meiner Hand intensiv zu massieren, sodass auch du mit einem etwas unterdrückten Lustschrei heftig abspritzt. „Du bist ein unverschämtes Frauenzimmer", meinst du ganz lapidar. „Und ist es schlimm?", erwidere ich mit einer Unschuldsmiene. „Ganz im Gegenteil - du könntest hie und da ruhig ein wenig ordinärer sein", sagst du mit todernster Mine. „Na dann nimm mich doch endlich so richtig, worauf wartest du noch?", antworte ich auffordernd, indem ich dir erneut meinen Hintern hinstrecke. Wir sehen uns an und lachen wieder lauthals, dann ziehst du mich in deine Arme und meinst nur: „Wunderbar, dass mit dir offensichtlich alles möglich ist, du verrücktes Frauenzimmer." Nach diesem kurzen Intermezzo genießen wir die Kühle des herrlichen Lorbeerwaldes, waschen uns an einem kleinen fließenden Gewässer, das hier als Ausläufer des Flusses *Cedro* durchfließt, und verbringen einen Tag voller Heiterkeit und unbeschreiblicher

Lebensfreude, wie ich sie schon lange nicht mehr erfahren habe.
Oftmals zuvor war ich auf dieser Insel und habe mein Sein hier noch niemals so sehr genossen.
In der folgenden Nacht ist der strahlende Vollmond zu sehen, der uns auf unserem Lust- und Liebeslager in sein Licht hüllt - er ist so hell, dass wir uns bei unserem Liebesspiel tief und innig in die Augen sehen können und auch von der Kraft seines Lichtes durchflutet werden, während sich unsere Körper vereinigen und immer wieder vollkommen eins werden - in berührender Stille und wilder, ungezügelter Hemmungslosigkeit.

Den Rest der Woche erleben wir sehr abwechslungsreich. Wir machen Rundfahrten über die Insel, einen Ausflug nach Santiago und San Sebastian, sowie in jenes Wandergebiet, in dem die Natur ein wenig einer Mondlandschaft gleicht. Diese Umgebung mit ihren außergewöhnlichen Formationen der Pflanzen erlaubt uns aus großer Höhe einen wunderbaren Ausblick in die Tiefe auf den Ozean. Wir genießen viele lustvoll erotische Stunden, treffen ein paar meiner Freunde und Bekannten, und genießen jeden Moment des Beisammenseins.
Unsere Gefühle vertiefen sich ebenso wie unser gegenseitiges Begehren.

Der Abschied naht und lässt uns am letzten

Abend bei einem Picknick mit Freunden am *Playa del Ingles* zusammensitzen. Alle mir wichtigen Menschen dieser Insel kommen zu diesem von uns gestalteten kleinen Fest und scheinen sich von Herzen mit mir zu freuen. Wie dankbar ich bin, hier vor sechs Jahren überlebt zu haben, weil ich sonst niemals die Chance bekommen hätte in diesem Leben noch richtig glücklich zu werden.

*Ich bin tatsächlich unendlich glücklich.*

*Ich fühle mich bei dir einfach angekommen.*

Nach dieser freudvollen Strandfeier und einer letzten lust- und liebevollen gemeinsamen Nacht verlassen wir am nächsten Vormittag mit der Fähre die Insel, um zum Flughafen in Teneriffa zu fahren. Wieder hast du die Flüge so gekoppelt, dass deiner nach dem Meinen ist und du mich somit zu meinem Gate begleiten kannst, um dich von mir zärtlich und voller Achtsamkeit zu verabschieden und mir zu sagen, wie sehr du mich liebst. Ich kann bloß unter Abschiedstränen meiner Liebe Ausdruck verleihen, indem ich dir zwei kleine Holzdelfine, die ich in einem Laden an der Playa gefunden habe, in die Hand drücke und dich innig, mich an dich schmiegend, küsse. Ich weine Tränen der Traurigkeit, aber noch viel mehr der Dankbarkeit, so etwas außergewöhnlich Wunderbares mit einem Menschen erleben zu dürfen.

Im Flugzeug denke ich an diese ereignisreiche

Woche zurück und bedanke mich in einer tiefen Meditation für jeden einzelnen Moment, den ich mit dir erleben durfte.
Ich weiß nun endgültig, ich kann dir vollkommen vertrauen und das tue ich - bisher waren es immer meine Ängste und Zweifel, die mich von diesem hundertprozentigen Vertrauen abgehalten haben, das zu leben, was so ganz meinem Herzen entspricht. Zumeist konnte meine Unsicherheit siegen, um mich an meinem weiteren Weg zu hindern.
Endlich bin ich mir sicher, dass mich nichts mehr von meiner Lebensvision abbringen kann.

Laura ist vollkommen verblüfft, mich so unbeschreiblich strahlend zu sehen. Sie teilt mir ihrerseits, noch am Weg zum Auto, aufgeregt und freudestrahlend mit, dass sie gestern einen Heiratsantrag bekommen habe. Dann zeigt sie mir ihren Ring, den sie als Bestätigung seiner Liebe am Finger trägt. Ein edles Stück. Sie wollen im nächsten Spätsommer ihre Hochzeit ausrichten. Ich muss lachen … schon wieder eine Freundin von mir, die heiraten wird.
*‚Wird das das Jahr der Hochzeiten sein?‘*

Zu Hause packe ich meinen Koffer aus und bin sprachlos, als ich die beiden Jadedelfine sehe, die du mit einer liebevollen Notiz in meinen Koffer gegeben hast.

*Geliebtes Wesen,*
*Du bist die Frau, von der ich seit Jahren geträumt habe - nun wurde aus meiner Traumfrau Realität. Ich kann es manchmal nicht glauben, doch immer bin ich nur dankbar, Dir endlich begegnet zu sein. Es war eine berauschende, bezaubernde und unglaublich erregend aufregende Zeit mit Dir, Du Wahnsinnsweib.*
*Danke*
*In tief verbundener Liebe,*
*Isaias*

Nun beginnt erneut die Zeit des Wartens.
Ich kann sie diesmal schon wesentlich besser nützen und all dem nachgehen, was mir Freude macht. Ich lerne weiter Spanisch, schreibe und schreibe, und erlebe viele schöne Momente mit meinen wenigen Freundinnen und Freunden. Wer weiß, wie lange ich noch hier sein werde. Am meisten genieße ich immer wieder die Zeit mit meinen Kindern, die so wunderbar ihr eigenes Leben in die Hand nehmen und beide genau wissen, was sie wollen. Mein Sohn Philipp hat nach einer langen liebevollen Beziehung nun doch seine Freiheit gewählt, um unbeschwert und ungebunden auf Reisen gehen zu können und neue Facetten des Lebens kennen zu lernen. Ein wenig tut es mir schon leid um meine entzückende ehemalige „Schwiegertochter“, auf der anderen Seite habe ich das sichere Gefühl, dass sie einander wieder

finden werden.
Meine Tochter Sophie genießt ihr Leben in einem sehr geregelten, ruhigen Verlauf und ist eine glückliche junge Frau. Es ist einfach lehrreich und schön immer wieder einige erfüllte Stunden mit meinen erwachsenen Kindern erleben zu dürfen. Ich bin gesegnet mit diesen beiden einzigartigen Menschen in meinem Leben.

Die Zeit vergeht tatsächlich schnell und schon erhalte ich mein nächstes Ticket.
Ich kann es nicht fassen.
*Er will mich auf Hawaii treffen - anscheinend ist es ihm wirklich wichtig, so viele Aspekte meiner nicht leichten Vergangenheit nachzuvollziehen. Dort hatte ich vor zehn Jahren eine Beziehung mit einem sehr verrückten Künstler, der leider auch ein Sadist war.*
Elf Tage Hawaii - eine lange Reise für diese Zeit, aber umso wunderbarer, dass es nun noch ein wenig länger ein Miteinander geben wird.

Der Abflug ist bereits in drei Tagen - es geht über San Francisco nach *Maui* - von dort werden wir auch für drei Tage auf die *Big Island* fliegen, und die letzten beiden Tage auf *Kaua'i* verbringen.
*‚Du liebe Güte, was ist, wenn wir dort meinem verrückten Ex-Lover begegnen? Mit ihm wollte ich in meinem Leben einfach nichts mehr zu tun*

*haben - er war ein narzisstischer, schizophrener Sadist, der es beherrscht hatte, mich auf sehr subtile Weise zu quälen. Von einem scheinbar sensiblen, liebenden Mann verwandelte er sich sekundenschnell in einen hoch aggressiven Menschen. Ich hatte sogar Panik, er würde mir etwas Schlimmes antun.*
*Ach, es wird alles kommen, wie es sein soll - du wirst ja mit mir sein. Angst brauche ich an deiner Seite niemals zu haben.'*

Und wieder ist es Laura, die mich am Morgen meines Abflugs zum Flughafen begleitet.
Diesmal bin ich sehr aufgeregt.
Es wird eine wirklich lange Reise werden.

## *Schwimmen mit Delfinen auf Hawaii*

Unbeschreiblich nervös sitze ich am Salzburger Flughafen.
Ich werde zuerst nach Frankfurt fliegen, nach drei Stunden Aufenthalt weiter nach San Francisco und von dort nochmals knappe fünf Stunden über den großen Pazifischen Ozean auf die Insel.
Soeben bemühe ich mich darum mit viel Gelassenheit und Ruhe diese lange Reise anzutreten, bis ich den Aufruf für den Abflug vernehme.
Der erste Flug dauert ohnedies nur zwei Stunden - ich höre gute Musik, bekomme einen kleinen Imbiss und freue mich nur mehr darauf, nach vielen Stunden des Reisens in deinen Armen liegen zu dürfen.
In Frankfurt muss ich vom nationalen Teil des Flughafens zum internationalen wechseln. Gott sei Dank habe ich genug Zeit, um alles in Ruhe zu finden. Glücklicherweise muss ich durch

keine weitere Kontrolle, sondern kann mich direkt zum neuen Gate begeben, um auf meinen Weiterflug zu warten.
Ich sitze in einem der teuren Cafés am Flughafen und lese in meinem E-Book. Bereits entspannt, trinke ich einen Cappuccino, lese eine schöne Geschichte von Rene Wolfsberger *Hüter der Schönheit* und schweife immer wieder mit meinen Gedanken ab. *‚Was werden wir wohl diesmal alles erleben? Ob du schon Sehnsucht nach mir hast? Bist du wirklich mein...?‘*
Plötzlich zucke ich zusammen. *‚Habe ich da nicht eben meinen Namen über die Lautsprecher vernommen?‘* „Mrs. Almado, please come to Terminal B, Gate 11 - Frau Almado, bitte kommen Sie zu Terminal B, Gate 11! “ Tatsächlich - ich werde aufgerufen.
*‚Hoffentlich ist nichts passiert!*
*Womöglich eines meiner Kinder, das mich braucht ...‘*
Eiligen Schrittes - fast laufend - suche ich Gate 11...
Etwas aufgelöst komme ich dort an, blicke um mich und kann es einfach nicht fassen - du stehst dort mit offenen Armen vor mir und ich falle weinend vor Berührtheit in sie hinein. „Wollen wir gemeinsam weiter fliegen, Frau Almado?“ Höflich bedankst du dich bei den Damen am Schalter, die auch sehr berührt von unserer Begrüßungsszene zu sein scheinen und uns beide anlächeln. Unsere tiefe Verbundenheit

ist sogar schon für die Außenwelt spürbar und sichtbar.
*‚Tatsächlich bist du hier - ich muss nicht alleine diese weite Reise machen! Endlich nicht mehr alleine reisen.‘* Ich erlebe soeben einen Moment allergrößten Glücks. Wir küssen uns innig und gehen Arm in Arm zurück zum Café - es sind ja noch eineinhalb Stunden bis zum Boarding.
Dort setzen wir uns an den Tisch, den ich kurz zuvor in großer Eile verlassen habe und sehen uns eine Zeit lang intensiv an - unbeschreiblich ist unsere Freude, einander wiederzusehen. Unsere Blicke tauchen so tief ineinander ein, dass ich plötzlich wahrnehme, wie eine heiße Welle durch meinen Körper zu strömen beginnt, auch deinen Atem erlebe ich intensiv und schwer. Wir blicken einander unverwandt in die Augen, in vollkommener Stille, alles um uns entschwindet - da sind nur *Du* und *Ich* - unser beider Atem wird langsam, aber umso kraftvoller. Ich weiß, dass ich möglichst ruhig bleiben muss, dennoch spüre ich wie eine sanfte Lustwelle meinen Körper zum Zittern bringt, Hitze mich durchströmt, auch du auf dieser Welle mit mir fließt. Es ist ein Eintauchen in Dimensionen der Ewigkeit, getragen von tiefer Liebe, ungezügelter Lust, klarem Erkennen und unendlicher Dankbarkeit. Ich gebe mich der Situation hin, bis ich mich nur mehr mit heftigen tiefen Atemzügen von diesem Strom durchfluten lasse und eine heiße Strömung entlang meiner Wirbelsäule sich nach oben

entlädt - auch du lässt dich von der Hitze mittragen. Immer noch blicken wir einander in die Augen, ich beginne zu lachen, lauthals, sodass mich einige Menschen der Umgebung etwas mokiert betrachten. Das passiert mir manchmal, wenn ich mich nicht unbeschwert meiner Lust hingeben kann - entweder fließen Tränen oder ich lache - auch beides gemeinsam ist möglich. Mein Körper beginnt in großer Hitze zu glühen, ich schwitze und aus meiner Muschi fließt im Moment dieses sanften Orgasmus, der mich aufzulösen scheint, ein heißer Strom meines Liebessafts. All das geschieht ohne jegliche Berührung, im bloßen Versinken in den Augen des anderen - ein unendliches Fließen…
Auch du lachst mit mir. Im selben Moment stehen wir auf, um uns erneut in die Arme zu schließen und einander innig zu küssen, wie zwei frisch verliebte Teenager.

So vergeht unsere gemeinsame Weiterreise *wie im Flug* - wir haben uns so vieles zu erzählen, können es auch nicht lassen, einander im Flugzeug immer wieder zu berühren, zu küssen und zu liebkosen - in manchen Momenten ziemlich lustvoll. Ich genieße es deinen harten bereiten Penis in meiner Hand zu fühlen und zwischendurch deine Finger in meiner Höhle aufzunehmen. Unser Glück ist, dass wir in der Businessclass keine unmittelbaren Nachbarn haben. Es ist mir auch das erste Mal möglich in

einem Flugzeug einige Stunden guten Schlaf zu finden, weshalb ich nach diesen insgesamt 28 Stunden Reisezeit relativ erholt auf Maui ankomme, gemeinsam mit dir.
Es ist mitten in der Nacht, weil wir elf Stunden hinter unserer Zeit liegen.
Das Erste, was du dennoch besorgst, ist ein Blumenkranz, den du mir um den Hals legst und der einfach köstlich duftet. Mit einem typisch hawaiianischen Blumenkranz wurde ich zuvor zweimal am Flughafen von Maui abgeholt - das erste Mal von einer bekannten Autorin, die viele Bücher über Indigokinder geschrieben hat und das zweite Mal von Dolphin, meinem damaligen Geliebten auf Hawaii, der mich dort nach einer Reise von 50 Stunden - ich hatte den Anschlussflug in Paris verpasst - eine Stunde hatte warten lassen und meinte, mich mit Blumen trösten zu können.
Diesmal beginnt der Aufenthalt erstmals vollkommen in Leichtigkeit und mit der Sicherheit, dass mir nichts passieren kann.
Wir fahren mit einem Taxi zu unserem Hotel, das direkt am Meer liegt - eine wunderschöne, luxuriöse Anlage mit einem Golfplatz - , das *Four Seasons Ressort*. Diesmal wieder Luxus pur, den ich ebenso genieße, wie die Einfachheit, die wir auf La Gomera hatten - so wie auch du beide Welten offensichtlich gleichermaßen zu schätzen weißt.
Im Moment sind wir aufgekratzt und müde zugleich. Das Zimmer im Hotel ist ein Traum -

auf dem Tisch steht eine kleine Flasche Champagner mit zwei Gläsern. Unsere Lebensgeister erwachen unverzüglich… Wir legen uns ins Bett und ich kann es nicht lassen, dir ein wenig von diesem exquisiten Getränk auf deinen Bauch zu träufeln, um es gleich wieder abzulecken. Daraufhin packst du mich mit ungehemmter Lust, legst mich auf den Rücken und drückst mir meine Arme in die Kissen, um mich wild und ungestüm zu küssen. Ich stöhne auf vor Lust, meine Hüften bäumen sich dir entgegen - ich will nichts anderes mehr als ungezügelt von dir genommen zu werden. Du merkst es - ich brauche kein Vorspiel, weil ich immer sofort zu fließen beginne - und dringst unverzüglich in mich ein, vollkommen und unendlich langsam, um mich noch wilder zu machen. Es gelingt dir, und ich dränge meine Vulva weit nach oben, um deinen harten pochenden Luststab ganz, ganz tief zu spüren. Kraftvoll umklammern meine Beine deine Hüften. Fest drücke ich meine Schenkel zusammen und beginne mich, noch immer mit meinen Armen von dir nach hinten gepresst, wild und hemmungslos in meinem Becken zu bewegen. Ich will kommen - immer und immer wieder. So lange habe ich mich danach gesehnt. Du spielst mit mir und ziehst deinen Penis immer wieder aus mir heraus, bis ich verrückt zu werden scheine. Endlich gleitest du mit einem Stoß tief in mein Innerstes und ich komme zu einem heftigen Höhepunkt, der mich

weit wegträgt. Es ist mir zu wenig - ich bäume mich weiter auf, versuche dich, mit dir in mir, auf den Rücken zu drehen, um dich dann hemmungslos von oben in meinem Rhythmus zu nehmen. Du drehst dich gekonnt mit mir um und feuerst mich an, bis ich mich in einer Serie unvergesslicher Orgasmen auf dir ergieße. Dann packst du mich erneut, legst mich wieder auf den Rücken, um mich weiter auf den Bauch zu wirbeln und mich aufzufordern: „Geh auf die Knie!“ Anschließend lässt du mich zur Bettkante rücken, damit du nun meinen Po stehend nehmen kannst. In diesem Moment spüre ich, wie sehr du danach strebst, anal in mich einzudringen, und ich gewähre es dir - zuerst öffnest du mich mit einem Finger - es bedarf keiner langen Vorbereitung - ich bin auch hier offen für dich und du nimmst mich hart und wild, bis du dich heftig in mir verströmst.
Es ist unbeschreiblich, wie ich es genieße und niemals das Gefühl habe, nicht vollkommen von dir geachtet zu werden - sogar in dieser Position, die ich nicht sehr schätze, weil ich weiß, wie es mir einige Tage danach ergehen könnte. Ich spüre schon jetzt auch in dieser Härte des Liebesspiels deine Liebe und genieße es, so sehr von dir begehrt zu werden. Ich erlebe keinerlei Schmerz, nichts als Lust und Spaß am gemeinsamen Erforschen unserer Grenzen.
Nach diesem unbändigen Miteinander können wir beide unglaublich gut schlafen, wenn auch nicht allzu lange, weil es schon hell wird und

der Jetlag zuschlägt. Den Morgen beginnen wir mit einer ganz sanften Vereinigung, ruhen noch einander haltend nach und begeben uns dann auf die Terrasse zu einem herrlichen Frühstück, mit einer Vielzahl an tropischen Früchten, von denen man in meiner Heimat nur träumen kann.

Den Tag verbringen wir auf dem hoteleigenen Strand - nichts als Sonne, Meer, Wind und zwischendurch ein Liebesspiel sowie Ruhepausen in unserem luxuriösen Zimmer.
Das Meer scheint dich beinahe ebenso zu faszinieren wie mich, und ich sage dir, dass ich mir nichts mehr wünsche als an einem ruhigen und klaren Meer zu leben. Der Pazifik und Atlantik mit den wilden Wellen lässt mich nicht mehr wirklich entspannt sein. Hier beim Hotel gibt es zu meiner Freude eine herrlich ruhige Bucht zum Schwimmen, die ich vollkommen angstfrei genießen kann.

Für die nächsten drei Tage nehmen wir uns einen Mietwagen und lassen uns von unserem Gefühl leiten, machen immer wieder an besonderen Plätzen Halt und fahren in den Nationalpark des *Haleakala Vulkans*. Dort spazieren wir durch wunderschöne Natur und erleben unvorbereitet eine Begegnung außergewöhnlicher Art.
Wir stehen an einen Baum gelehnt, genießen seine kraftvolle Energie und die Schönheit um uns, als ein Einheimischer auf uns zukommt,

um in gebrochenem Englisch mit uns zu sprechen. Er scheint ein Kahuna-Schamane zu sein und meint wir mögen uns unter diesen Baum legen - Hand in Hand nebeneinander. Wir tun es - er umtanzt uns mit Gesängen in einer eigenartigen Sprache, die mir schon von meinen Lomi Lomi Nui Massagen (traditionellen hawaiianischen Massagen), die ich empfangen habe, vertraut erscheint. Bei diesem Ritual fühle ich mich plötzlich in andere Welten und Zeiten mit dir versetzt und sehe uns in immer anderen Körpern, doch stets in Liebe vereint durch Raum und Zeit getragen. Auch dein Körper beginnt neben mir zu beben - du scheinst dasselbe zu erleben. Dieser Kahuna öffnet uns Tore zu vielen unserer Existenzen, die wir durch Jahrtausende miteinander erleben durften. Nun ist es für mich endgültig klar, dass du meine wahrlich tief vertraute Zwillingsseele bist, mein Mann, auf den ich schon so lange gewartet habe und der du immer warst und immer sein wirst. Auch wenn wir noch vielen anderen vertrauten Seelen in all unseren Lebenszeiten begegnet sind, scheinst wahrlich du derjenige zu sein, mit dem alles begann und alles zum Abschluss kommen darf. Ich habe keine Ahnung, wie lange das Ritual gedauert hat, auf jeden Fall habe ich danach das Gefühl, als ob er uns in einem besonderen Zeremoniell vermählt hätte. Er berührt am Ende unsere Köpfe und verschwindet ebenso unerwartet, wie er zuvor aufgetaucht ist. Es ist der Tag, dem die

Vollmondnacht folgt - die Energie, die uns hier einhüllt, ist enorm stark und aufladend.
Wir liegen müde und erfüllt in dieser Wiese. Erstaunlicherweise sind weit und breit keine anderen Menschen. Ich wünsche mir nichts mehr als eine Vereinigung mit dir zu erleben, als äußeres Symbol für diese ohnedies immerwährende Einheit unserer Seelen und Herzen. Du scheinst dasselbe zu wollen wie ich. Wir blicken um uns - sind tatsächlich alleine am Fuße dieses Vulkans, sitzen im Schneidersitz einander gegenüber und verschmelzen über unsere Augen. Langsam streife ich mein Kleid ein wenig nach oben, um mich auf dich zu setzen. Du hast deine Hose geöffnet und ich gleite unendlich langsam auf deinen erigierten Penis. So sitzen wir tief und ruhig atmend miteinander verbunden, während auch jetzt Bilder und Szenen auftauchen und ich eine andauernde stille Ekstase durch meinen Körper strömen spüre. Unser beider Atem ist im Einklang - ich weiß nicht mehr, ob mein Körper noch getrennt von deinem existiert - es scheint mir, als wären wir vollkommen eins. In diesem Zustand spüre ich aus der Stille einen Höhepunkt aufsteigen, der uns beide im selben Moment erfasst und wegträgt, in einer Welle verebbt, um sich zur nächsten aufzubauen. Unendlich langsam bewegen sich unsere Körper mit - es fühlt sich an, als würden wir uns in einem erfüllenden Tanz unendlicher Stille in Ekstase ineinander und miteinander auflösen.

Wir blicken einander in die Augen, blicken durch die Augen des anderen in Unendlichkeiten und wissen, wer wir sind. Wir verneigen uns voreinander und lösen uns mit einem Gruß, der den Ausdruck unserer beider Göttlichkeit beinhaltet, mit einem *Namasté*.
Nach diesem unbeschreiblichen Erlebnis ist es uns unmöglich, zu sprechen. Wir gehen Hand in Hand zum Auto und fahren schweigend zurück.
Unterwegs bleiben wir an einem Strand stehen, um das Ritual im Meer nochmals zu vertiefen. Wir schwimmen hinaus, entfernt vom Strand, und vereinen uns auch hier ein weiteres Mal. Ich umklammere dich mit meinen Beinen, dann lassen wir unsere Körper auseinanderklappen und nur meine Yoni und deinen Lingam in der Mitte vereint. Unsere Beine liegen gegrätscht übereinander, während der Ozean unsere Körper sanft trägt. Wir atmen und spüren den gemeinsamen Strom durch uns fließen. Ich habe das Gefühl in das Universum zu entschwinden.
Irgendwann wird es uns zu kalt. Wir schwimmen spielend und lachend, wie zwei heiter gelöste Kinder wieder zum Strand zurück, um uns von der Sonne erwärmen zu lassen.
Danach fahren wir ins Hotel, immer noch beinahe sprachlos - es ist da ein wortloses Verstehen. Wir gehen in unser Zimmer, streifen unser Gewand ab und legen uns erneut in einer bewegungslosen Vereinigung ins Bett - ich liege seitlich schräg in deinen Armen und wir blicken einander in die Augen, ohne uns jemals

voneinander zu lösen - es ist eine dauerhafte Präsenz zwischen uns und pure, stille, tiefe Ekstase. Irgendwann nach Minuten, Stunden oder einer Ewigkeit scheint sich das innere Feuer wieder vulkanartig zu entfachen und wir lieben uns in jeglicher Form, bis wir beide vollkommen erschöpft und noch vollkommener erfüllt sind.

Mitten in der Nacht treten wir auf die Terrasse unseres Zimmers und sehen diesen unbeschreiblichen Lichtstrahl, den der Vollmond auf die Meeresoberfläche zeichnet. Wir werden mit unseren nackten Körpern vom Mondlicht eingehüllt und atmen diese wunderbare Kraft in unser Inneres. Wir baden in der Energie des vollen Mondes.

In diesem magischen Moment fällt mir mein lyrischer Text ein, den ich vor Jahren niedergeschrieben habe. Schon oft wusste ich um vieles, das ich erst zu einem späteren Zeitpunkt ganzheitlich erfassen konnte.

Zurück in unserem Bett lese ich dir diesen Text auf meinem Tablet-PC vor, nachdem wir beide wieder Worte gefunden haben:

***Lust und Ekstase***

*Pure Lust erzeugt Hitze, Erregung,*
*verwirrte Gedanken, Fantasien,*
*das Ausgerichtet Sein auf ein Ziel –*
*ohne Präsenz.*
*Oft hinterlässt sie Leere und Getrennt-Sein,*

*Erschöpfung ohne Erfülltheit.*
*Wahre Ekstase erzeugt Freude und Leichtigkeit,*
*ein Sein im Moment,*
*ein Fließen mit den Wellen,*
*ein ganzheitlich erfülltes Beben,*
*ein Lachen und Weinen zugleich,*
*ein Dankbarsein für alles, was ist.*
*Diese Ekstase entsteht aus der Stille des Seins,*
*aus lustvoller Präsenz im Hier und Jetzt,*
*all-eine oder gemeinsam*
*aus Momenten vollkommenen Eins-Seins*
*mit ALLEM was IST:*

*Momente in den Wellen des Ozeans,*
*die mich Wasser werden und zerfließen lassen -*
*pure reine LEBENSLUST.*
*Momente, in denen ich*
*den Duft einer Blume atme*
*und vollkommen verschmelze mit diesem -*
*in purer LEBENSFREUDE.*
*Momente, in denen ich eins bin*
*mit dem Flügelschlag eines Schmetterlings -*
*in purer LEICHTIGKEIT des SEINS.*
*Momente, in denen*
*ein tiefer Blick in ein Augenpaar*
*die Seelen verschmelzen lässt*
*in ihrer Ur-Essenz -*
*im wahren WISSEN um die EWIGKEIT.*

*Momente, in denen sich zwei Herzen berühren,*
*die Seelen einander erkennen,*
*die Körper sich einlassen*

*auf eine Verschmelzung -*
*das Weibliche das Männliche empfängt,*
*ganz aufnimmt in seinem Innersten,*
*zwei Augenpaare*
*sich tief ineinander versinken lassen,*
*in vollkommener Gegenwärtigkeit*
*sich dem Moment hingeben*
*... und nichts wollen.*

*In der Tiefe der Stille,*
*im Atmen,*
*im bloßen Sein,*
*entsteht ein EINS-SEIN,*
*ein Erkennen -*
*und tiefe Erfülltheit dehnt sich aus,*
*in Körperlosigkeit,*
*in ein unendliches Zerfließen...*

*-ODER -*

*Im wilden lustvollen DA-SEIN*
*entfaltet sich Ekstase zum rauschenden Fest,*
*in dem die beiden sich erleben*
*in einer Welt der Lust und Leidenschaft,*
*die hier gemeinsam alles möglich macht,*
*sich heiß entzündet und verbrennt.*
*Wie köstlich es doch ist,*
*wenn diese Feuersbrunst*
*sich lodernd*
*durch den Gipfel des Vulkans erhebt,*
*die Körper in jeder Zelle erbeben lässt,*
*um miteinander zurückzukehren,*

*erfüllter und strahlender als zuvor.*

*Lust und Ekstase miteinander zu erleben*
*und in Bewusstheit*
*höchstes EINS-SEIN zu erfahren,*
*ist dann gegeben,*
*wenn die Göttin sich dem Gott hingibt -*
*wenn das Weibliche*
*sich dem Männlichen*
*ganz öffnet - es empfängt,*
*und das Männliche bereit ist alles zu geben,*
*um durch das Weiblich Empfangende*
*zurück zu empfangen.*

*Die beiden geben sich vollkommen*
*und doch nicht auf*
*in ihrem Miteinander-Sein.*
*Das erzeugt wahre Verschmelzung,*
*wahres Sein,*
*einen gemeinsamen Tanz der Energie,*
*eine gemeinsame harmonische Melodie,*
*um den vollendeten „Orgasmus" zu erleben -*
*die überströmende göttliche Energie*
*in sich aufzunehmen und*
*zu zerfließen in zeitloser Glückseligkeit -*
*und danach -*
*still, erfüllt und in Frieden -*
*zurückzukehren zu*
*SICH SELBST.*

Erst jetzt ist mir in vollem Umfang klar, was ich damals schon mit diesen Worten zum Ausdruck

gebracht habe.
Es wird immer unbeschreiblicher mit dir - ein Eintauchen in neue Welten und dennoch ist absolut alles erlaubt.
Das ist *Tantra* in seiner umfassenden Ausdrucksform - und ich weiß, dass wir auch darüber in einem Prozess tiefer Transformation hinauswachsen werden, um etwas noch Umfassenderes zu erfahren.

Am nächsten Tag beschließe ich dir den *Garden of Eden* zu zeigen, dort wo ich mit meinem ehemaligen Liebhaber vor knapp elf Jahren Erlebnisse aller Arten hatte. Wir fahren auf einer Serpentinenstraße Richtung Hana und finden diese unbeschreiblich schöne Gartenanlage mit ihren exotischen Pflanzen, Papageien und zwei fantastisch schönen Wasserfällen. Tatsächlich sehe ich beim Eingang Ryan, den Eigentümer dieses Paradieses, der sich nach einer kurzen Erklärung, wer ich bin, wieder erinnern kann und uns einlädt sein Gäste zu sein. Wir dürfen den gesamten Garten durchqueren, den Weitblick über den Ozean genießen und auch zu den beiden Wasserfällen, die für die Öffentlichkeit gesperrt und nur mit autorisierten Führern zu besichtigen sind, gehen. An dem einen Wasserfall hatte ich bei meinem letzten Aufenthalt im Strahl des Wassers eine Marien-Erscheinung, die ich sogar auf einem Foto wiedererkennen konnte. Wie wunderbar - wir sind hier vollkommen alleine, ziehen uns aus und schwimmen in diesem erfrischend kühlen Wasser des Wasserfalls, nicht ohne uns an diesem ‚geheiligten' Platz in Liebe und Lust zu vereinen und im Wasser miteinander ausgiebig zu spielen. Derselbe Platz - ein anderer Mann - und ich erlebe hier eine Begegnung in reiner Liebe, nicht eine wie damals, als ich niemals wusste, ob dieser Mann nicht im nächsten Moment seine Aggressionen an mir auslassen würde, nachdem er mir seine Liebe bekundet hatte. Ich hatte hier auf Hawaii tatsächlich eine Beziehung mit einem Sadisten erlebt, der nach außen hin den spirituellen und liebenden Mann mimte. Das, was ich mit dir hier erlebe, heilt zugleich die restlichen Wunden meiner Vergangenheit.

Wir bedanken uns nach wunderbaren Stunden bei Ryan, fahren über Hana, wo wir ein gutes thailändisches Essen in einem der vielen Thairestaurants genießen, wieder zurück und lassen den Tag in Ruhe ausklingen. Ich genieße die thailändische Küche, die ich interessanterweise damals hier auf dieser Insel kennengelernt hatte. Nach Thailand selbst bin ich nie gekommen, obwohl ich an jenem besonderen 25. Dezember 2004 geplant hatte, dorthin zu fliegen. Offensichtlich sollte es damals nicht sein, dass ich genau nach meiner Ankunft vom Tsunami getroffen werde - es waren alle Flüge ausgebucht. Ich konnte zu dieser Zeit nur eine Reise nach Bali buchen und

bin somit - wie oftmals in meinem Leben - einer großen Gefahr entkommen. Ich finde es schon sehr interessant, wie häufig ich eigentlich dem Tod entronnen bin, obwohl ich ihn, in immer wieder unbewusst herbeigeführten Gefahrensituationen, herausgefordert hatte.
Du weißt inzwischen, dass ich nicht Sehenswürdigkeiten und Abwechslung, sondern eher Ruhe und die Beschaulichkeit eines Platzes, vor allem aber das Meer, genieße und am meisten für meine Lebensfreude brauche. Daher hast du auch keine weiteren Attraktionen oder Ausflüge geplant.
Wir genießen jeden Moment unser achtsames Beisammensein in Zweisamkeit und immer mehr in tief verbundener Liebe.

Für den letzten Tag haben wir eine Whalewatchingtour auf einem Schiff geplant, bei der wir auch mit Rose, einem Channelmedium zusammentreffen, jener Frau, die mir vor elf Jahren meinen ersten Aufenthalt auf dieser Insel ermöglichte, weil sie mich zu sich nach Maui eingeladen hatte. Es ist schön ihr wieder zu begegnen und zu sehen, dass sie sehr glücklich zu sein scheint, Gott sei Dank wieder erholt von einer schweren Krankheit, von der ich aus der Ferne erfahren hatte. Auch sie hat inzwischen einen Mann getroffen, mit dem sie anscheinend glücklich ist. Sie hatte diese große Sehnsucht beinahe ebenso stark in sich getragen wie ich.

Kurz bevor das Schiff ablegen möchte, sehe ich noch einen Mann darauf zulaufen und im letzten Moment an Deck springen. Es kann doch nicht wahr sein - es ist tatsächlich Dolphin, jener Mann, den ich genau bei einer solchen Whalewatchingtour nach Molokini kennengelernt habe und mit dem mich ursprünglich auch Rose zusammen bringen wollte. Nun würden wir uns alle wieder auf diesem Schiff begegnen. Ich erlebe mich wie in einem Déjà-vu-Erlebnis. „Isaias, er ist da, Dolphin ist hier an Bord." Fast ein wenig ängstlich versuche ich mich an dich zu drücken - du spürst meine Verunsicherung. „Es ist alles gut, mein Engel", erwiderst du liebevoll. Auch Rose, die neben uns steht, spürt meine Nervosität. Ich werde jetzt diesen Mann nach so langer Zeit wiedersehen, jenen, mit dem ich nie wieder etwas zu tun haben wollte. Schon hat er Rose entdeckt und kommt auf sie zu. „Hi, Sweetheart, how are you?", fragt er sie, strahlend nach außen, wie damals - immer der ach so liebende Sonnyboy. Im selben Moment durchzuckt es ihn - er starrt mich an. „Oh my god, it´s you Magdalena, MaH - *er nannte mich damals Magdalena Heart* - I can´t believe it. What are you doing here?" Er kommt auf mich zu, um mich zu umarmen - ich schrecke zurück und du hältst mich in deinen Armen fest. Ich bemühe mich, ihn freundlich zu begrüßen und stelle ihn dir vor. Er begutachtet dich von oben bis unten und beglückwünscht dich zu mir als deine Frau an deiner Seite. Gleichzeitig meint er, wie sehr er dich beneidet, weil es doch so wundervoll mit mir gewesen wäre zusammen zu sein, wenn doch nur die Distanz uns nicht getrennt hätte. Genau diese war damals allerdings meine einzige Chance ohne gröbere Verletzungen aus dieser krankmachenden Beziehung auszusteigen. Ich spüre, dass du ihn sofort durchschaust und ihm höflich aber klar zu verstehen gibst, dass wir seine Gesellschaft im Moment nicht schätzen. Ich spüre in ihm Aggression aufsteigen, die er immer noch perfekt hinter einer Maske der Lieblichkeit zu verbergen vermag. Du nimmst mich an der Hand, entschuldigst dich bei Rose für den Rückzug und bringst mich unverzüglich aufs obere Deck.

Irgendwie scheint mein Körper sich sofort an die subtilen Quälereien, die mir dieser Mann zugefügt hat, zu erinnern. Ich zittere leicht, bekomme Kopfschmerzen und eine starke Übelkeit, die noch durch die Bewegungen des Schiffes verstärkt wird. Plötzlich muss ich mich übergeben - du hältst mich, und ich beginne nun auch noch zu weinen. Ich könnte vor Scham im Erdboden versinken - mir ist das alles extrem peinlich - so hast du mich noch nie erlebt - all das nur wegen eines verrückten Ex-Lovers. Du hältst mich fest, bis ich mich wieder beruhigt habe, streichelst mein Gesicht, das ich nur mehr zu verbergen versuche. *‚Ich sehe sicherlich fürchterlich aus und außerdem ist jetzt* *vermutlich auch noch mein Atem unerträglich - und dann diese unappetitliche Schweinerei, die ich verursacht habe... '* Meine Gedanken spielen verrückt. Ich versuche mich von dir wegzudrehen, weil ich mich so sehr schäme. In dem Augenblick drehst du mich zu dir, blickst mir tief in die Augen und meinst nur: „Ich liebe dich tatsächlich, du kannst es mir glauben - es gibt nichts an dir wovor es mich ekelt." Diese Worte lösen den nächsten Weinanfall in mir aus - du nimmst mich noch inniger in deine Arme - ich versuche dich möglichst nicht anzuhauchen und du schaust mich erneut an: „Du stinkst auch nicht, nur weil du erbrochen hast." Mit großen Augen blicke ich dich an und spüre unendliche Erleichterung in mir - die Schmerzen lassen nach. Inzwischen ist Rose aufgetaucht, die du bittest bei mir zu bleiben, während du jemanden holst, um das Deck zu reinigen. Rose begleitet mich auf die Toilette, wo ich mich etwas frisch mache und meinen Mund ausspüle. Ich kann jetzt nicht einmal verschwinden, um Dolphins Präsenz zu entkommen.

Bei deiner Rückkehr geht es mir schon ein wenig besser - in dem Moment ruft jemand laut: „There they are!" Wir blicken aufs Meer und sehen einen Schwarm Delfine gefolgt von drei unglaublich mächtigen Walen mit zwei Babys. Du hältst mich eng umschlungen fest und gemeinsam bewundern wir diese wunderbaren, weisen und doch auch so verspielten Tiere. Es ist genau an jener Stelle, wo das Schiff auch halt macht, um die Passagiere, die es möchten, im Meer schwimmen zu lassen. Hier habe ich vor langer Zeit genau von jenem Mann, der jetzt auch hier auf dem Schiff ist, gelernt mich mit der Unterwasserwelt vertraut zu machen. Es war mein erstes und eines meiner schönsten Erlebnisse mit ihm. Jetzt gehe ich mit dir ins Wasser, ausgestattet mit Flossen und Schnorchel, und wir beginnen uns im Meer zu bewegen - ich spüre Leichtigkeit durch mich strömen und blicke dir im Wasser in die Augen. Zwischen uns fließt tiefe Liebe und vollkommene Harmonie, die uns zu einem Unterwassertanz verschmelzen lässt - alles um uns scheint zu entschwinden. Unsere Körper bewegen sich im Gleichklang, so, als ob wir das schon immer gemacht hätten. Wie aus dem Nichts erscheinen in einem Augenblick tiefsten Glücksgefühls, das ich dir mit meinen Augen zu vermitteln versuche, zwei Delfine unmittelbar neben uns und kommen so nahe, dass ich nur meinen Arm ausstrecken müsste, um sie zu berühren. Ich stelle mich ganz auf sie ein, spüre ihre Energie und den Energieanstieg, der in ihrer Anwesenheit gegeben ist und werde wie ein Magnet zu dir gezogen. Die beiden sehen uns direkt an, als würden sie uns mit ihren Augen etwas mitteilen wollen. Dann kommt einer auf mich zu und gibt mir von der Seite einen Stups mit seiner Schnauze.

Ich spüre mich von ihm bewegt, merke, dass er mir nun erlaubt seinen Körper zu berühren und streiche vorsichtig mit meiner Hand über seine Flanke. Wie lange schon habe ich mir dieses Erlebnis gewünscht. Im nächsten Moment erscheint es mir, als würden sie uns aufmuntern mit ihnen zu spielen, was wir auch vorsichtig und respektvoll tun. Unser Miteinander wird zu einem Tanz von vier tief verbundenen liebenden Lebewesen, die hier in diesem Element zu einer Einheit verschmelzen. Ich spüre tiefe Berührtheit und ein unendlich erfüllendes Gefühl vollkommener Einheit mit allem um mich. Ein Stück entfernt nehme ich Dolphin wahr und sehe, wie auch er mit einem Delfin schwimmt. In diesem Moment sehe ich ihn als jenen verletzlichen Jungen, der sich unendlich nach Liebe sehnt und sie möglicherweise nur hier unten mit diesen Wesen erleben kann - daher auch sein Name, den er sich selbst gegeben hat. Kurz tauschen sich unsere Blicke aus. Ich nehme ehrliches Mitgefühl wahr und gleichzeitig in mir eine große Erleichterung. Du siehst mich an und nimmst meine Schwingung auf - wir schwimmen aufeinander zu und von hinten umfasst du mich, um so mit mir im Wasser zu gleiten. Ich bin nicht körperlich mit dir vereint und doch spüre ich uns beide zu einem Wesen verschmolzen. Schon wieder tauchen die beiden Delfine auf und machen es uns nach - sie schwimmen Körper an Körper ganz nahe bei uns. Dann scheinen sie sich von uns verabschieden zu wollen, indem sie nochmals auf uns zuschwimmen, uns anstupsen und sich von uns berühren lassen, um dann wieder in einem harmonischen Miteinander wegzugleiten. Wir tauchen auf und sehen in dem Moment, wie sie beide gemeinsam über die Wasseroberfläche springen, um ebenso verbunden wieder unterzutauchen. Auch Dolphin kommt in unserer Nähe an die Wasseroberfläche und blickt mich an, so als wäre er von etwas Besonderem berührt worden. Rose sagt mir dann noch vor unserer Verabschiedung, dass er ihr gesagt hätte, er habe so etwas in all den Jahren noch nie erlebt - eine vollkommen harmonische Verbundenheit zwischen Menschen und diesen Tieren. Ich weiß dieses Geschenk meiner besonderen Freunde aus den Tiefen wahrhaft zu schätzen. Irgendetwas wurde damit wieder heiler in mir. Und etwas zwischen uns beiden wurde noch inniger - ich fühle mich in deiner Nähe absolut sicher und gehalten, tief wertgeschätzt und dennoch frei. „Isaias, ich liebe dich so sehr." Wir stehen auf der Reling und blicken nochmals zurück auf die kleine Insel Molokai, bei der wir diese besondere Erfahrung miteinander teilen durften. Du umarmst mich schweigend und gemeinsam verlassen wir das Schiff, nachdem wir uns von Rose und auch von Dolphin verabschiedet haben, für den ich jetzt reines Mitgefühl empfinde. Jeder Mensch hat seine Schicksals-Geschichte - auch seine war eine ziemlich Schlimme. Damals, vor elf Jahren, sind wir uns als die beiden so sehr *verletzten Kinder* begegnet, die sich nach nichts anderem gesehnt hatten, als endlich Liebe zu erhalten und doch nicht wussten, sie einander zu geben.

*Jetzt darf ich endlich erfahren, was wahre bedingungslose Liebe bedeutet und diese auch leben.*

Nach diesem außergewöhnlichen Ereignis verweilen wir bis zu unserer Abreise zur nächsten Insel im Hotel und spüren beide, wie sehr wir einander nun noch um vieles näher sind. Unsere sexuellen Begegnungen werden immer dimensionsüberschreitender. Manchmal ist es ein Eintauchen in einer tief erlebten Liebesvereinigung, ein anderes Mal purer lustvoller Sex. Auch wenn wir scheinbar in unseren äußeren Handlungen nichts verändern, erlebe ich immer wieder unfassbar neue Empfindungen. Du dringst in mich ein und ich habe das Gefühl als würde mein Körper ein Tor in die Unendlichkeit öffnen. In manchen Momenten erlebe ich die Ekstase und meine Orgasmen ganz still - sie scheinen nur meinen Körper in die Weite zu tragen und mich auf hohen Wellen in himmlische Sphären zu katapultieren. Dann wieder erlebe ich die pure, animalische Lust und Geilheit, die mich wild und unersättlich von einem Lustschrei zum nächsten explodieren lässt. Es ist einfach fantastisch mit dir zu sein und immer wieder neue Tore zu durchschreiten, die ich nicht einmal erahnen konnte, obwohl ich schon gar vieles erlebt habe.

Die zweite Hälfte unserer beglückenden Zeit verbringen wir auf der Big Island, wo du bewusst jenes Haus - das *Dolphin House* - direkt am Meer gemietet hast, in dem ich damals Richard und Susan, kennenlernen durfte, die für mich jene Liebe gelebt haben und immer noch leben, wie ich sie mir zu erfahren wünsche. Es war wunderbar, den beiden wieder auf der Isla Mujeres zu begegnen und zu sehen, wie es sich anfühlt, wenn Menschen eine ‚*sacred relationship*' verwirklichen konnten. Ich spüre, dass du nun endlich der Mann in meinem Leben bist, mit dem dieser so lang ersehnte Traum zur Wirklichkeit wird. Wir genießen die Stille, können nie genug voneinander bekommen, haben stundenlang wilden aber auch sehr ruhigen Sex und lieben uns an vielen Plätzen, die wir auf dieser Insel besuchen - im Green Lake, in den heißen Quellen, die wir mitten in einem Wald finden, und auch sonst an allen möglichen und unmöglichen Orten. Ich liebe diese Möglichkeit gesehen und gehört zu werden und du kannst es nicht lassen, mich immer wieder herauszufordern, um auch zu sehen, wie weit ich tatsächlich zu gehen bereit bin…
*Vielleicht kann ich auch noch den Rest meiner exhibitionistischen Bedürfnisse erlösen, um*

*irgendwann mit dir unsere Liebesvereinigung nur mehr in bloßer Zweisamkeit zu genießen. Noch liebe ich das Prickeln der Gefahr, gesehen zu werden. Ich kann schon ein ziemlich hemmungsloses Luder sein. Ich genieße die Bühne - in vielerlei Hinsicht, auch manches Mal in unserer Lust.*

Auf Kaua'i erleben wir die beiden letzten Tage unserer Reise im wunderschönen *Ko'a Kea Hotel & Resort* am *Poipu Beach*, genießen die Vielfalt der Farbenpracht der wunderbaren Fauna und Flora auf dieser Insel, sind fasziniert vom 1000 m tiefen Canyon und sehen, dass anscheinend tatsächlich kein Gebäude auf dieser Insel höher als eine Palme gebaut ist.

Am letzten Tag unserer gemeinsamen Zeit begegnen wir einer Kahuna-Frau, die ein besonderes Ritual mit Gesängen mit uns macht. So wurden wir von einem Mann und einer Frau auf dieser Reise eingeweiht. Auch ihre Energie hat uns gar tief berührt - nach dieser magischen Begegnung erhalten wir beide im Spa unseres Hotels in einem gemeinsamen Raum eine Lomi-Lomi-Nui Massage von anderen Kahunas. Es ist tatsächlich eine unglaubliche Kraft in diesen Zeremonien, wenn man sich vollkommen darauf einlassen kann.

*Welch große Segnungen haben wir auf dieser Reise bekommen - dankbar und berührt können wir unsere Heimreise antreten.*

Unser gemeinsamer Rückflug bis Frankfurt beginnt um 22:30 Uhr am Abend - den Flug nach Los Angeles verschlafe ich zur Gänze - so gemütlich ist dieser Liegesitz in der Businessclass. Daher komme ich nach fünfeinhalb Stunden Flugzeit ziemlich erholt am Festland an, wo wir nun beinahe vier Stunden Aufenthalt haben. Bin ich froh nicht alleine zu sein. Wir gönnen uns ein ausgiebiges Frühstück, das wir mit einem lustvollen Quickie in einem winzigen Raum, den ich am Weg zur Toilette entdeckt habe, abschließen. Wieder einmal erliege ich dem Reiz des Verbotenen.

Ich habe mir zuvor noch in der Damentoilette mein Höschen abgestreift, bin danach unauffällig dort hingegangen, um zu sehen, wo diese angelehnte Türe hinführt und ziehe dich, als auch du wieder von der Herrentoilette kommst, lustvoll und herausfordernd in den kleinen Abstellraum. Die Spannung ist natürlich groß, umso feuchter werde ich in Anbetracht der Restriktionen im prüden Amerika. Du packst mich wild und ungestüm, setzt mich auf den Tisch in dem winzigen Raum, öffnest deine Hose und bahnst dir mit einem festen Stoß, der mich laut aufstöhnen lässt, deinen Weg in meine nasse Pussy, dann stößt du mich hart und tief, bis wir uns gemeinsam in einem unglaublich intensiven Orgasmus miteinander entladen. Danach verlassen wir eilig den Ort des Geschehens, blicken nach rechts und links und

verschwinden, als ob nichts gewesen wäre. Möglicherweise haben wir unsere Spuren hinterlassen. Ich muss daher nochmals kurz auf die Toilette, um mich zu säubern und frisch zu machen.
Welch ein kurzweiliger Aufenthalt am Flughafen von Los Angeles.

Um 10 Uhr ist das Boarding nach Frankfurt - die lange Flugzeit überbrücken wir mit viel Abwechslung - so angenehm wie diesmal habe ich noch nie einen Langstreckenflug erlebt.
Ich genieße all die Zärtlichkeiten und deinen respektvollen Umgang mit mir als Frau - du scheinst tatsächlich der erste Mann in meinem Leben zu sein, der mich wirklich tief und bedingungslos achtet. Jeder andere musste mich auf irgendeine Weise klein halten, um sich selbst zu erhöhen. Du bist der erste Mann, der sich seines Wertes so sehr bewusst ist, dass er es nicht notwendig hat mich in meinem Wert schwächen zu wollen. Dafür bin ich dir unendlich dankbar, mein Geliebter.
In Frankfurt heißt es Abschied nehmen. Es fällt mir diesmal so leicht, wie nie zuvor - ich bin unendlich gesättigt und kann mit einem Gefühl noch tieferen Vertrauens meine weitere Heimreise antreten.

Wer mich erwartet, ist Laura - ich bin unendlich dankbar eine so liebevolle Freundin in der Heimat zu haben. Ich bin ein wenig müde, aber

unglaublich energiegeladen, so sehr, dass ich mit ihr gemeinsam in ein nettes Kaffeehaus brunchen gehe, obwohl ich eigentlich gerade eine ganze Nacht verloren habe.
Ich habe ihr so vieles zu erzählen.
Am Nachmittag brauche ich dringend ein paar Stunden Schlaf bevor ich meinen Koffer auspacke, in dem wieder einmal etwas von dir für mich zwischen meinem Gewand versteckt wurde.
Unglaublich - du hast für mich eine Bauchkette anfertigen lassen und ich habe es nicht mitbekommen - du schaffst es so oft, mich zu überraschen und zu berühren.

*Meine Göttin,*
*ich verehre und liebe Dich zutiefst.*
*Das was ich mit Dir erlebe, ist so unbeschreiblich schön, dass ich es nicht in Worten wiedergeben kann. Du bist eine unglaublich faszinierende Frau und ich danke Dir für die Momente der Ekstase, in denen ich mit Dir in allen Existenzen zugleich verschmolzen bin.*
*Du wirst mich bald wiedersehen - ich freue mich auf den ersten Blick in deine mich verzaubernden Augen.*

*Für immer verbunden*
*Isaias*

Jedes seiner Worte könnte von mir gesprochen

sein: *‚Ob es denn wirklich so etwas wie eine Zwillingsseele gibt? Inzwischen glaube ich fest daran.‘*
Ich bemerke keine Angst, keine Unsicherheit, keine Eifersucht und keine Zweifel mehr in mir, weil ich weiß, ich kann diesem Mann vertrauen. Daher genieße ich auch schon die Zeit zwischen unseren Begegnungen. Außerdem ist mir vollkommen klar geworden, was ich in meinem Leben noch verwirklichen und erfahren will. Ich werde meine *Berufung* leben und damit meinem Herzen folgen, in allem, was ich tue. Nicht mehr allzu lange werde ich hier in meiner Heimat sein - das weiß ich gewiss.

Die Zeit bis zum Erhalt meines nächsten Tickets vergeht wie im Flug…
*‚Wo du mich diesmal wohl treffen möchtest?‘*
Neugierig und aufgeregt öffne ich das Kuvert. Zuerst fällt mir deine Notiz in die Hände:

*Vollendete Schönheit,*
*willst Du mit mir die Big Five erleben?*
*Ich habe vor, Dir die Wunder der Wüste von Tansania und ihrer Tierwelt zu eröffnen.*
*Du hast keine Vorstellung, wie sehr ich mich auf Dich freue und Dich schon unendlich begehre, wenn ich nur daran denke, welch ein lustvolles Weib Du bist - animalisch wie die Wüstenkatzen.*
*Und dennoch so zerbrechlich und zart.*
*In Liebe*
*Isaias*

Wieder erwartet mich eine lange Reise, bei der ich mit der Quatar Airline von München nach Doha, die Hauptstadt von Katar, fliege. Danach geht es mitten in der Nacht, nach vier Stunden Aufenthalt, weiter zum Kilimanjaro Flughafen nach Tansania - Ankunft am nächsten Tag um 10:10 Uhr.
*‚Also soll ich doch auch nach Afrika kommen?!'*
Eigentlich ist das der Kontinent, zu dem es mich nie hingezogen hat. Aber mit dir wird es sicher ein besonderes Erlebnis werden, noch dazu in dieser Umgebung purer Natur und wunderschöner Tiere.
Außerdem kann ich wieder beinahe zwei Wochen mit dir verbringen.

Mein Abflug soll in vier Tagen sein. Zumindest freue ich mich sehr diesem tristen, grauen Novemberwetter, das hier bei uns herrscht, zu entkommen und noch mehr, einfach nur mit dir zu sein.
*In diesem Moment spüre ich doch eine große Sehnsucht nach dir, gepaart mit unendlicher Lust, dich jetzt sofort zu spüren, wild und ungestüm wie diese von dir beschriebene Wildkatze. Gerade fühle ich mich wie ein schwarzes Pantherweibchen, das dich als seine Beute sieht und nur auf den geeigneten Augenblick wartet, dich zu erlegen.*

Wenn ich schon so wenig Erfahrung mit Afrika habe, recherchiere ich zumindest jetzt ein wenig,

was denn eine Safari so alles beinhaltet. Auf jeden Fall bin ich beruhigt, dass dabei keine Tiere erlegt werden.
Die *Big Five* zu erleben, bedeutet, alle fünf wesentlichen Tiere einer Safari sehen zu können - dazu gehören der afrikanische Elefant, das Spitzmaulnashorn, der afrikanische Büffel, der Löwe und der Leopard. Interessant, dass es gerade diese fünf Tiere sein sollen, wo doch die Tierwelt so vieles mehr beinhaltet.
Tansania liegt am Kilimanjaro in Ostafrika - am Indischen Ozean. Vermutlich werde ich so auch die Chance bekommen, in meinem geliebten Meer schwimmen zu können - ich bin verblüfft, wie sehr du meine Sehnsüchte schon in so kurzer Zeit erfasst hast. Die Wüste von Tansania ist die Serengeti, in der ein Teil unserer Safari stattfinden soll.
Diesmal bin ich besonders aufgeregt, weil es das erste Mal ist, dass wir uns in einer mir nicht vertrauten Gegend begegnen werden. Ich vermute schon sehr, dass die vorherigen Plätze bewusst von dir so gewählt wurden, dass du mich an den zu meiner Vergangenheit gehörenden Orten erleben wolltest, um zu sehen, wie ich gerne lebe und wo ich mich am liebsten aufhalte – und, um mir zu helfen noch ein Stück Heilung meiner schmerzvollen Vergangenheit zu erfahren.

Eines ist mir jetzt schon wirklich klar - dass ich mit dir bereit bin, diese Welt aus vollkommen neuen Perspektiven zu erforschen. Ich vertraue dir jetzt schon mehr, als ich bisher jedem anderen Mann vertraut habe. Dieses Vertrauen ist auch die einzige Basis, auf der unsere derzeit doch *scheinbar eigenartige Fernbeziehung* - ohne jegliche Kommunikation zwischen den Begegnungen - funktionieren kann. Vermutlich vertraust du mir ebenso, wie ich dir.

Seit ich meine Ängste und Zweifel losgeworden bin, fühle ich mich frei und zugleich unendlich mit dir verbunden. Das zu erleben ist ein wahrhaft befreiendes Gefühl für mich.

*Wie glücklich ich bin, dich bald wiederzusehen und mit dir vereint zu sein, mein Geliebter.*

## *Auf Safari in Tansania*

Endlich ist es soweit - Laura bringt mich diesmal tatsächlich zum Münchner Flughafen, um sich wieder einmal von mir zu verabschieden. Sie ist wahrhaft ein Engel…

Nach dem Einchecken meines Koffers sitze ich nun beim Gate und warte auf den Abflug. Plötzlich wird mir unvermutet richtig heiß - ein Schauer durchströmt meinen Körper. ‚*Ob du gerade an mich denkst? Wenn ja, woran? Ich habe das ganz starke Gefühl deine Hand zart über meinen Körper streichen zu spüren und eine köstliche Berührung auf meinen Brüsten zu fühlen, während in meinem Unterleib ein Zucken entsteht, als würdest du langsam in mich eindringen.*‘ Gleichzeitig erlebe ich eine unbeschreibliche Wärme mein Herz erfüllen. Ich fühle meine immer stärker wachsende Liebe zu dir … und mein unbeschreibliches Begehren. ‚*Welch ein angenehmer Beginn meiner Zeit mit dir. Sitzt du womöglich tatsächlich hier neben mir?...‘* Ich warte auf das Boarding während ich mit geschlossenen Augen einen sanften Orgasmus meinen Körper durchfluten spüre, der sich bloß über meine intensive Atmung und meine Gedanken an dich aufgebaut hat - ein unterdrücktes Stöhnen kann ich nicht zurückhalten. *‚Meine Güte bin ich wieder feucht geworden. Geliebter, du musst hier sein...‘* Ich zittere immer noch ein wenig, öffne meine Augen und blicke verwirrt um mich. Du bist natürlich nicht hier … ich sehe einen Mann in meiner Nähe mit einem seltsamen Schmunzeln zu mir herüber blicken. Er scheint meine erregte Energie aufgenommen zu haben und ich merke, dass mir das, was mir früher Spaß gemacht hat - Männer mit meinen Blicken und Energien heiß zu machen - jetzt eher ein wenig unangenehm erscheint. Verlegen lächle ich ihn an und sehe wieder weg. Ich muss mich beruhigen, bis ich im Flugzeug bin. So nütze ich die Gelegenheit, um auf die Toilette zu gehen und mich frisch zu machen.

Ich bin mir sicher, dass du im Moment meiner Hitzeschauer daran gedacht hast, in mich einzudringen, und mir gleichzeitig deine Liebe gesandt hast - allzu stark habe ich deinen Penis in meinem Innersten energetisch wahrgenommen und mein Herz pochen gespürt.

*‚Ob wir tatsächlich schon so stark miteinander verbunden sind? Ja, ganz sicher. Immer öfter vermute ich, deine Gedanken und Gefühle wahrzunehmen ...‘*

Endlich ist der Aufruf für unser Boarding nach Doha - ich habe einen Fensterplatz und genieße den Blick aus dem Flugzeug, den ich hier über den Wolken erleben kann - das ist immer wieder ein unbeschreibliches Erlebnis für mich, die Stimmung von hier oben wahrzunehmen. Auf meinem Flug erlebe ich viel Ruhe - ich höre gute Musik, lese ein wenig, versuche zu schlafen und bin dankbar, dass du wieder Businessclass für mich gebucht hast - das lässt mich die Zeit schon wesentlich angenehmer verbringen. Ich kann zwischendurch sogar schlafen und werde von einer Ansage geweckt, wodurch mir ermöglicht wird, einen unglaublich schönen Sonnenuntergang zu erleben, der mich unmittelbar zum Schreiben inspiriert.

***Sonnenuntergang***

*Ich sitze hier im Flugzeug,*
*getragen in den Lüften.*

*Unter mir Wolken und Weite,*
*wohin ich auch blicke.*
*Ein Gefühl von tiefer Ruhe ist in mir*
*Ich lausche guter Musik,*
*der Lärm um mich verschwindet.*
*Ich bin so ganz in meiner Welt des Friedens*
*und blicke in die Wolken*
*sowie die Himmelsfront.*
*Der Horizont, der ist unendlich.*

*Gar langsam neigt der Tag*
*sich nun dem Ende zu,*
*und auch im Außen*
*erkenne ich*
*die Stille jenes Übergangs.*
*Ich sehe dieses Rot der Abendsonne,*
*darunter Wolken.*
*Der Sonnenuntergang in diesen Weiten*
*erscheint mir*
*wie der Sonnenuntergang im Ozean.*
*Ich bin berührt von dieser Farbenpracht*
*des Feuerballs der Sonne,*
*der alles um sich einhüllt*
*in ein berauschend schönes Licht.*
*Mein Herz ist weit und tief ergriffen.*
*Ich bin nun ganz im Hier und Jetzt -*
*nichts anderes ist hier*
*als das sich ständig wandelnd wunderschöne Licht der Sonne.*

*Schon taucht das Feuer ein im Wolkenmeer,*
*das Licht versinkt vor meinen Augen.*
*Mein Körper wird durchströmt von tiefem Atem.*

*Ich spüre nun in Stille die Ekstase,*
*die mich mit allem Sein verbindet*
*und jede Zelle in mir beben lässt.*
*Noch sehe ich die tief orange Röte,*
*bis sich auch diese aufgelöst*
*im Dunkel einer neuen Nacht.*
*Es ist ein rauschend schönes Fest*
*des Sonnenunterganges in den Wolken,*

*und ich darf hier als Gast dabei sein.*

*So kehre ich zurück zu mir und*
*tauche jetzt tief ein*
*ins Innerste von meinem Sein.*
*So spüre ich nur Ruhe und den Frieden*
*der Dunkelheit der Nacht,*
*die nun mein Auge wahrnimmt,*
*wenn ich nach draußen blicke.*

*Welch wunderbare Schöpferkraft*
*doch hier in allem ist,*
*was dieses Universum*
*in seiner ganzen Schönheit mit uns teilt.*

Mein Herz pocht bei dem Gedanken, so wunderbare Momente bald wieder mit dir gemeinsam erleben zu dürfen.
Nach wenigen weiteren Stunden erreichen wir Doha, wo ich einen unglaublich interessanten Aufenthalt erlebe - ich beobachte all die Menschen, die dort aus unterschiedlichen Nationen zusammenkommen - welch eine Vielfalt.
Wie dankbar ich bin, eine Frau zu sein, die in Europa geboren ist - niemals möchte ich meine Freiheit einbüßen, weil Männer die Frauen dermaßen in ihren Rechten einschränken und dadurch erniedrigen. Ich genieße die spannenden Momente meiner Beobachtungen und bin doch froh, aus einem solchen Land gleich wieder herauszukommen.

Unendlich beglückt mich das Wissen, dass mein Ziel immer näher rückt.
Den Weiterflug verschlafe ich beinahe zur Gänze, weshalb ich gut erholt in Tansania ankomme.
Ich habe beim Aussteigen aus dem Flugzeug unglaubliches Herzrasen, so nervös bin ich, dir nun endlich wieder zu begegnen.

Aus der Ferne siehst du mich bereits und ich erkenne dein strahlendes Lachen - unsere Augen finden einander, eiligen Schrittes bist du bei mir und schon sind wir innig umarmt. Unsere Küsse und Blicke lassen uns bereits hier am Flughafen alles um uns herum vergessen. Es ist Vormittag und eine angenehme, aber auch sehr drückende Hitze kommt mir entgegen, als wir das Gebäude verlassen - eine Hitze, die allerdings meine innere Hitze noch mehr anfacht. Auf der Fahrt zu unserem Hotel können wir einander nicht auslassen, so sehr haben wir uns nach diesen Berührungen gesehnt. Ich blicke dich an und bin wie jedes Mal berührt von deiner Schönheit - der äußeren sowie der inneren.
Auch dir scheint es gleichermaßen zu ergehen: „Du bist wunderschön, mein Engel, du bist für mich eine Göttin und Königin - ich habe dich schon sehr vermisst, ich liebe dich so sehr.“ *‚Du hast mich vermisst? Wo du doch keinen Kontakt zu mir haben wolltest ...* ‘ Aber es scheint richtig zu sein - durch diese Distanz kann auch ich

jedes Mal tiefer erkennen, wie sehr meine Liebe und die Sehnsucht, nur mit dir sein zu wollen, wachsen.

In unserer Unterkunft, einer luxuriösen Lodge, hast du ein herrliches Essen für uns in unserem Zimmer bereitstellen lassen. Ich brauche allerdings zuerst dringend eine Dusche nach der langen Reise. Erfrischt und glücklich hier zu sein, trete ich danach auf die Terrasse und erblicke diesen beeindruckenden, mächtigen Kilimanjaro, der eine enorme Kraft ausstrahlt. Ich nehme dich hinter mir wahr und spüre, wie du von hinten deine Arme um mich legst und meinst: „Willkommen in der Weite Afrikas, meine wunderschöne Geliebte." Dann nimmst du mich auf deine Arme und trägst mich zu unserem großen Bett, um mich dort sanft abzulegen, mein Tuch zu öffnen und mich von oben bis unten zu betrachten. Ich fühle, wie schon dein Blick, der jeden Millimeter meines Körpers mit Liebe nährt, mich so tief berührt, dass meine Tränen fließen und mein Körper zart zu beben beginnt. Achtsam beginnst du mich mit deinen Fingerkuppen zu berühren, langsam und sanft von meinem Gesicht, über meinen Hals zu meinen Brüsten zu gleiten. Meine sensiblen Brüste hältst du vorsichtig umfasst, sodass schon ein erster Schauer mich durchzuckt. Danach knetest du sanft eine Brustwarze, um die andere mit deiner Zunge zu liebkosen und vorsichtig daran zu saugen. Ich erlebe bereits wie sich ein sanfter Orgasmus aufzubauen beginnt, der von meinen Brüsten sternförmig durch alle Körperregionen strömt und mich mit einem heftigen Stöhnen aufbäumen lässt. Weiter geht deine Reise über meinen Körper - meinen Bauch entlang zu meinen Schenkeln - sehr bewusst umkreist du meine schon so sehr erregt pulsierende Lotusblüte, die sich nach nichts mehr als deinem Lingam sehnt. Du streichst meine Schenkel entlang zu meinen Füßen, die du zu küssen und lecken beginnst, um weiter mit deiner Zunge über meine Beine nach oben zu gleiten. Ich habe diese bereits für dich geöffnet, doch du dehnst das Spiel noch aus, hörst mich stöhnen und spürst meine Lust immer mehr emporsteigen. Endlich berührt deine Zungenspitze meine pochende Perle und erlaubt mir zu genießen, wie diese langsam und immer mehr saugend stimuliert wird, bis mich erneut ein Orgasmus erfasst, der mich unendlich in die Weite trägt - ganz sanft und zugleich unglaublich intensiv. Deine Finger gleiten nun in mich und du berührst zielsicher meine empfindlichste Stelle im Inneren, leicht massierst du sie, um dann nur mit Druck zu verweilen - ich atme tief ein und spüre, wie mich ein weiterer Höhepunkt durchströmt. Kaum veratme ich die Wellen, sehe ich dein wunderschönes Gesicht über mir - unendlich langsam gleitet dein herrlich harter, heiß pulsierender Lingam in meine Lusthöhle. Schon während deines Eindringens erfasst mich die nächste Welle, die mich vor Lust erzitternd und mit einem Aufschrei in ferne Dimensionen trägt - es ist, als ob ich von dir wieder einmal auf eine unendliche Reise geführt werde. Ich kenne all diese Gefühle und dennoch sind sie so anders, so unbeschreiblich in meinen Empfindungen, dass ich diese mit Worten einfach nicht mehr wiedergeben kann. Jetzt habe ich wahrlich das Gefühl, mit dir vollkommen verschmolzen zu sein, vollkommen eins. Ich weiß nicht mehr, wo dein Körper endet und meiner beginnt, oder ob ich dich oder mich selbst küsse, liebkose, streichle, erfülle. Mir erscheint es, als wären wir zu einem Sein geworden. Mehr und mehr baut sich unsere gemeinsame Ekstase zu einer nie mehr enden wollenden unbeschreiblichen Serie von Höhepunkten auf, durch deren Dimensionen wir jedes Mal in ein anderes Universum katapultiert werden.

Ich habe das Gefühl mich in dir aufzulösen, zu verschwinden, mich in deinen Augen wieder zu finden, um erneut weggetragen zu werden. *‚Meine Güte, wer bist du Geliebter, dass ich dich so unendlich tief liebe und mich dabei zugleich zu lieben vermag?‘*

Irgendwann tauchen wir dann wieder gemeinsam auf, um uns im Hier und Jetzt erneut zu erleben. Ich zittere, ich weine, ich lache und ich sehe dich an, als ob ich dich das erste Mal sehen würde, und irgendwie scheint

es auch so zu sein. Ich sehe dich als meinen Mann, von dem ich durch alle Zeiten dieses Universums niemals getrennt gewesen war.
Auch du blickst mich an, als ob du dich ebenso an alles jemals Gewesene erinnern könntest.
Wir haben uns wieder gefunden.
In diesem Moment sagst du zu mir: „Ich werde niemals mehr von dir getrennt existieren wollen, meine zutiefst geliebte Göttin.“ Du scheinst tatsächlich dasselbe zu erleben wie ich. Unter Tränen blicke ich in deine Augen und erwidere: „Ich will auch nie mehr auf diesem Planeten ohne dich sein, mein geliebter Mann.“
*Wir waren durch alle Zeiten ein Liebespaar, du bist der Teil, der mich nun umfassend ganz werden lässt - meine Seele, mein Herz, mein gesamtes Sein - und der meinen Körper so viel tiefer zu erfüllen vermag, als ich es jemals erahnen hätte können. Ich habe doch gewusst, dass es dich hier gibt und du mich finden wirst - allzu lange schon habe ich darum gebeten, diesem Mann, meinem bewussten Partner, mit dem ich diese besondere Liebe leben darf, zu begegnen. Ich habe nie aufgehört daran zu glauben, dass ich in diesem Leben noch mit ihm sein darf. Ich habe viele Umwege beschritten und allzu viele Liebhaber gehabt. Ich musste von jedem Mann wieder gehen, weil ich in meinem Innersten nur auf DICH gewartet habe.*
Jetzt weiß ich, dass ich endlich angekommen bin, nach einer langen und beschwerlichen Lebensreise. Es schüttelt mich und du hältst

mich in deinen Armen, auch dir fließen Tränen der Erleichterung über deine Wangen, während du meinst: „Ich habe es am Strand auf Santorin bereits vermutet, dass du die Eine bist, aber jetzt weiß ich es.“ Noch heftiger beginne ich zu weinen - es fließen all die restlichen Schmerzen der Vergangenheit aus mir und tiefe Erleichterung erfasst mein Herz.

*Wir wissen, dass wir zusammen gehören - für immer. Uns ist aber auch klar, dass es nur an uns selbst liegt, das zu erhalten oder zu zerstören. Bloß in tiefer Bewusstheit wird sich uns dieser gemeinsame Weg in all seiner Schönheit entfalten.*

So liegen wir noch stundenlang eng umschlungen, essen zwischendurch von den bereitgestellten, inzwischen abgekühlten Delikatessen und lieben uns immer wieder aufs Neue, einmal zart und achtsam, dann auch wild und ungehemmt. Ich liebe deinen Penis in mir und ich kann davon gar nicht genug bekommen. Wie gut es sich anfühlt, von dir ungezügelt genommen, einfach nur gestoßen zu werden, dich so sehr in dieser kraftvollen Männlichkeit zu spüren, dich zu reiten, von hinten durchdrungen zu werden - einfach alles in unserer Lust zuzulassen. Es ist so wunderbar, weil es unendlich befreiend ist, mit dir all das in tiefer Liebe zu erleben.

Bis zum nächsten Morgen erleben wir dieses befreiende Spiel, das uns zwischen unbändiger Lust, tiefer Ekstase und zärtlicher Liebe hin-

und herpendeln lässt. Zwischendurch bekommen wir sogar ein Dinner serviert, schlafen immer wieder ein wenig und wachen letztendlich am Morgen miteinander auf, als wären wir neu geboren.
Nach einer langen gemeinsamen Dusche, bei der wir uns gegenseitig einseifen und abschwemmen, und einem anschließenden herrlichen Frühstück, kann die Safari beginnen. Ich habe dieses Mal bewusst leichtes Gepäck mitgenommen, weil mir schon klar war, dass wir immer wieder an anderen Orten schlafen würden.

Tatsächlich sind wir für sechs Tage mit einem Privatchauffeur und einem Guide unterwegs - du hast wieder einmal alles bis ins kleinste Detail geplant - auf einzigartige Weise. Dennoch ist eine außergewöhnliche Situation eingetreten, die alles ein wenig durcheinandergebracht hat und die selbst du nicht erahnen konntest - aber dazu später.

Unsere Reise führt uns durch den Lake Mayara Nationalpark, mit einer Vielfalt an Tieren - wir sehen Elefanten, Braunbären, Flamingos und viele andere einzigartige Naturerscheinungen. So ist schon der Beginn unserer Safari ein spektakuläres Erlebnis, das mir wirklich aufregend erscheint.
Ich beginne die Weite der Steppe und diese wundervolle Pracht an Naturerlebnissen von

Stunde zu Stunde mehr zu genießen. Dabei fühle ich mich wie ein Mädchen, das in jedem Moment aufs Neue unbeschreibliche Überraschungen erleben darf. Unsere Begleiter sind liebenswerte und besonders höfliche Männer, die mich nicht einen Moment als Frau zu missachten wagen. Sie scheinen sogar großen Respekt vor mir zu haben. Dieser Umgang erscheint mir so anders als jener, den ich aus Österreich von vielen afrikanischen Männern gewohnt war.

Am nächsten Tag machen wir eine Tour in die Serengeti Wüste, die mich schon wegen ihrer unendlichen Weite fasziniert und mir die Tierwelt der Löwen und Zebras eröffnet. Irgendwie nehme ich zu diesem Ort auch eine vollkommen andere Verbundenheit wahr, die mich mit einer gewissen Unruhe erfüllt - es fühlt sich wie eine aufregende Erwartung, die ich nicht erklären kann, an. Unruhige und unklare Gedanken erfassen mich: ‚ *... Vielleicht ist es einfach nur die Vollmondnacht, die uns heute bevorsteht und mich ein Gefühl großer Nervosität erleben lässt.*‘

Wir sind gerade am Weg zu unserer Lodge, als wir plötzlich eine große Versammlung von Menschen erleben, die wirken, als würden sie ein Ritual vollziehen - eine Schar von Kamelen ist mit ihnen. Bei unserem Kommen blicken alle in unsere Richtung und halten unseren

Wagen an. Fast wird mir ein wenig mulmig zumute - dennoch fühlt sich auch alles richtig an. Wir bleiben stehen und steigen aus. Als sie uns beide sehen, verneigen sie sich vor uns und sagen etwas, das wir natürlich nicht verstehen können. Unser Guide Chandu meint, sie seien von ihrem Häuptling gesandt worden, um uns beide für die heutige Nacht einzuladen. Sie hätten eine wichtige Zeremonie für uns vorbereitet. Auch der Guide scheint etwas verwirrt zu sein. Er erklärt uns, dass es Massai seien, die behaupten, schon auf uns gewartet zu haben.

Er fragt uns, ob wir die Einladung annehmen wollen und versucht, uns auf seine Weise auch zu warnen, weil er selbst diesen Stamm nicht kenne. Sie wollen nur uns beide mitnehmen, mit dem Hinweis, dass sie uns im Morgengrauen wieder hierher an diese Stelle zurückführen würden, damit wir abgeholt werden können. Du blickst mich an und ich sehe in deine Augen. Im selben Moment nicken wir mit unseren Köpfen und sind bereit, uns auf dieses Abenteuer einzulassen.

*Was soll uns noch erschüttern können?*

Wir bitten Chandu, in der Lodge Bescheid zu geben und uns morgen in der Früh hier abzuholen.

Dass wir mit ihnen nicht in derselben Sprache sprechen können, ist uns klar - hier geht es nur darum zu vertrauen, sowohl ihnen als auch unseren beiden Begleitern, die uns wieder hier

abholen sollen.
So nehmen wir jeweils einen kleinen Rucksack mit und werden in ihre Mitte genommen. Für den Weg zu ihrem Stamm lassen sie uns auf zwei Kamelen reiten - einige nehmen die anderen Kamele, andere gehen zu Fuß. Es sind ungefähr 20 Frauen und Männer, die auch einige Kinder bei sich haben. So reite ich nach vielen Jahren - ich war 16 Jahre alt, als ich das erstmals erlebte - neben dir, inmitten des Stammes rituell gekleideter Massai, auf einem Kamel, um an einen unbekannten Platz geführt zu werden. An deiner Seite weiß ich mich sicher und aufgehoben - du bist der wahrhaft kraftvolle Mann, der mir immer das Gefühl, beschützt zu sein, vermittelt. Nach etwa eineinhalb Stunden erreichen wir eine Stelle, die eine Oase zu sein scheint. Dort werden wir vom Stammeshäuptling und dessen Familie mit strahlendem Lachen empfangen. Wir verneigen uns vor ihm und überreichen ihm eine Kette mit einem wunderschönen Anhänger, die du mir am Tag zuvor um den Hals gelegt hast. Es fühlt sich gut an, ihm diese zu übergeben - wir haben sonst kein Gastgeschenk.
Als es langsam dunkel wird versammeln wir uns alle um das Feuer, das unsere Gastgeber für uns entfachen. Nach einem gemeinsamen Essen, das für meine Geschmacksempfindung ein wenig eigenartig geschmeckt hat, weisen sie uns darauf hin, uns nahe an das Feuer zu legen. Allerdings sollten wir uns bis auf ein Tuch um

unsere Hüften vollkommen entkleiden. Ich habe das Gefühl, als würde ich immer mehr von dem, was sie uns sagen wollen verstehen. Dir ergeht es vermutlich ebenso. Es ist ein tiefes wortloses Verstehen des Wesentlichen. Wir legen uns hin und schließen - Hand in Hand nebeneinander liegend - unsere Augen, während sie zu trommeln und zu singen beginnen und unsere Körper umtanzen. Mit einem Mal schüttelt es meinen gesamten Körper und ich sehe mich mit dir - ebenso dunkelhäutig wie die Anwesenden - an einem ähnlichen Platz ein Ritual vollziehen - du bist der Häuptling, ich deine Frau, und plötzlich verstehe ich alles, was sie singen und sprechen. Sie vollziehen mit uns ein Vermählungsritual, weil es vermeintlich nur wenigen *Zwillingsseelen* gelingt einander wieder zu begegnen und sie nun die Aufgabe haben, uns unseren Auftrag für dieses Leben zu vermitteln. Ich habe keine Ahnung, wie lange ich mit dir auf diese Reise in eine andere Dimension getragen wurde. Nach unserer Rückkehr aus dieser tiefen Trance tanzen wir mit ihnen, als wäre es immer schon so gewesen und verbringen, von ihnen bewacht, am Feuer diese Nacht unter dem freien Himmel, auf dem der Vollmond strahlt. Sie ermutigen uns auch hier an diesem Platz einander zu lieben, ohne Scham und Hemmung - ihr Auftrag ist nur uns zu behüten und vor einem Angriff von Tieren zu schützen.

So erlebe ich eine weitere magische Nacht mit dir - wir lieben uns auf besondere und innige Weise - fast genieße ich es, zu wissen, dass sie uns sehen und hören können. Es ist, als würde mich dieser Liebesakt in der Gemeinschaft an etwas lang Vergangenes erinnern, an etwas zutiefst Vertrautes. Das erhöht noch meine Spannung und Lust, sodass ich mich vollkommen fallen lassen kann und ungehemmt mit dir Sex habe, als würden wir dieses besondere Ritual vollenden, das wir vor langen Zeiten miteinander begonnen haben. Ich fühle mich zwischen diesen naturverbundenen Menschen unendlich gelöst und zugleich sicher und geborgen. Unser Liebesakt scheint auch einige andere im Stamm zu inspirieren. Ich höre immer mehr ein Stöhnen und Lustschreie um uns. Es scheinen einige Paare hier zu sein, die unserem Beispiel folgen und es genießen. Wie wunderbar doch Freiheit ist - die Freiheit der Natur und jene einer natürlich lustvoll gelebten Sexualität.

Irgendwann schlafen wir eng aneinandergeschmiegt an diesem Feuer ein und erwachen durch einen Gesang, den sie für uns singen. Es ist noch dunkel - sie reichen uns ein Getränk, das wir trinken sollen und meinen, dass wir bald aufbrechen würden, damit wir rechtzeitig von unserem Guide abgeholt werden können. In der Morgendämmerung und in tiefem Frieden erleben wir diese Wanderung - diesmal gehen wir selbst zu Fuß. Es tut gut vollkommen verbunden mit der Erde unseren Tag zu beginnen. Plötzlich verharren unsere Begleiter in Stille - nicht weit von uns entfernt sehen wir ein Rudel von Leoparden, die unsere Witterung aufgenommen haben. Ein wenig beginnt mein Herz zu klopfen - schon drückst du beruhigend meine Hand, als wüsstest du, dass uns nichts passieren kann. „Verbinde dich mit ihnen“, sagst du besonnen und leise. Tatsächlich gelingt es mir, mich innerlich bewusst auf sie einzustellen. Sie blicken nochmals in unsere Richtung und setzen sich elegant, wie diese wunderschönen Wüstenkatzen sind, in Bewegung, um weiter zu ziehen. Noch einige andere Tiere begegnen uns in diesem Morgenerwachen und niemals mehr fühle ich mich bedroht - ich erlebe eine Verbindung in Einheit mit allem um mich.

Außerdem haben unsere Begleiter viel Erfahrung mit den Tieren hier in der Wildnis und eine wahrhaft tiefe Verbundenheit mit ihnen. An unserem Platz angekommen verneigen sich diese wunderbaren, strahlenden Menschen vor uns, so wie auch wir uns vor ihnen. Vom Häuptling und seiner Frau haben wir beide jeweils ein gesegnetes Schmuckstück als Geschenk mitbekommen. Dann ziehen sie sich zurück, nicht ohne in unserer Nähe zu warten, bis unser Jeep kommt. Wir nützen die Zeit, um uns einander gegenüber sitzend und unsere Hände haltend in eine tiefe Meditation sinken zu lassen.

Irgendwann hören wir das Geräusch eines Motors.
Wir werden aus einer anderen Welt wieder zurückgeholt.
Wenn nicht du alles genauso wie ich erlebt hättest, würde ich jetzt tatsächlich meinen, aus einem Traum erwacht zu sein. Es war wahrhaft ein wunderbar gelebter Traum, so wie alles mit dir, was ich erleben darf, von meiner Vision zur gelebten Realität geworden ist. Chandu ist noch immer verblüfft darüber, was uns gestern geschehen ist. Er meint, er sei froh, uns wieder unversehrt weiter begleiten zu können, da es sehr gefährlich wäre, die Nacht im Freien zu verbringen. Wir erzählen ihm nur soviel wie er erfahren darf, damit er beruhigt mit uns weiterreisen kann.
Wer kann schon all diese mystischen Erlebnisse, die wir immer wieder erleben, verstehen, wenn er nicht selbst in tiefer Verbundenheit mit dem Ganzen lebt.
*Es war für mich eine weitere unvergessliche Vollmondnacht mit dir, mein wunderbarer Mann und Geliebter - ich erlebe unendliche Dankbarkeit für all diese Wunder in meinem Leben.*
Wir werden von den beiden in unsere Lodge geführt, wo wir uns duschen können und ein herrliches Frühstück serviert bekommen. Schon am Morgen fällt hier unser Blick aus unserem Zelt auf die Weite der Natur - Tiere ziehen vorbei und es ist, als ob wir hier mit allen auf

einzigartige Weise eins wären, so nahe sind sie uns. Am meisten fasziniert mich ein wunderschönes Gepardenpaar, das sich hier an diesem Platz offenbar sicher und zu Hause fühlt. Wir genießen die Ruhe um uns und ruhen uns in unserem Zelt aus, bevor noch am selben Tag unsere Fahrt Richtung Ngorongoro Krater weiter geht, wo wir ebenfalls unbeschreibliche Begegnungen mit faszinierenden Tieren erleben. Wir treffen auf Nashörner, Geparden und andere Wildkatzen, jene Tiere, mit denen ich mich besonders verbunden fühle, sowie auf Flusspferde und eine mächtige Büffelherde.
*Es ist interessant, dass ich vom indischen Horoskop ein Wasserbüffel bin und vom chinesischen ein Tiger - mit den Büffeln ist mir eine Verbindung nicht so vertraut wie mit den Tigern. Eigentlich bin ich viel eher eine Einzelgängerin als ein Herdentier, zu dem der Wasserbüffel gehört.*
Eine weitere wunderbare Erfahrung machen wir in der Torangire, wo wir Elefanten ganz in unserer Nähe erleben und die mächtigen Baobab Bäume sehen können. Für mich ist es immer wieder von Neuem faszinierend, welche Wunder in unserer Natur erlebbar sind. Genau aus diesem Grund wünsche ich mir nichts mehr als naturverbunden mit dem Mann meines Herzens zu leben - am liebsten am Meer. Ich bin unbeschreiblich glücklich, diese einzigartige Erfahrung hier mit dir machen zu dürfen, die mir dieses Land - auf diesem für mich bisher

fremden Kontinent - mit all seiner Schönheit offenbart.
*‚Mögen wir doch bitte den Rest unseres Lebens miteinander verbringen dürfen. Ich bin bereit, mein Bestes zu geben, mich dem Sein mit dir vollkommen hinzugeben und jeden dafür Tag dankbar zu sein, dass uns das Schicksal zusammengeführt hat.‘*

Am Abend in unserer Lodge ziehst du plötzlich zwei Flugtickets aus deiner Tasche - sie sind für unseren morgigen Weiterflug auf die Gewürzinsel *Sansibar*, auf der wir unsere letzten Tage verbringen werden. Inzwischen habe ich mich mit der Kultur und den Menschen hier schon richtig vertraut gemacht - vermutlich haben mir dabei besonders dieses Ritual und meine Erinnerungen geholfen.
Ich falle dir vor Freude um den Hals, habe ich mir doch so sehr gewünscht am Meer zu sein, bevor ich in unsere ungemütliche Kälte zurückkehren muss. „Danke, du wundervoller Mann, du liest mir tatsächlich alle meine Wünsche von den Lippen ab - ich weiß nicht wie ich dir all diese wunderbaren Geschenke, die du mir bereitest, jemals zurückgeben kann.“ „Dein größtes Geschenk an mich, bist du, meine Geliebte. Ich bin unendlich dankbar, dass ich dich gefunden habe und du einfach so bist wie du bist. Jedes Geschenk von mir ist dir in Liebe und Wertschätzung gegeben … ich liebe dich, mein Engel.“

Ich weine und weine und weine, so sehr berührst du mich mit deinen Worten der Liebe - ich werde tatsächlich um meiner selbst willen geliebt und muss nichts dafür tun. Wie heilsam diese Worte von dir sind.
*‚Er liebt mich wirklich. Kann mich ein Mann tatsächlich so lieben?...‘*

Wir fliegen am nächsten Nachmittag vom Kilimanjaro Airport weiter auf die Insel.
Dort verbringen wir unglaublich geruhsame und lustvolle Tage und Nächte in der *Bahari View Lodge*. Ich genieße die Sonne, das Meer und unsere Zweisamkeit - einfach dich und unser Beisammensein - von Tag zu Tag, von Nacht zu Nacht - immer mehr.

Am letzten Abend spielt eine Band Live-Musik, nach der ich mich genüsslich und erotisch zu bewegen beginne - ich tanze für dich und sehe, wie mich viele um uns herum betrachten, während ich mit der Musik eins werde und mich ihrem Rhythmus hingebe. Ich liebe diesen Wechsel zwischen Langsamkeit und schnellen dynamischen Rhythmen und wünsche mir, wieder öfter Aufträge für Tanzauftritte zu bekommen. *Ich weiß, dass ich Menschen sehr stark über meinen Ausdruck berühren kann. Endlich möchte ich all das verwirklichen, das meinem Herzen vollkommen entspricht - Menschen auf vielerlei Weise auf ihrem Weg zu berühren und zu begleiten.*

Nach diesem wundervollen letzten gemeinsamen Abend hier auf dieser Insel verbringen wir nach einem Spaziergang am Strand, bei dem wir uns schon an einer abgelegenen Stelle intensiv und tief vereinigt haben, eine aufregende Nacht miteinander.

*‚Ob wir jemals genug voneinander bekommen können? Ich kann mir das einfach nicht vorstellen, wo es doch so viel Neues zu erforschen gibt. Es ist jedes Mal aufregend erregend, lustvoll, orgiastisch und einfach göttlich mit dir vereint zu sein …‘*, so in Gedanken versunken liege ich in deinen Armen. Ich genieße es, deinen Körper zu riechen, zu betrachten, zu spüren und von deinen Händen berührt zu werden - elektrisiert durch deine Fingerkuppen, die meinen Körper zu einer ganzheitlich erlebbaren erogenen Zone werden lassen.

Aus dieser letzten Nacht mit dir an diesem Platz erwache ich wieder einmal wie neugeboren - strahlend und erfüllt.

Wir genießen danach ein ausgiebiges Frühstück, tauchen einmal noch gemeinsam ins Meer und machen uns dann auf eine lange Heimreise, mit zwei Umstiegen - von Sansibar nach Kilimanjaro und weiter nach Doha, wohin du mich diesmal begleitest. Bin ich glücklich auf diesem Flughafen die meiste Zeit mit dir gemeinsam verbringen zu können, da du nur knapp 45 Minuten vor mir von dort weiterfliegst.

Unsere gemeinsamen Flüge sind unglaublich angenehm, voller Leichtigkeit, Spaß, tiefsinnigen Gesprächen und nicht ohne kleine, heimliche, lustvolle Spielereien im Flugzeug. Wir sind so ausgelassen, dass wir immer wieder freudestrahlend der vermeintlich wissend schmunzelnden Flugbegleiterin zulächeln können und ihr damit einen glücklich erfüllten Gesichtsausdruck zeigen, der auch sie in gewisser Weise zu berühren scheint. Meine Güte, wie sehr würde ich allen Menschen wünschen, so etwas erleben zu dürfen, was wir gerade beginnen miteinander zu teilen - *Einheit in Zweisamkeit und Liebe, erlebt in unbändiger Lust und Leidenschaft.*

Diesmal bin ich diejenige, die dich beim Gate verabschiedet - selbst hier verhalten wir uns ausgelassen wie zwei verspielte Kinder, sodass uns sogar manche dieser griesgrämigen Menschen um uns ein vages Lächeln schenken - und das in diesem Land der Restriktionen. Wir versprühen förmlich all unser gemeinsam erlebtes Glück. Kurz vor deinem Weggehen lege ich dir ein Armband aus Silber und geflochtenem Leder um dein Handgelenk. „Ich danke dir so sehr für jeden Moment, den ich mit dir erleben durfte - ich liebe dich aus tiefstem Herzen, Isaias.“ Du drückst mich inniglich und fest an dich und sagst nur: „Ich danke dir für dieses wunderschöne Geschenk. Du weißt, wer wir füreinander sind - ich liebe dich, meine

Göttin und Königin." Dann gehst du weiter und siehst noch einmal mit einem Blick zurück auf mich, der all deine Liebe zum Ausdruck bringt.

Auf dieser Weiterreise kann ich mich herrlich ausschlafen - es ist ein Nachtflug, bei dem ich relativ früh am Münchner Flughafen ankomme. Und wieder ist es meine Freundin, die auf mich wartet und mit der ich ein herrliches Frühstück in einem gut beheizten Kaffeehaus in unserer kalten Umgebung genieße. Danach fahren wir gemeinsam zurück nach Salzburg.
Laura hat unglaubliches Lampenfieber vor ihrer Heirat - fast Angst, die sie erfüllt und die ich ihr zu nehmen versuche. Ich weiß, dass es für sie eine unbeschreiblich schöne Zeit werden kann, wenn sie sich voll und ganz zu ihrem *Jawort* bekennt. Meine Güte, wie sehr ich ihr das wünsche. Wer weiß, vielleicht werden meine Freundinnen und ich doch alle im selben Jahr mit dem richtigen Mann verheiratet werden. Mit *meinem Mann* bin ich ohnedies schon seit Ewigkeiten verbunden.
*‚Ob es da noch eines äußeren Aktes bedarf? Eigentlich nicht wirklich und doch wünsche ich es mir von ganzem Herzen ...'*

Glücklich und noch tiefer erfüllt, als nach unseren letzten Begegnungen, komme ich zu Hause an und packe wieder einmal meinen Koffer aus, in dem wie jedes Mal ein Geschenk und ein kurzer Brief versteckt sind.

*Meine Göttin und Königin, Geliebte und Frau, Du bist alles für mich, wonach mein Herz sich seit Beginn meines Lebens gesehnt hat.*
*Ich habe Dich nun endlich gefunden und erkannt.*
*Ich habe keine Worte, die meine Liebe vollkommen zum Ausdruck bringen können.*
*Dennoch sage ich Dir, dass Du einfach das wunderbarste Wesen bist, das mir je begegnet ist und dass ich Dich aus tiefem Herzen liebe - für immer.*
*Dein Isaias*

Meine Güte, welch eine Kette hast du mir dazugelegt - ich gebe sie um meinen Hals und wieder kommen Bilder in mir hoch, die mich mit dir gemeinsam in andere Dimensionen und Zeiten tragen.
Plötzlich fällt mir noch eine weitere kleine Notiz in meine Hände:
*Übrigens - ich habe sie vom Massai- Häuptling für Dich bekommen - damit du niemals aufhörst Dich zu erinnern.*
*In ewiger Verbundenheit*
*Isaias*

Tatsächlich tauche ich in den nächsten Tagen noch tiefer in Erinnerungen ein, die uns beide betreffen. Es sind Erinnerungen, die mich in alle Facetten der Lust und gemeinsam erfahrener Liebesspiele mit dir bringen und in Dimensionen, wo wir schon vielen Menschen hier auf dieser Erde Wegbegleiter gewesen sind. Ich weiß, dass ich bald von dir hören werde und ich freue mich so sehr auf unsere Wiederbegegnung. Im Moment habe ich noch so vieles zu verarbeiten - unendlich viele Eindrücke, die all das Gemeinsame mit dir bei mir hinterlassen haben.

*‚Wo uns wohl das nächste Abenteuer hin bringen wird?'*
Ich bin erfüllt in meinem Alltag und zugleich in freudiger Erwartung auf mein neues Reiseziel - inzwischen vollkommen befreit von jeglicher Verlustangst oder dem Gefühl von Zweifeln. Das erlebe ich als wahre Freiheit - mich ungezwungen und frei meinen Dingen zuwenden zu können, ohne Eifersucht zu erleben oder ein Gefühl des Mangels zu haben. Ich bin tief gesättigt von unseren außergewöhnlich tiefen Liebeserfahrungen und Vereinigungen - du bist ein einzigartiger Mann für mich und so klar bei allem, was du tust und in deinem Leben angehst. Das macht mich selbst noch sicherer und klarer in meiner eigenen Ausrichtung.
Und ich habe endlich das tiefe Vertrauen, das ich mir schon allzu lange so sehr gewünscht habe zu spüren - in jeder Hinsicht meines Lebens, jenes Vertrauen, dass alles immer zum richtigen Zeitpunkt geschieht und ich damit auf meinem Weg sicher geführt bin.

Tatsächlich kommt schon sehr bald das nächste Ticket von dir.
Diesmal geht meine Reise nach Mexiko, zu den Wurzeln deiner Mutter und an jenen Platz, an dem ich vor nicht allzu langer Zeit viele wunderbare Monate des Wandels erlebt habe, auch wenn es mir leider nicht möglich war, Spanisch so gut zu lernen, wie ich mir vorgenommen hatte. Ich bin wirklich froh, dass du beinahe perfekt Deutsch sprechen kannst, doch ist mein Wunsch jetzt noch größer geworden, auch deine Muttersprache gut zu lernen.
Du willst die Weihnachtszeit mit mir auf der Isla Mujeres verbringen.
Wenigstens ist die gesamte Reisezeit diesmal nicht gar so lange wie bei den beiden letzten Malen und wir werden Weihnachten und Neujahr miteinander sein. Das macht mich unendlich glücklich - wieder ein Weihnachtsfest in der Ferne, noch dazu am selben Platz, an dem ich es letztes Jahr erleben durfte, doch diesmal nicht alleine. Ich vermute auch, dass das der Grund ist, warum du genau diese Insel für unsere gemeinsame Zeit ausgewählt hast. Schon einige Male habe ich dir von meinen langen und oftmals erdrückend einsamen Zeiten des Alleinseins erzählt, die ich, mit wenigen kurzen Unterbrechungen, bereits über 20 Jahre lang erleben musste. Am unerträglichsten schien mir die Einsamkeit an solchen Festtagen zu sein, die doch glückliche Familienfeste sein sollten. In

Mexiko durfte ich zu Beginn dieses Jahres aber auch erstmals tatsächlich ein tiefes umfassendes Gefühl des *All-eins-Seins* erleben, *alleine zu sein ohne mich einsam zu fühlen.* Und doch habe ich mich gerade an einem solchen Abend, wie zu Weihnachten, zutiefst nach einem Partner gesehnt. Nun darf sich mein Wunsch endlich erfüllen - ich werde diesen Abend gemeinsam mit meinem Geliebten auf der *Insel der Frauen* verbringen. Ich habe dir erzählt, wie sehr ich mir gewünscht hätte, dort leben zu können, auf dieser Insel, an einem schönen Platz am Meer, verbunden mit der Natur.
Wie sehr ich mich auf unsere gemeinsame Zeit freue. Zum Abschluss unserer Reise werden wir drei Tage eine kurze Rundfahrt am Festland von Yucatán machen.
Diesmal sind es sogar schon zwei Wochen, die wir miteinander sein werden - unsere Zeiten zwischen unseren Begegnungen werden immer kürzer.
Mein Abflug ist am nächsten Freitag, in genau einer Woche, um 6:10 Uhr morgens nach Frankfurt, von wo es weiter nach Cancun geht - dort werde ich um 15:15 Uhr ankommen. Das wird wieder einen Jetlag geben bei sieben Stunden Zeitverschiebung - aber irgendwie gewöhne ich mich immer mehr an die weiten Reisen und unterschiedlichen Zeitzonen.
Natürlich hast du mir auch ein paar Zeilen geschrieben:

*Geliebte,*
*ich kann es kaum erwarten Dich schon bald wieder in meine Arme zu schließen. Ich freue mich so sehr, dass Du offensichtlich immer ruhiger und gelassener in den Zeiten dazwischen bist.*
*Ich selbst kann es einfach nicht leugnen, dass ich Dich immer wieder sehr vermisse, Deinen wunderschönen Körper ganz nahe an meinem, Deine strahlenden Augen eines jungen Mädchens und Dein einzigartiges Lächeln ... und natürlich Deine so ungezügelte ekstatische Lust.*
*Ich küsse jeden Millimeter von Dir.*
*in tief verbundener Liebe*
*Isaias*

Deine Worte berühren mich jedes Mal von Neuem.
Ich bin unendlich glücklich und dankbar für alles - dein Sein, deine Worte, deine Liebe, deine Großzügigkeit.

Da nun schon das Weihnachtsfest unmittelbar bevorsteht, beschließe ich mit meinen beiden Kindern Philipp und Sophie ein wenig vorzufeiern - wir gestalten uns einen gemütlichen Abend, an dem ich für uns ein gutes Essen koche und wir viel Spaß und Leichtigkeit miteinander erleben. Es ist für mich *der schönste Weihnachtsabend*, den ich mit meinen Kindern erleben darf - nur wir drei.

Erstmals ist es mir möglich *Weihnachten* so zu feiern, wie ich es mir schon immer gewünscht habe - ohne familiäre Zwänge und Erwartungen erfüllen zu müssen. Welch ein Geschenk es für mich ist, Kinder zu haben, die ich so sehr liebe und doch vollkommen loslassen konnte, damit wir alle ein freies Leben genießen dürfen. Die beiden wissen immer, dass ich von jedem Land dieses Planeten unverzüglich zu ihnen komme, wenn sie mich brauchen - das gibt ihnen genug Sicherheit mir zuzugestehen, dass ich nun mein ganz eigenes Leben lebe, egal, an welchem Platz der Erde es noch sein darf.

Am Tag vor meinem Abflug verabschiede ich mich auch von meiner Mutter, mit der ich immer öfter schöne Stunden erleben kann.
Obwohl ich zu dieser fürchterlichen Uhrzeit um 5 Uhr früh am Flughafen sein muss, ist es wieder einmal Laura, die mich dorthin führt - sie ist ein wahrer Schatz.
Dankbar für ihre Freundschaft und voller Liebe verabschieden wir uns in der Dunkelheit und Kälte eines Wintermorgens und umarmen uns innig.
Wir werden uns im nächsten Jahr wiedersehen.

## *Isla Mujeres - Insel der Frauen*

Trotz meiner Müdigkeit wegen dieser fast schlaflosen, viel zu kurzen Nacht, erlebe ich mich richtig angenehm erholt und in unbeschreiblicher Vorfreude auf dich.
*‚Ob wir diesmal wieder etwas Neues bei unseren Vereinigungen erleben können?‘*
Ich kann es mir kaum vorstellen, nachdem ich schon beim letzten Mal und all die anderen Male davor eine unbeschreibliche Tiefe an neuen Empfindungen erfahren habe.
In Frankfurt habe ich Gott sei Dank nur knapp zwei Stunden Aufenthalt, bei dem ich für dich wieder einmal deinen Lieblingsduft besorge. Wenigstens habe ich ein kleines, wenn auch nicht sehr originelles Empfangsgeschenk. Für Weihnachten habe ich einen wunderschönen seidenen Morgenmantel in meinem Gepäck. Er ist eine Sonderanfertigung und ich wünsche mir sehr, dass er dir gefällt. Ich habe einen Stoff mit all jenen Farben ausgesucht, die eine Verbindung deiner und meiner Lieblingsfarben

beinhalten und in einem wunderschönen Design verwoben sind.
Die Weiterreise von Frankfurt nach Cancun verläuft im Vergleich zu meiner ersten Reise dorthin um so vieles angenehmer, da es schon einen großen Unterschied macht, ob ich in der Businessclass auch recht gemütlich schlafen kann oder in Economy kaum Platz für meine Beine finde.

Unendlich aufgeregt verlasse ich nach der Ankunft das Flugzeug, um nach dem Empfang meines Gepäcks in großer Eile ein wenig verwirrt um mich zu blicken, bevor ich den Ausgang finde. Plötzlich bleibe ich erstarrt stehen … dort stehst du schon und empfängst mich mit so viel Liebe und Innigkeit in deinem Blick, dass es mir unmöglich ist meine Freudentränen zu unterdrücken. In dem Moment, in dem sich unsere Körper berühren, habe ich wieder einmal das Gefühl mit dir in andere Ebenen zu entschwinden. Wir können uns kaum voneinander lösen - doch das Taxi wartet schon, um uns zum Hafen zu fahren. Im Auto sehen wir uns eine Zeit lang einfach nur sprachlos an, so berührt sind wir beide einander wiederzusehen. Dann lege ich meine Beine über dich und eng umschlungen küssen wir einander innig - unsere Energien durchströmen meinen gesamten Körper und lassen mich immer heftiger erbeben. Ich habe das Gefühl in die Weite zu explodieren. Wie sehr ich mir jetzt wünsche sofort tief mit dir vereinigt zu sein. Ich spüre, dass es dir genauso ergeht. Die Ankunft beim Hafen holt uns aus unseren Liebkosungen zurück - der Taxifahrer lächelt uns beim Abschied mit einem Augenzwinkern zu, weil wir uns vermutlich wieder einmal wie verliebte Teenager benommen haben.

Die Fähre kommt bereits zehn Minuten später und wir verbringen die kurze Überfahrt am Deck im Freien - wie herrlich es ist, die Meeresbrise einzuatmen und von strahlendem Sonnenschein empfangen zu werden. Ich spüre große Vorfreude in mir, dich mit Susan und Richard, die auf dieser Insel leben, bekannt zu machen. Lächelnd erinnere ich mich, dass ich mit den beiden vor knapp einem Jahr darüber gesprochen habe, wie ich mir mit meiner ‚zukünftigen Liebe‘ zu leben wünsche. Diese beiden Menschen waren schon immer ein Vorbild für mich. Nun werden sie jenen Mann kennenlernen, mit dem ich den Rest meines Lebens verbringen möchte.

Bei der Überfahrt erzählst du mir, dass zwischen Weihnachten und Neujahr deine Eltern und deine Schwester mit ihrem Mann und dem älteren Sohn für drei Tage und zwei Nächte zu uns auf Besuch kommen würden. *‚Du liebe Güte, du willst mich deiner Familie vorstellen. Ich verliere dann doch wieder Zeit mit dir - aber auf der anderen Seite zeigst du mir damit, dass du es anscheinend wahrhaft ernst mit uns meinst..‘* „Was heißt zu uns auf

Besuch? Bedeutet das, wir werden nicht im Hotel wohnen?" „Nein, mein Engel, wir werden privat wohnen - lass dich überraschen."
Du meinst, du hättest ein Haus gemietet, in dem genug Platz für Besuch sei. Sie würden nur zwei Nächte bleiben - ich solle mir keine Sorgen machen, zu lange mit deiner Familie sein zu müssen. Allerdings sei es dir sehr wichtig mich in diese zu integrieren. *‚Ja, du meinst es tatsächlich ernst, ich darf Teil deines Lebens sein...‘* Deine Mutter ist aus der Linie der Maya und in der Nähe von Mérida aufgewachsen - daher auch deine natürliche, relativ dunkle Hautfarbe. Sowohl deine Eltern leben seit ihrer Pension in Mexiko als auch deine Schwester mit ihrer Familie. Da ich beschlossen habe, mich mit dir auf alles einzulassen, werde ich auch diesem Ereignis gelassen entgegen sehen. Eigentlich freue ich mich sehr darauf, so schnell von dir in deine Familie aufgenommen zu werden.
Auf der Insel angekommen, wartet ein Fahrer, der uns ein Golfkart übergibt, mit dem wir gleich zum Haus weiterfahren können. Du fährst zielsicher Richtung *Punta Sur*, jenen Teil der Insel, auf dem ich zuvor auch gewohnt habe, noch dazu in genau dieselbe Gegend - und hältst vor einem großen Haus mit Strohdach. Fassungslos blicke ich dich an. Ich kann es nicht glauben - es ist jenes Haus, das ich bei meinem langen Aufenthalt jeden Tag beim Schwimmen aus dem Meer angesehen habe und

mir gewünscht hätte, dort zu leben. Nun hast du tatsächlich dieses Haus für unsere gemeinsame Zeit gemietet. Ich bin vor Freude wie erstarrt: „Wie konntest du wissen, dass genau dieses Haus mein Traumhaus war?“ Du antwortest nur beiläufig: „Du hast es mir bei deinen Erzählungen doch ziemlich genau beschrieben - und es ist hier das einzige Haus mit großem Strohdach und diesem Meeresgrundstück mit Badehaus, das direkt zum Wasser führt.“
Ich falle dir um den Hals - in Dankbarkeit und Erstaunen. Unglaublich, welche Details du allem Anschein nach bei all unseren Gesprächen wahrgenommen hast.
*Das nennt man Wunscherfüllung.*
Außerdem verbringen wir damit auch unsere Zeit ganz in der Nähe meiner liebsten Freunde von der Insel - Susan und Richard wohnen fünf Minuten entfernt, ebenso Daniel und William, der zur Zeit leider nicht auf der Insel ist, und Albaluz, deren Haus sich direkt um die Ecke befindet, ist uns am nächsten.

Du führst mich hinein - gemeinsam sehen wir uns das Haus an. Beim letzten Mal war es mir nur kurz möglich einen Blick hineinzuwerfen, als mich eine Gruppe von Amerikanern eingeladen hat, nachdem ich ihnen im Meer von meinem Wunschtraum erzählt hatte. Das Obergeschoss ist traumhaft schön - großzügig und hell, mit Blick auf das Meer, die Dachterrasse ist unbeschreiblich groß und

könnte ein fantastisches Ambiente für Gruppenarbeit und Yoga-Einheiten bieten, das Untergeschoss ist für mich jedoch erdrückend und dunkel. Ich finde es interessant, wie oft es manchmal besser erscheint, nicht hinter eine perfekte Fassade zu blicken. Unser persönlicher Lebensraum hier sieht wirklich wunderbar aus - allerdings müssen wir deiner Familie die Räume im unteren Geschoss anbieten. ‚*Wenn ich hier leben würde, müsste dieser Teil vollkommen umgebaut werden.*' Auch du als Architekt und Ästhet bist verwundert über diese beiden unterschiedlichen Bereiche. Nach unserer Besichtigung fragst du mich, was ich nun gerne tun möchte - in den Sonnenuntergang schwimmen oder im Haus bleiben. Ich entscheide mich fürs Meer - was könnte ich denn anderes wollen, als sofort in mein Lieblingselement einzutauchen. Gemeinsam schwimmen wir nackt im türkisblauen Wasser, genießen die Stille und unser Zusammensein, während die gesamte Umgebung langsam immer mehr in das wunderschöne Dämmerlicht getaucht wird.
Schon im Meer spüren wir unsere unendliche Lust aufeinander immer stärker werden. Nackt wie wir im Wasser sind, genießen wir es, miteinander durch das Wasser zu gleiten und beschließen, uns gegenseitig zu *floaten.* Du beginnst - ich überlasse meinen Körper vertrauensvoll deinen Händen, indem ich mich dir vollkommen übergebe und du mich achtsam

und hingebungsvoll durch das Wasser gleiten lässt. Ich genieße mit geschlossenen Augen und höre nur die Geräusche unter der Wasseroberfläche. Du achtest sehr darauf, dass ich nicht mit dem Gesicht untertauche. Es ist einfach herrlich sich so hingebungsvoll fallen lassen zu können. Es erscheint mir als würde ich durch den Ozean schweben - ganz sicher in deinen Armen. Als ich meine Augen öffne, sehe ich schon den Himmel in die einzigartigen Farben des Sonnenunterganges gehüllt, um dann dich durch das Wasser in seiner Schwerelosigkeit zu ziehen, zu drehen, in die unterschiedlichsten Positionen zu bewegen und dich letztendlich mit einem innigen Kuss zurückzuholen, bevor der Feuerball der Sonne ganz hinter Cancun verschwindet. Schon etwas unterkühlt, hüllen wir uns gegenseitig in unsere großen Badetücher und gehen nach oben. Es wird relativ schnell immer dunkler, obwohl es noch nicht einmal 18 Uhr ist.
Am Weg hinauf ist es uns unmöglich, an den Liegen im Badehaus vorbeizukommen, so unbeschreiblich stark ist inzwischen unser beider Begehren aufeinander. Schon auf den Stufen fängst du an mich zu berühren und mit mir zu spielen - meine nasse salzige Haut zu küssen und mich zu verwöhnen, meine Schenkel zu liebkosen, um mir sanft mit deiner Zunge über meine pochende Perle und die feuchten Lippen zu lecken. Ich kann nur mehr laut stöhnend und in unendlicher Lust auf dich

meinen heftigen Atem wahrnehmen. „Wie köstlich du schmeckst, eine wunderbare Mischung aus Amrita und Salz, meine geliebte Meerjungfrau, meine Göttin. Komm lass mich dich an Land vollendet lieben.“ Lächelnd richtest du dich wieder auf und ziehst mich das letzte Stück der Treppen mit dir hinauf. Oben angekommen hebst du mich auf eine breite gemütliche Liege und leckst das Salz von meinem Körper, der vor Lust zittert und dir nur mehr empfangsbereit die Hüften entgegen wölbt. Du nimmst die Einladung unverzüglich an und dringst langsam tief in mich ein, während du mir unverwandt in die Augen blickst. Schon bei deinem achtsamen Eindringen durchströmt mich mein erster sanfter Orgasmus, den ich mit lautem Stöhnen sich immer stärker aufbauend durch mich fließen spüre, bis ich mich mit einem intensiven Lustschrei auf deinem herrlich harten Jadestab ergieße. Diese erste Intensität bringt meine Lust erst so richtig in Wallungen. „Bitte nimm mich ganz hart und fest - ich will dich tief in mir spüren - bitte nimm mich endlich!“ „Dann reite mich doch du unbändiges Weib! Mein Schwanz gehört nur dir … er ist ganz für dich da.“

Schon ziehst du dich aus mir zurück, legst dich auf den Rücken und bist bereit für mich und meine wilde Lust - ich hocke mich über dich, während ich jetzt tief in deine Augen blicke und mich mit einem intensiven Stoß auf deinen herrlich erigierten Penis setze. Wild und hemmungslos reite ich mich so von einem zum nächsten Höhepunkt, immer in deine Augen blickend, die mich voller Lust ansehen und ermuntern, mir alles zu nehmen, wonach ich mich so sehr verzehrt habe … völlig ohne jede Rücksicht auf mögliche Nachbarschaft. Die Zeiten zwischen unseren Begegnungen steigern meine Lust manchmal schon ins Uferlose. Aber all das, was ich vorher noch nicht gekannt habe, ist endlich mit dir möglich … schon lange habe ich mich danach gesehnt - wild und hemmungslos zu vögeln und doch zugleich auch in tiefer Liebe vereint zu sein. Ich nehme mir alles und blicke immer wieder in deine weit geöffneten Augen, die mich mit tiefen Blicken großer Lust und unendlicher Bewunderung ansehen. Ich lasse mich vollkommen los und scheine mich in meiner ungezügelten Ekstase in der Unendlichkeit zu verströmen. Nachdem ich erschöpft und glücklich erfüllt auf deiner Brust zusammensacke, vermute ich, dass du mich nun von hinten nehmen möchtest, doch du meinst nur: „Leg dich bitte neben mich, meine Sex- und Liebesgöttin." Ich lege mich an deine Seite, ein Bein zwischen die deinen, das andere gespreizt, und spüre schon deinen harten Penis gegen meine Vulva stoßen. Unendlich langsam dringst du erneut in mich ein, während wir uns weiterhin innig in die Augen sehen und gemeinsam in eine unbeschreibliche Tiefe an Empfindungen eintauchen - es ist als ob wir wieder einmal auf eine Reise in unendliche

Dimensionen katapultiert werden und in absoluter Stille tiefe Ekstase erleben. Ich habe das Gefühl, mich vollkommen aufzulösen. Wir verharren beinahe in Bewegungslosigkeit, atmen im gemeinsamen Rhythmus und verschmelzen ineinander, bis ich wahrnehme, dass du dich heiß und tief in mir ergießt. Mein Herz scheint in diesem Moment überzuströmen, sodass ich heftig zu weinen beginne, während mich weitere Schauer in jedem Teil meines Körpers durchfluten. Es ist unbeschreiblich erregend, erfüllend und berührend zugleich, dich so nahe zu spüren und deinen wohlschmeckenden Saft ganz tief in mir aufzunehmen.

Inzwischen ist es um uns schon finster geworden, nur das Licht des Mondes und der Sterne beleuchtet unsere Gesichter. Innigst umarmt erwachen wir langsam aus dieser unendlichen Reise, die mich hier jegliches Zeit- oder Raumgefühl vergessen lässt.
Ich bin unendlich dankbar, dass ich mit dir Ekstase in so vielen Facetten erleben kann - und mich dabei auch in tiefer Liebe verbunden fühle - einfach göttlich.
Jetzt erst bemerke ich, dass unser Lust- und Liebesreise zwar eine unglaubliche Dimensionserfahrung war, inzwischen aber mein Körper von gar vielen Moskitos zerstochen wurde - offensichtlich lieben sie mein Blut besonders.

Welch ein aufregender - und jetzt leider auch schmerzhaft juckender - Beginn unserer gemeinsamen Zeit… *‚Ich hasse diese Biester - sie haben mich schon letztes so sehr Jahr gequält…‘*
Bisher habe ich sie in keiner Weise wahrgenommen - so sehr war ich von hier entschwunden - und spüre erst jetzt wie mein gesamter Körper immer mehr zu jucken beginnt. Aufgeregt springe ich auf, schlage wild um mich, kratze mich überall und beginne dann, erfüllt mit unendlicher Heiterkeit über diese groteske Situation, laut zu lachen. Welch ein Preis für unsere erste Liebesbegegnung hier auf dieser Insel… *‚Wie werde ich bloß morgen aussehen?‘*
Ausgelassen und gelöst laufen wir das letzte Stück zum Haus hinauf, um uns nach einer ausgiebigen Dusche fertig zu machen, die Bisse mit meiner Spezialcreme einzuschmieren, und auf ein kleines Abendessen in die *Casa de los Sueños* zu gehen. Wie schön es für mich ist, dort wieder einige bekannte Gesichter zu sehen. Zum Glück hat heute der junge Concierge, mit dem ich vor einem Jahr hier ein kurzes lustvolles Intermezzo gehabt habe, nicht Dienst. Erzählt habe ich dir von ihm - so kann es zu keiner unangenehmen, beklemmenden Wiederbegegnung kommen.
Das Essen mit Blick auf das Meer ist einfach genussvoll, auch wenn ich jetzt schon sehr müde bin. Ich freue mich auf unsere erste

gemeinsame Nacht auf dieser Insel, auf der ich sechs Monate alleine gewesen bin und mich hier nach nichts mehr gesehnt habe, als all die wunderbaren Sonnenauf- und -untergänge und schöne Liebesnächte mit einem geliebten Mann erleben zu dürfen. Heute ist es mir endlich möglich gewesen mit dir hier in unseren ersten gemeinsamen Sonnenuntergang zu schwimmen.

Zu Hause angekommen, gehen wir gleich schlafen. Ich genieße es so sehr, eng an dich geschmiegt einzuschlafen - es fühlt sich für mich geborgen und sicher an. Aus dem Grund, neben keinem Mann wirklich jemals gut geschlafen zu haben, behaupte ich schon seit Jahren, dass für mich in einer Beziehung nur getrennte Schlafzimmer in Frage kommen, wenn ich mit jemandem zusammen lebe. Jetzt, wo ich erkenne, wie gut ich neben dir schlafen kann, bin ich mir nicht mehr so sicher, ob ich diese Lösung tatsächlich noch als die einzig mögliche erlebe. *‚Aber warum sollte ich mir jetzt schon Gedanken darüber machen, was möglicherweise später sein wird.‘* Lieber verweile ich im Jetzt und genieße unsere Nähe, deine Körperwärme jede Nacht neben mir zu erleben, unser gemeinsames Erwachen am Morgen, unsere Zärtlichkeit und Wildheit, unsere unbeschreiblichen Vereinigungen…

Die vier Tage bis zum Weihnachtsabend verbringen wir fast ausschließlich in diesem

herrlichen Haus mit eigenem Zugang zum Meer. Ich besuche an einem Morgen die morgendliche Yoga-Stunde, die ganz in unserer Nähe stattfindet und freue mich viele alte Bekannte zu treffen. Immer wieder zieht es mich auch zur Skulptur der Göttin Ixchel, der Maya-Göttin, die hier auf dieser Insel am *Punta Sur* einen eigenen Tempel errichtet bekommen hat, von dem noch die Überreste am südlichsten Punkt der Insel zu sehen sind. Eigentlich sind die Ruinen selbst schon eine Rekonstruktion des ursprünglichen Tempels. Mir ist es besonders wichtig, ihr Blumen und Früchte zu bringen und mich bei ihr zu bedanken, da möglicherweise auch *sie* einen Beitrag dazu geleistet hat, dass ich mit dir zusammengeführt wurde. Sie ist unter anderem die *Göttin der Liebe,* zu der ich in meinem halben Jahr auf dieser Insel oft gebetet habe, endlich meinem Mann begegnen zu dürfen - und ich musste nach meiner Rückkehr tatsächlich nicht mehr lange warten.
Du bist sehr bald danach in meinem Leben aufgetaucht …

Einmal meditieren wir gemeinsam mit Richard und Susan, die dich sofort in ihre Herzen geschlossen haben, zur frühen Morgenstunde an diesem alten Maya-Tempel. Der Sonnenaufgang ist an diesem Morgen besonders schön, weil ausnahmsweise keine Wolken am Himmel sind. Um uns herrscht tiefer Frieden, der vom Klang der Wellen getragen ist. Die Energie der

Umgebung ist geprägt von der Kraft der Elemente, und ich genieße es aus ganzem Herzen jetzt mit dir und ihnen hier sein zu können. Meine *adoptierten Eltern*, wie ich sie letztes Jahr genannt habe, geben uns beiden in einem kurzen Ritual einen tiefen Segen für unseren gemeinsamen Weg.
Mein größter Traum hat sich tatsächlich endlich erfüllt. Wir schließen diese Meditation im Kreis sitzend ab und sehen einander jeweils lange in die Augen - ein tiefes Erkennen bei uns vieren wird hier erlebbar.
In diesem Moment bin ich mir absolut sicher, in Zukunft mit dir das zu leben, was diese beiden Menschen schon seit 17 Jahren miteinander erfahren dürfen - *unendliche, reine Liebe, gepaart mit erfüllender und ekstatischer Lust.*

Es ist eine unbeschreiblich schöne, ruhige und doch auch so lustvolle Zeit mit dir. Ich erzähle dir von meiner Passion, mehr zu schreiben und wieder zu tanzen, aber auch davon, dass ich unbedingt mit Frauen arbeiten will, um ihnen zu helfen, ihre Weiblichkeit, ihr gesamtes Frau-Sein, ihre Schönheit sowie Sinnlichkeit, und damit eine lustvoll erlebbare Sexualität zur Entfaltung zu bringen. Außerdem möchte ich sie dabei unterstützen von ihren alten Verletzungen frei zu werden. Wie viel glücklicher wären Menschen doch, wenn sie ihre Sexualität so richtig genießen könnten, noch mehr, wenn sie in wahrer Liebe erlebbar

ist, so wie sie bei uns immer intensiver zu einem unbeschreiblichen Akt tiefer Vereinigungen wird, der uns jedes Mal in andere und neue Dimensionen gemeinsamen Erlebens trägt. Noch weiß ich nicht konkret, wie ich das alles verwirklichen soll. Auch du möchtest deine Coaching-Arbeit noch mehr mit spirituellen Komponenten verbinden, um Menschen, die in der gehobenen Geschäftswelt tätig sind, in tiefere Bewusstheit zu begleiten.
Gar vieles haben wir uns zu erzählen - langweilig wird es uns nie. Wir lachen und weinen gemeinsam, wir necken uns und führen viele interessante Gespräche, und wir tauchen immer mehr auch in die Essenz unserer tiefen spirituellen Verbindung ein.
Dazwischen lieben wir uns wild und ungezügelt - erleben Ekstase und Lust in unendlicher Erfüllung, vereinigen uns in tiefer und sinnlicher Stille, erforschen unsere schönen Körper, geben uns gegenseitig herrliche Ölmassagen, verwöhnen uns mit zärtlichen Liebkosungen und genießen diese vollkommene Harmonie unserer weiblichen und männlichen Energie, die in jedem gemeinsamen Moment vollkommen eins werden kann.

In der Vollmondnacht gehen wir zum Tempel am *Punta Sur*, um ein Ritual zu machen, in dem wir unsere Visionen manifestieren und intensiv spüren, welch machtvolle Energie an diesem Platz ist. Ich habe die unbeschreibliche Kraft dieser Umgebung schon zu Beginn dieses Jahres gespürt und in einer besonderen Begegnung meine Zukunftsvision noch klarer erkennen dürfen.

*Es geschah bei einer Wiederbegegnung mit einem jungen Geliebten aus meiner Vergangenheit, mit dem ich fünf Tage hier an diesem Platz jene Zweisamkeit erleben durfte, die ich mir mit ‚meinem Mann' schon lange zu leben gewünscht hatte. Diese Begegnung gab mir damals die Möglichkeit in meiner Vision noch kraftvoller und sicherer zu werden, auch wenn Thomas nicht der Mann für mein Leben war und sein sollte. Er war jedoch der Auslöser für meine klare Ausrichtung darauf, was ich mir wirklich noch zu leben wünschte. Danach wich ich von dieser Klarheit nicht mehr ab. Offensichtlich bedurfte es dieser Gewissheit, die ich in der Zeit mit ihm noch sicherer erfahren hatte, um dir in weiterer Folge begegnen zu dürfen. Thomas wurde von mir hier an diesem Platz zum Reiki-Meister eingeweiht und wir erfuhren in unserer kurzen gemeinsamen Zeit eine unbeschreibliche spirituelle Tiefe, die uns vieles aufzeigen sollte. Ich begann hier endlich mehr und mehr in mein Vertrauen zu kommen.*

Dieses Mal jedoch erscheint mir die Urkraft des Platzes noch um vieles stärker zu sein - und ich fühle diesmal mit großer Sicherheit endlich angekommen zu sein - du bist der Mann für mein Leben.

Zum Abschluss unseres spirituellen Rituals

ziehen wir uns gegenseitig achtsam unsere Kleider aus und vereinigen uns, in vollkommener Stille und in einem tiefen Atemrhythmus, in dieser Höhle, die unmittelbar in die Weite des karibischen Ozeans übergeht, bis wir von unbeschreiblichen Wellen der Verzückung durchschauert werden. Mir scheint, als würde ich wieder einmal durch unterschiedliche und doch mit dir vertraute Welten getragen werden. Es ist ein unglaublich tiefgehendes Erlebnis, das mich in eine magische Erfahrung führt und mir ein Eintauchen in die Zeiten der alten Mayakultur, in denen wir offensichtlich einst gemeinsam gelebt und gewirkt haben, ermöglicht. Ich finde es immer wieder faszinierend, wie sehr ich in meiner lustvollen Ekstase zerfließe und manches Mal zugleich in unglaubliche Visionen einzutauchen scheine.
Schweigend und in tiefem Frieden verlassen wir nach unserem Liebesritual diesen besonderen Platz in der vom Vollmond hell erleuchteten Nacht.

Den 24. Dezember verbringe ich in tiefer Einkehr, um den wichtigen Wegbegleitern meines Lebens in meinem Herzen und auch vielen per Email meine Dankbarkeit für all die wunderbaren *Geschenke ihres Seins* auszudrücken.
Am Nachmittag sind wir bei Richard und Susan zu einem Vor-Weihnachtsfest eingeladen, zu

dem unter anderem auch Albaluz mit ihrer Mutter und Schwester, Daniel und noch einige andere wohlbekannte Gesichter erscheinen. Vor Glück strahlend stelle ich dich all meinen *Inselfreunden* vor. Irgendwann fällt mir auf, wie vertieft du in ein Gespräch mit Daniel bist - euch beide scheint das gemeinsame Interesse an schönen Häusern zu verbinden. Viele wunderbare Abende durfte ich bei herrlichen, von Daniel zubereiteten Mahlzeiten in seinem Traumhaus verbringen. Ich habe ihn kurz vor Weihnachten im letzten Jahr kennengelernt. Nun erlebe ich mich hier mit all diesen Menschen frei und ungezwungen und merke auch, wie sehr du sofort Zugang zu ihnen findest.

Den Weihnachtsabend selbst verbringen wir im Restaurant, mit dem für mich schönsten Ambiente - es heißt *Fenix* und befindet sich direkt am Meer. Ich bestelle dort ein köstliches Fischgericht mit Kokoscurry und einem Mousse au chocolat als Dessert, das wir gemeinsam in einem lustvollen, erotisch prickelnden Spielchen zu uns nehmen … irgendwann gleitet mein Fuß ganz langsam über deine Beine nach oben. Ich genieße es, schon am Weg zu deiner Mitte meine Zehen spielen zu lassen, bis sie deinen Schritt erreichen und … unendlich langsam über deine Ausbuchtung gleiten. Ich fühle ihn unter meiner Fußsohle pulsieren - deinen herrlich harten Penis - spiele mit meinen

Zehen auf ihm, gleite achtsam mit meinem Fuß darüber. Du blickst mich mit großen, lustvoll glänzenden Augen an … und wir versinken ineinander. Begleitet werden wir durch diesen schönen Abend von Paolos Gitarrenklängen, die mich schon im letzten Jahr immer wieder tief berührt haben. Die Musik, das sanfte Rauschen des Meeres, die Brise des Windes, die uns umspielt … welch eine Einstimmung für unsere Weihnachtsnacht …

Diese erlebe ich mit dir in einem Rausch von wilder und stiller Ekstase.

Endlich kann ich Weihnachten so erleben, wie ich es mir immer schon gewünscht habe - mit meinem geliebten Mann - friedvoll und lustvoll zugleich.

Am nächsten Morgen, an dem wir wieder einmal beide wie neugeboren erwachen, übergeben wir uns unsere Geschenke, unsere materiellen und, noch viel inniger und von tiefer Liebe geleitet, jene Geschenke, die uns gegenseitig so sehr nähren - wir erleben dieses *Fest der Liebe* in friedlicher Stille, die uns noch mehr unsere Herzen öffnen lässt. Wir vereinigen uns für Stunden in Bewegungslosigkeit - im reinen Sein im Moment und im gemeinsamen Atmen. Das, was ich hier mit dir erlebe, ist ein Gefühl, als würden alle meine Zellen nun endgültige, tiefe Heilung erfahren und ich danach immer wieder Erneuerung erleben.

Ich bin erfüllt mit unendlicher Dankbarkeit,

diese Liebe erleben zu dürfen.
Am 26. Dezember kommt deine Familie - ich bin davor schon ziemlich aufgeregt gewesen. '*Was erwartet mich bloß? Ich kann ja gar nicht so gut Spanisch sprechen, wie ich es mir gewünscht hätte - obwohl die oberflächlichen Gesprächsthemen eigentlich schon recht gut funktionieren. Na, es wird schon alles gut gehen. Ob sie mich akzeptieren werden?*' Wie immer erkennst du, was in meinem Inneren vorgeht und beruhigst mich liebevoll.
Wir holen sie von der Fähre ab und haben noch ein zweites Golfkart gemietet, mit dem die Familie deiner Schwester fahren kann.
Was ich erlebe, ist unglaublich. Diese Menschen behandeln mich so, als ob ich schon immer Teil dieser Familie gewesen wäre. Es ist ein für mich unbeschreiblich wohltuendes Gefühl in einer Familie so liebevoll und respektvoll aufgenommen zu werden. Wir verbringen beinahe die gesamte Zeit miteinander und ich habe irgendwie das Gefühl, als wären sie tatsächlich Gäste *in meinem Haus*, in dem ich mich selbst schon wie *zu Hause* fühle. Insgeheim schmiede ich bereits Pläne, was ich hier alles verändern würde - vor allem überall große Fenster einzubauen und das gesamte Haus und dessen Einrichtung heller und freundlicher zu gestalten. Ich bemerke mit Freude, wie viel leichter mir eine spanische Konversation jetzt schon gelingt - im Vergleich zum letzten Jahr hier auf der Insel.

Beinahe fühle ich beim Abschied von ihnen ein wenig Traurigkeit - so nahe sind sie mir in dieser kurzen Zeit geworden. Deine Mutter ist eine weise Frau, die ich sehr bewundere und dein Neffe erinnert mich in vielen Momenten an meinen eigenen Sohn, der schon in jungen Jahren so bewusst lebt, wie viele es ihr ganzes Leben nicht können. Dein Vater ist ein wahrer Gentleman, in dessen Gegenwart man sich als Frau zutiefst wertgeschätzt fühlt und mit deiner Schwester habe ich mich vom ersten Moment an ausgesprochen gut verstanden - wir hatten ein paar sehr interessante, typische Frauengespräche. Sie ist, wie ich, eine extrem lebendige und extrovertierte Frau. Wie sehr hätte ich mir eine solche Schwester gewünscht.
Wir bringen sie nach einem gemütlichen Mittagessen in einem der Fischlokale im Norden der Insel zur Fähre und freuen uns darauf, gleich wieder zu unserem stillen Platz zurückzukehren. Im lauten touristischen Norden kann ich die Atmosphäre manchmal kaum ertragen. Zu Hause angekommen, packen wir unsere Badesachen und legen uns im Badehaus nach einer ausgiebigen Runde, die wir im Meer geschwommen sind, auf die gemütliche breite Sonnenliege, um uns in eine herrliche freie Liebesvereinigung zu begeben, bei der ich mich wieder so ganz fallen lassen kann. Ich hätte in Anwesenheit deiner Eltern niemals gewagt laut zu stöhnen, geschweige denn vor Lust zu schreien - jetzt ist es mir endlich wieder

möglich, mich vollkommen ungehemmt gehen zu lassen und meine Orgasmen in wilder, unbändiger Lust zu genießen. Obwohl ich in letzter Zeit immer öfter wahrgenommen habe, dass ich unsere gemeinsame Ekstase auch in relativer Stille tief erfahren kann, liebe ich es schon sehr, mich einfach in jedem Moment so ausdrücken zu können, wie es meiner Leidenschaft gerecht wird. Meine ungezügelte Lust entspricht schon mehr meinem wilden katzenhaften Wesen, das in seiner energiegeladenen Lebendigkeit zum Ausdruck kommen möchte. Die Stille in der Ekstase erlebe ich daher eher immer wieder als bereichernde Ergänzung in meinen vulkanartig erlebbaren Ausbrüchen.

Die letzten drei Tage dieses Jahres verbringen wir in Ruhe und Zweisamkeit, die bloß durch eine Einladung zu einem exquisiten Dinner in Daniels Traumhaus, unterbrochen wird. Ich freue mich zu sehen, wie gut auch du dich mit ihm verstehst, und genieße, welch interessante Gespräche - manches Mal sogar auch in Spanisch - wir führen können.
Den Jahreswechsel verbringen wir noch auf dieser schönen Insel mit einem Ritual, in dem wir alles Vergangene den Elementen übergeben und alles Neue zu empfangen bereit sind. Ich bin schon verblüfft, wie sehr du bereit bist, diese für mich so wichtigen Rituale mit mir gemeinsam zu vollziehen.

Wie lange schon habe ich auf *dich* gewartet - *jetzt bin ich angekommen.* Nach einer unendlich erscheinenden Reise habe ich das tiefe, friedvolle Gefühl, in mir und bei dir *ZU HAUSE* zu sein. Es ist fantastisch hier mit dir, meinem Geliebten, an diesem Platz das Neue Jahr zu begrüßen. In dieser letzten Nacht des Jahres habe ich, wie bereits oftmals zuvor, das Gefühl, als wäre ich schon immer *eins* mit dir gewesen. „Isaias, ich danke dir so sehr, dass wir einander gefunden haben, meine Liebe, die ich für dich empfinde, kann ich unmöglich bloß in Worten ausdrücken." Tränen fließen meine Wangen hinunter und du nimmst mich schweigend und mit all deiner Liebe in die Arme, bis wir vollkommen ineinander versinken - mit unseren Körpern, unseren Herzen und unseren Seelen in die Einheit verschmelzen.

Der Abschied von dieser wunderbaren Insel fällt mir, wie schon beim letzten Mal, sehr schwer.
Doch soll unsere Reise nun zu anderen Plätzen weitergehen.
Richard und Susan überraschen uns bei der Fähre, um uns zu verabschieden und uns für unsere gemeinsame Zukunft ihre besten Wünsche mitzugeben.

Am Nachmittag dieses ersten Tages im Neuen Jahr begeben wir uns auf eine Rundreise in Yucatán - zuerst fahren wir zu den Maya-

Ruinen nach Tulum, etwa 130 km südlich von Cancun. Im Gegensatz zu allen anderen Maya-Fundstätten liegt Tulum direkt am Meer, ein einzigartiger Ort mit einem sehr schönen Badestrand in historischer Kulisse, an dem ich es mir natürlich nicht nehmen lasse, noch am Abend in meinem geliebten Meer schwimmen zu gehen, obwohl es bei unserer Ankunft schon finster ist. Wir verbringen die Nacht in einem kleinen netten Hotel und machen am nächsten Tag unsere Besichtigungsrunde - die bekanntesten Gebäude sind der *Tempel des herabsteigenden Gottes*, der *Tempel des Windes* und der *Freskentempel.* An einem stillen Ort versinken wir in eine tiefe gemeinsame Meditation und fühlen die Kraft dieses Platzes. Danach geht es weiter nach Tankah, eine Siedlung der Maya im tropischen Regenwald. Hier fahren wir mit einem Jeep durch die Natur, in der es neben verschiedenen Wegen durch den Dschungel auch ein Maya-Dorf mit einer Kirche gibt. Im Dschungel genießen wir die tiefe Ruhe, die uns unendlich still werden lässt und nur von den Geräuschen des Regenwaldes getragen ist. Mitten in dieser Stille erscheint vor uns aus dem Nichts ein Maya-Schamane, der uns schweigend an den Händen nimmt, unserer beider Hände ineinander legt und uns in seiner Sprache auffordert, uns auf den Boden zu setzen. Wir folgen seinen Anweisungen schweigend, da wir uns inzwischen an solch außergewöhnlichen Situationen schon beinahe gewöhnt haben.

Unverzüglich beginnt er ein typisches Ritual zu vollziehen, bei dem er singt, trommelt und uns mit anderen Instrumenten in eine tiefe Trance führt, in der ich plötzlich wieder einmal alles zu verstehen vermag, was er zu uns spricht. Ich merke wie unsere beiden Körper Hand in Hand gemeinsam nach hinten zu Boden sinken - so tief fallen wir in diese Trance. Als wir nach einiger Zeit daraus zurückkehren, verneigt er sich tief vor uns und verschwindet ebenso schnell wie er hier aufgetaucht ist. Auf meiner Brust liegt ein Band mit einem Anhänger, auf dem alte eingravierte Symbole zu sehen sind - ein ähnliches liegt auch auf deinem Brustkorb. Es ist unfassbar, welch magische Momente ich immer wieder mit dir erleben darf. Lächelnd blicken wir einander an und haben das Gefühl als wäre das soeben Erlebte vollkommen normal gewesen. Immer wieder haben wir beide im selben Moment das Empfinden hier schon gewesen zu sein, ein Gefühl, das uns auch am nächsten Tag bei unserer Weiterreise in die Unterwelt der Maya zu den Cenoten nicht verlässt. Hierbei handelt es sich um unterirdische Flussläufe in einem riesigen System aus miteinander verbundenen Höhlen, die wir durchschwimmen. Für die Maya waren diese Flussläufe Trinkwasserspeicher. Es ist ein außergewöhnliches Gefühl mich in dieser *Unterwelt* wiederzufinden - ein wenig unheimlich und doch unglaublich vertraut. Ich erlebe mich hier auf einer Zeitreise in längst

vergangene Welten und erfahre von dir, dass auch du es so erlebst.
Auf unserer Rückfahrt nach Cancun besuchen wir für einen letzten Ausflug ans Meer den *Playa del Carmen*, der mir viel zu laut und überlaufen ist. Dennoch bin ich froh noch ein letztes Mal in den Ozean eintauchen zu können am späteren Abend in der Dunkelheit, mit dir im Wasser des herrlich ruhigen Meeres eine wunderschöne Vereinigung zu erleben.
Das Sein mit dir wird immer mehr zu einer Reise in die Erinnerung an so viele gemeinsam erlebte *Vergangenheiten*, die mir alle wie ein gleichzeitiges Sein in verschiedenen Dimensionen erscheinen.

Unseren Rückflug hast du wieder so geplant, dass wir gemeinsam zurück nach Frankfurt fliegen und ich mit dir auf wunderbare Weise im Flugzeug noch zwölf Stunden gewinne, die wir so verbringen, als wäre jegliche Umgebung um uns nicht vorhanden. Wir reden, wir lachen miteinander, wir schlafen zwischendurch und wir genießen immer wieder unsere lustvollen Küsse und Berührungen. Die Zeit mit dir scheint wahrhaft zeitlos zu sein.
In Frankfurt erlebe ich den Abschied so, als wäre es keiner - ich weiß, dass du bis zu unserem nächsten Wiedersehen auf andere Weise bei mir verweilst und es vermutlich nicht allzu lange dauern wird, erneut gemeinsame Stunden verbringen zu können.

Selbst dieser unglaublich geschäftige Flughafen ist mir schon sehr vertraut geworden, gehen doch anscheinend beinahe alle meine Flüge über diesen Schnittpunkt.

Voller Freude und Leichtigkeit komme ich am späten Nachmittag zu Hause an, wo mich Laura auf ihre so liebenswerte Weise empfängt, dass ich mich nur freuen kann, auch für kurze Zeit wieder hier in Salzburg zu sein. Wir genießen bei einem gemütlichen Abendessen unser Beisammensein und haben uns unglaublich vieles zu erzählen. Ich spüre auch, wie sehr es ihr inzwischen immer häufiger möglich ist, mit ihrem zukünftigen Mann Harmonie zu erleben. Strahlend berichtet sie mir, dass auch der Sex mit ihm immer schöner und lustvoller wird.
Wie unbeschreiblich tief erfüllend doch die Lust erlebt in Liebe für alle Menschen sein kann.

Zu Hause finde ich ein weiteres Geschenk, für das du diesmal bloß der Überbringer sein solltest:

*Meine geliebte Göttin,*
*ich habe diesen Anhänger von dem Maya-Schamanen für Dich erhalten - er hat ihn mir während des Rituals mit folgenden Worten, die er in mein Ohr geflüstert hat, übergeben: „Übergib es ihr mit Deiner ewigen Liebe, sie wird damit noch mehr Heilung und Klarheit erfahren - sie wird erkennen, wer sie ist, war*

*und sein wird - für sich, und in immerwährender Verbundenheit mit dir."*
*Mehr kann ich diesen Worten im Moment gar nicht hinzufügen, Geliebte.*
*Ich danke Dir für das Geschenk, das DU in meinem Leben bist.*
*Niemals voneinander getrennt*
*Isaias*

Das Symbol dieses Anhängers scheint tatsächlich jene unserer beiden Anhänger in sich zu vereinen.
Ich komme damit in eine tiefe Stille und innere Ruhe, und fühle dabei, wie sich etwas in mir zu verändern scheint. Noch kann ich nicht benennen, was es ist. Immer tiefer erlebe ich auch meine Meditationen, etwas, was mir bisher nur schwer möglich war, und ich werde vor allem viel ruhiger und gelassener. All diese wunderbaren, rituellen und heilenden Geschenke und Symbole tiefer Erinnerungen helfen mir wahrlich sehr auf meinem Weg zu noch mehr Bewusstheit.

Schon wenige Tage später kommt mein nächstes Ticket und ich bin ziemlich verblüfft - der Abflug ist bereits in drei Tagen. ‚*Oh Gott, welch eine weite Reise.*' Sie wird sicher unglaublich lange dauern - führt sie mich doch nach Australien.
Diesmal sind es schon fast drei ganze Wochen, die wir gemeinsam verbringen werden, was

bedeutet, dass die Zeit dazwischen jedes Mal kürzer ist. Ich bin unglaublich aufgeregt aber auch ein wenig ängstlich, wie es mir bei einer so langen Reise ergehen wird.
Es ist, als wüsstest du bereits im Vorhinein, wie ich mich in jedem Moment fühle:

*Du wunderbare Frau,*
*ich kenne Deine Reiseängste und möchte sie Dir nun endgültig nehmen - wir werden die meiste Zeit auf dieser Reise gemeinsam verbringen und Du weißt doch, dass unsere gemeinsamen Stunden ‚Zeit' nie wirklich existieren lassen.*
*Ich werde Dich in London empfangen, mein Engel!*
*Ich liebe Dich so sehr, meine Königin*
*Isaias*

Es ist wahrhaft unglaublich, wie mich dieser Mann erfasst - nach so kurzer Zeit.
Mir fällt eine Last von meinen Schultern. Ich freue mich unendlich auf unsere Wiederbegegnung, die bereits in drei Tagen sein wird.

*‚Mein Geliebter, ich liebe dich so sehr und wünsche mir, in dieser Liebe für immer mit dir verbunden zu sein. Mögen wir in diesem Leben nie mehr auf getrennten Wegen gehen müssen.'*
Möglicherweise kannst du auch schon meine Gedanken aus der Ferne wahrnehmen…

## *Bei den Aborigines*

Laura setzt mich am Flughafen ab und versucht mich in meiner Aufregung zu beruhigen. Nicht nur, dass ich diese unendlich lange Reise vor mir habe - fast 40 Stunden - werde ich eine viel längere Zeit, und in dieser auch meinen 52. Geburtstag mit dir gemeinsam verbringen.
*‚Was wird mich denn dieses Mal mit diesem außergewöhnlichen Mann erwarten?'*

Kurz bevor ich durch die Sicherheitskontrolle gehen muss, steckt mir meine Freundin unerwartet ein kleines Geburtstagsgeschenk in meine Handtasche. Nichtsahnend gehe ich durch die Kontrolle - plötzlich werde ich aufgefordert meine Tasche zu entleeren. Verunsichert, doch mit dem Wissen, dass alles in Ordnung sein muss, stelle ich mich der Überprüfung. Ich werde höflich aber bestimmt ersucht, das wunderschön verpackte Geschenk von Laura zu öffnen. Schon beim Auspacken wird mir ein wenig heiß … *‚Was hat sie denn* *da bloß hineingegeben? Laura hat mir sogar schon einmal zu Weihnachten erotische Hanteln zum Trainieren geschenkt…‘* Unerwartet fallen zwei Teile aus dem Päckchen, wobei der eine summend zu vibrieren beginnt. Frech grinsend schaut mich der Kontrollor an - sie hat mir tatsächlich ein mit Swarovski-Kristallen besetztes Vibrations-Ei ‚eingelegt‘. Verlegen lächle ich ihn an und meine bloß: „Mein Geburtstagsgeschenk von meiner besten Freundin…“ Alle Umstehenden starren mich an, während ich versuche das Ding zum Stillstand zu bringen.

*Welch ein Beginn für meine Reise…*

Ziemlich erhitzt eile ich zum Gate und werde von so manchen Blicken getroffen.

Der Flug nach London Heathrow dauert nur knapp zwei Stunden, in denen ich mich mit ganz bewussten, langsamen Atemübungen versuche zu beruhigen. Tatsächlich wird mein Atem immer ruhiger und regelmäßiger, während mein Körper sich zu entspannen beginnt.

Dann lese ich - vom Schrecken erholt - Lauras Geburtstagsbillett:

*Meine liebste Freundin,*

*genieße Deinen langen Flug mit Isaias … damit es Euch nicht allzu langweilig wird, habe ich Dir ein schönes - natürlich desinfiziertes - Spielzeug beigelegt!*

*Die Fernbedienung musst Du im passenden*

*Moment ihm zustecken...*
*Viel Spaß*
*Deine Laura*
*PS. Die Gebrauchsanweisung ist beigelegt...*

Sie hat mir doch glatt einen kleinen ferngesteuerten Vibrator mitgegeben, den ich jetzt leider nochmals desinfizieren muss. Gott sei Dank habe ich dafür immer genügend Tücher bei mir.
Kurz nach meiner Ankunft am Londoner Flughafen werde ich aufgerufen - diesmal weiß ich warum. Zehn Minuten später liegen wir einander in den Armen. Ich spüre deine Kraft, deine Wärme, deine Liebe, und möchte mich nie mehr aus deiner Umarmung lösen. Es ist, als wären wir dazwischen gar nie getrennt gewesen - so innig und vertraut ist alles mit dir geworden. Zum Empfang legst du mir ein wunderschönes Seidencape um die Schultern. „Damit meine Königin im Flugzeug nicht so sehr unter der Klimaanlage leiden muss:“ Es ist unfassbar, was dir immer alles auffällt. Tatsächlich habe ich meist das Gefühl in der klimatisierten Luft krank zu werden, zumindest bekomme ich dadurch oftmals Nacken- und Kopfschmerzen. Die Freude über dieses wunderschöne Geschenk ist unendlich groß. Du bist einfach ein unbeschreiblich aufmerksamer Mann, ein Gentleman auf allen Ebenen.
In knapp zwei Stunden fliegen wir weiter nach Singapur, wo wir beinahe den ganzen Tag

Aufenthalt haben werden, bevor der Anschlussflug nach Sydney geht.
Schon am Flughafen genießen wir jeden Moment miteinander - wir erzählen uns, was wir in der kurzen Zeit dazwischen erlebt haben, genießen die knisternde Erotik zwischen uns, sehen uns mit tiefen und auch gleichzeitig erregend prickelnden Blicken an, lachen miteinander und hören in all dem aufregenden Sein plötzlich den Aufruf für unseren Flug.
Das Gate ist glücklicherweise nicht allzu weit entfernt.
Lachend und voller Leichtigkeit kommen wir ins Flugzeug, wo uns die Flugbegleiter mit einem höflichen Lächeln empfangen.
Bereits beim Flug können wir wieder einmal nicht voneinander lassen und bringen durch gegenseitige, ziemlich aufreizende und anregende Berührungen unser Blut in Wallung.
Ich habe das Gefühl zu verglühen, während du mir *auffällig-unauffällig* mit deiner Hand meinen Schenkel entlang nach oben gleitest und ganz sanft deine Finger in meine feuchte und pulsierende Muschi schiebst. Ich konzentriere mich bewusst auf meinen Atem, diesmal nicht, um mich zu beruhigen, sondern um nicht allzu laut zu werden und mich auf einen sanften und möglichst lautlosen Orgasmus zu konzentrieren. Verblüfft merke ich, wie gut es mir gelingt in ziemlicher Stille zu genießen. Nachdem ich diesen Genuss ausgekostet habe, ziehst du langsam deine Finger aus mir heraus und leckst

dir meinen Liebessaft von deiner Hand, um mich unverzüglich intensiv und lustvoll zu küssen. Bin ich froh, dass wir keine unmittelbaren Sitznachbarn haben. So gleite ich langsam nach unten, lege meinen Kopf in deinen Schoß und öffne deine Hose, um deinen erigierten Penis zwischen meine Lippen zu nehmen und, sanft doch intensiv zugleich, daran zu saugen. Schon kurz darauf spüre ich, wie deine Energie sich intensiviert und ein heftiges Pulsieren deinen Orgasmus ankündigt, während du mit einem intensiven Atemzug deine Spannung loslässt und dich in meinem Mund ergießt. Wie sehr ich es genieße, deinen Saft in mir aufzunehmen - er schmeckt einfach köstlich. Nach diesem kleinen lustvollen Spiel gelingt es uns beiden, einige Stunden gut zu schlafen.

In Singapur kommen wir daher recht erholt an.

Auf der Flughafentoilette mache ich mich frisch und lege mir das erneut desinfizierte *Ei* in mein, im Handgepäck mitgenommenes, frisches Höschen, das ich nun angezogen habe. Lächelnd komme ich zu dir zurück und stecke dir ganz beiläufig die Fernbedienung in die Tasche deines Sommersakkos. Du bemerkst es nicht.

Für diesen langen Aufenthalt hast du bereits organisiert, dass wir vom Flughafen für ein paar Stunden wegkommen, um somit die Zeit kurzweilig zu genießen, und einige Eindrücke aus der asiatischen Kultur, verbunden mit einem guten Mittagessen, auf unsere Weiterreise

mitnehmen können.
Im Taxi greifst du in deine Sakkotasche, um dein Geld zu suchen … in dem Moment beginnt es in meinem Höschen zu vibrieren, direkt auf meinem Kitzler. *‚Oh mein Gott, das fühlt sich herrlich an...‘* Auch du scheinst das Summen zu hören und gleichzeitig meinen schwereren Atem wahrzunehmen. Tatsächlich baut sich gerade ein Höhepunkt bei mir auf … du hast offensichtlich *Stufe fünf* erwischt - mit großen Augen starre ich dich an und atme heftig, bis ich tatsächlich mit einem unterdrückten Stöhnen und tiefen Blick in deine Augen meinen Orgasmus erlebe. „Dreh bitte ab… du hast die Fernbedienung in deiner Tasche“, sage ich seufzend. Jetzt erst verstehst du meine etwas unerwartete Erregung und lässt mich natürlich noch ein wenig zappeln … bloß stufenweise reduzierst du die Vibration, die immer wieder heiße Wellen in mir auslöst. „Oh la la, meine Süße, willst du dir so den Tag versüßen? Ich stehe gerne zu deinen Diensten…“ Lächelnd küsst du mich und lässt dir bis zu unserer Rückkehr zum Flughafen so einige überraschende, spielerische Momente nicht entgehen - im Restaurant, im Museum und dann nochmals mitten auf der *Anderson Bridge* … bis es mir reicht und ich das Spielzeug aus meinem inzwischen durchnässten Höschen nehme…

Kurz nach unserer Rückkehr zum Flughafen geht es schon weiter nach Sydney, wo du für

uns ein wunderschönes Hotel am Strand gebucht hast und mir damit gleich die Möglichkeit gibst noch am selben Tag im herrlichen Wasser des Pazifik zu schwimmen. Hier herrscht gerade Hochsommer und ich genieße es, in der Sonne und im Ozean sein zu können. Die Zeitverschiebung ist allerdings schon eine Herausforderung für mich - vor Kurzem erst war die Uhr in Hawaii einen ganzen Tag zurückzudrehen - diesmal einen gesamten Tag nach vorne.
Jetzt haben wir tatsächlich bereits die Spannbreite unseres Planeten bereist.
Bin ich froh, mich hier noch ein wenig erholen zu können, bevor wir deine Pläne, weiter nach *Ayers Rock* zu fliegen und mit den Aborigines zusammenzukommen, umsetzen. Ich bewundere dich, wie du all das in deine beruflichen Termine einbauen kannst und auch so wenig Probleme mit den Zeitverschiebungen zu haben scheinst. In London hast du mich nach einem beruflichen Vier-Tage-Training getroffen und warst dennoch vollkommen entspannt und gelöst, als wir uns begegnet sind. Ich bin da wesentlich weniger belastbar. Der Abflug zu dem berühmten *Uluru*, dem heiligen Berg der Aborigines, soll genau an meinem Geburtstag und zwei Tage vor dem Vollmond sein.

Im Moment fühle ich mich ein wenig überfordert …wie froh ich bin, jetzt hier an diesem herrlichen Sandstrand zu liegen und

nichts tun zu müssen. Ich träume gedankenverloren vor mich hin:
*‚Irgendwann werde ich mit dir hoffentlich nur mehr gemütlich in einem schönen Zuhause sitzen und die Ruhe und Gemeinsamkeit unseres Zusammenlebens genießen - wie sehr ich mir dieses ‚Nach Hause Kommen' trotz all dieser wunderbaren Reisen, die ich mit dir erleben darf, wünsche. Dann weiß ich zumindest in Zukunft bei jeder Reise, dass wir in unser gemeinsames Heim zurückkehren werden. Ich bin mir inzwischen in jeder Faser meines Seins sicher, mit dir leben zu wollen, obwohl ich dich erst so kurze Zeit kenne - mit jeder Begegnung wird es mir klarer. Bitte entscheide dich bald ...'* Mitten in meinen Gedankengängen drehst du dich zu mir, ziehst dich an mich und meinst: „Diese Liebe, die ich mit dir erlebe, ist wahrhaftig etwas außergewöhnlich Einmaliges, du göttliches Wesen." Dann küsst du mich mit deinen weichen Lippen, streichst mir zärtlich mit deinen Fingern durch mein Haar und über meine Wangen, bis mir wieder einmal vor unglaublicher Berührtheit die Tränen kommen und ich das Gefühl habe, als würde mein Herz übergehen vor Glück, all das mit dir erleben zu dürfen. „Ich danke dem Universum, dass ich dir endlich begegnen durfte, mein königlicher Geliebter. Ich habe gewusst, du würdest mich finden, wenn ich vollkommen für dich bereit wäre. Ich danke dir so sehr für all die Geschenke, die ich von dir und durch dich

erhalte:“ Nun fließt der Tränenstrom immer stärker und ich schmiege mich in unglaublicher Erleichterung, dir wieder so nahe sein zu können, an dich. Unvermittelt stehst du auf und ziehst mich hoch - gemeinsam laufen wir über den Sand ins Wasser, um in die Fluten einzutauchen und prustend und lachend wieder aufzutauchen. Wie verspielte Kinder genießen wir es, spielerisch untereinander und miteinander durch die Wellen zu tauchen. Plötzlich bemerke ich, dass ich jegliche Angst vor diesen, doch recht starken Wellen verloren habe - so sicher fühle ich mich mit dir und bei dir, weil ich weiß, dass mir neben dir nichts passieren kann. Ich habe mir diesen *„friedvollen Krieger“* so sehr gewünscht - nun ist er Teil meines Lebens geworden. Ich bewege mich sicher und voller Lebensfreude durch die Fluten und genieße die erfrischende Kühle des Wassers, das mir auch hilft meine Müdigkeit zu überwinden.

Die erste Nacht schläfst sogar du ein wenig unruhig und so nützen wir die Gelegenheit, uns zwischendurch immer wieder zu vereinen, um sogar in dieser wunderbaren Einheit zwei Mal gemeinsam einzuschlafen - du von hinten an mich geschmiegt, dein wundervoller Penis in mir.

Am nächsten Tag fühle ich mich immer noch benommen, von der unglaublichen Zeitverschiebung und unserer sehr intensiv erlebten ersten Nacht, hier in diesem weit von

der Heimat entfernten Land.
Gleichermaßen verbringen wir auch heute die Zeit in gemütlicher Harmonie, genießen die Wärme, das Meer und machen einen kurzen Ausflug in den Trubel des Stadtlebens. Schon am nächsten Tag soll die Reise weitergehen, also beschließen wir früh schlafen zu gehen, genießen den Austausch inniger Zärtlichkeit und schlafen spät in den Vormittag hinein.

Nach einem ausgiebigen Brunch brechen wir zum Flughafen auf, um nach *Ayers Rock* zu fliegen, ins Zentrum von Australien, einem Kraftplatz der Aborigines.
Es wird bei unserer Ankunft schon langsam dämmrig und wir beschließen nach einem gemütlichen Abendspaziergang in dieser außergewöhnlichen Gegend gemütlich essen zu gehen und uns auf die gemeinsame Zeit an diesem rituellen Platz vorzubereiten. Du erzählst mir, dass du letztes Jahr einen Australier kennengelernt hast, der einige Zeit bei einem Stamm der Aborigines verbracht hatte und von ihnen in ihre tiefen zeremoniellen Rituale eingeweiht worden war. Er hat für dich die Verbindung zum Stammältesten hergestellt, der uns morgen abholen wird, um uns die Möglichkeit zu geben einige Tage mit ihm und seinen Stammesmitgliedern zu verbringen. Sie leben dort zwar in einem Reservat, haben sich aber noch sehr ihre Traditionen erhalten und leben, so gut es ihnen möglich ist, ganz im

Einklang mit der Natur. Schon wieder werde ich ein neues Abenteuer mit meinem wunderbaren Geliebten und Seelengefährten erleben.
*'Was mich diesmal wieder erwartet - möglicherweise eine Menge neuer Erinnerungen an alte miteinander gelebte Zeiten?!'*

Tatsächlich holen uns schon kurz nach dem Frühstück in unserem Hotel zwei dunkelhäutige Männer in einem Jeep ab - der eine mit weißem langen Haar, und der um vieles jüngere mit schwarzen, halblangen Locken. Dieser ist der Urenkel, der seinen Urgroßvater zu unserem Empfang mitgebracht hat. Wir werden tatsächlich herzlich empfangen - der junge Mann spricht perfektes Englisch, während der Alte nur gebrochen diese Sprache beherrscht. Sein Urenkel meint, dass der Urgroßvater noch im ursprünglicheren Norden aufgewachsen sei und schon in jungen Jahren ein Verfechter der traditionellen Lebensweise war, und somit Vieles für sein Volk getan hat. Sie seien mit ihrer Familie erst vor knapp zehn Jahren hierhergekommen, um in dem schon mehr kolonialisierten Teil des Landes, wieder tiefere und stärkere Verbindungen zu Mutter Erde und den Wesen der Natur herzustellen. Er meint auch, dass sie aus einer Familie stammen, in der noch beinahe ausschließlich eigenes Blut fließe. Bloß eine seiner Ahninnen war durch eine Vergewaltigung von einem Weißen schwanger geworden, weshalb ein wenig weißes Blut dazugekommen war. Er selbst habe von seinen Vorfahren gelernt, die traditionelle Kultur aufrechtzuerhalten und sieht für sich nun den Auftrag darin, Aufklärungsarbeit in Schulen und Kindergärten zu machen und so den Weißen hier im Land seine Kultur nahe zu bringen. Er möchte vor allem den Kindern helfen, die Pforten zu ihrem inneren Wissen wieder zu öffnen. Ich bin fasziniert mit welcher Ruhe und Weisheit dieser knapp 25-Jährige spricht und welch eine kraftvolle Ausstrahlung er hat. Er wirkt wie ein sehr männlicher, doch weiser „friedvoller Krieger" - ein Botschafter seines Volkes. Schon in Anwesenheit dieser beiden Männer erfasst mich eine innere Stille und die Gewissheit nun bald durch ein weiteres Tor der Erkenntnis treten zu dürfen. Tief sinke ich in meine Gedankenwelt: *‚Welch tiefgehende Erlebnisse habe ich mit dir in dieser kurzen Zeit unseres Beisammenseins schon durchlebt?! Jedes einzelne hat mich ein Stück mehr zu der werden lassen, die ich mir schon so lange zu sein wünsche - einer immer bewussteren, weisen, und vor allem auch selbstbewussten Frau, die auf ihrem Weg viele Menschen auf besondere Weise berühren darf. Wie sehr habe ich mir schon wirklich lange gewünscht diesen Weg gemeinsam mit meinem Seelengefährten gehen zu dürfen. Jetzt scheint der Zeitpunkt tatsächlich gekommen zu sein. Vor knapp einem Jahr wurde mir von einer Maya-Schamanin in*

*Mexiko gesagt, dass ich jetzt noch genau ein Jahr der Vorbereitung auf mein Leben als Sabia (weise Frau) hätte. Genau morgen soll nun der Beginn in diese neue Lebensphase für mich sein - morgen werde ich mit den Elders der Aborigines meinen Geburtstag feiern und in der Nacht darauf eine weitere Vollmondnacht mit dir erleben...'*

Während unserer Fahrt spricht der alte Mann zu seinem Urenkel in der Sprache ihres Stammes und immer wieder habe ich in kurzen Momenten das Gefühl, als würde ich so Manches von dem Gesagten verstehen. *„Soll es mir tatsächlich auch hier wieder möglich werden in alte Erinnerungen einzutauchen?...'* Ich sehe dich an und erkenne an deinem tiefen Blick in meine Augen, dass in dir Ähnliches vorzugehen scheint. Unsere Blicke werden immer mehr durch unsere Augen in die Ferne geführt und plötzlich erleben wir im selben Moment dieselbe Erinnerung:

*Wir gehen durch die Wüste. Es sind viele andere unseres Stammes mit uns auf dieser langen Reise, wir befinden uns auf der Flucht vor den Weißen, die das Land erobert haben und nun glauben, uns alles nehmen zu müssen, um ihre Zivilisation zu etablieren. Wir sind auf einer Reise, die uns durch die Wüste führt, durch unwegsames Gebiet, und vorbei an vielen Felsen, in die wir, in der für alle aus unserem Volk verständlichen Sprache, Zeichen und*

*Botschaften ritzen. So bleiben wir in Verbindung und wissen, wo sich andere aufhalten, welche Gefahren drohen oder was es zu beachten gibt. Wir haben drei Kinder, die mit uns auf unserem Weg sind. Wir sind die Ahnen jener, die mit uns hier in diesem Jeep sitzen ...*

Wie verwirrend - wir sehen uns an, dann die beiden Männer. In diesem Moment dreht sich der Alte zu uns um und nickt nur wissend, während uns der Junge durch den Rückspiegel ein Lächeln schenkt. Das beginnt ja schon intensiv, bevor es eigentlich überhaupt begonnen hat. Ich lehne mich an dich, du nimmst mich liebevoll in deine Arme und wiegst mich zärtlich, um mich sanft und achtsam zu küssen.

Nach knapp zwei Stunden Fahrt durch ziemlich unwegsames Gebiet scheinen wir angekommen zu sein. Beim Aussteigen werden wir herzlich und freudvoll empfangen, so als ob sie schon lange auf unsere Ankunft gewartet hätten. Die Menschen hier - sowie alles um uns herum - erscheinen mir unglaublich vertraut zu sein. Ich erlebe wieder einmal ein Gefühl mich in einem Déjà-vu-Erlebnis zu befinden. Es sind unglaublich viele Menschen, die uns hier begrüßen, die Jungen in perfektem Englisch, während einige der Alten in ihrer Stammessprache zu uns sprechen. Ich verstehe sie auf meine Weise.

Nach unserem Empfang fühle ich mich etwas

erschlagen von all den Eindrücken und Erlebnissen, sodass ich das Gefühl habe mich zurückziehen zu müssen. Du bemerkst unmittelbar meine momentane Überforderung und bittest unseren jungen Begleiter uns zu zeigen, wo wir hier unsere Zeit verbringen können. Er führt uns in ein sehr aufwendig für uns gestaltetes Zelt, in dem ich mich unverzüglich hinlegen muss, und das für die nächsten Tage hier unser Heim sein soll.
Du setzt dich zu mir, legst deine Hand zart auf mein Gesicht und spürst, wie ich immer mehr hinweg gleite.

Irgendwann - ich habe keine Ahnung, wie viel Zeit inzwischen vergangen ist - wache ich aus einem unglaublich intensiven Traum auf und blicke etwas verwirrt um mich. Hier scheinen sich Traum und Wirklichkeit auf seltsame Weise zu vermischen. Als ob du mein Erwachen gespürt hättest, betrittst du unser Zelt und legst dich zu mir. Ich schmiege meinen Körper innig an den deinen und spreche zu dir mit einer Stimme, die mir selbst gar fremd erscheint: „Du bist der Meister dieser Welten, ihrer Elemente und der, der unserem Volk den Frieden bringen kann.“ Mit einem Lächeln auf deinen Lippen siehst du mich an und meinst nur: „Wir werden gemeinsam noch Vieles dazu beitragen, diese Erde zu einem friedvolleren Platz werden zu lassen.“
Eng aneinandergeschmiegt und tief in unserem

Atem verbunden, entsteht zwischen uns ein Feld, das unglaublich kraftvoll mit Lust und Sehnsucht erfüllt zu sein scheint. Ich möchte dich überall berühren und auch du lässt deine Hände über meinen Körper streichen. Schon die bloßen Berührungen und unsere Zärtlichkeit lösen eine unbeschreibliche Hitze der Erotik aus und ermöglichen uns einander innig berührend und miteinander atmend in sanfte Wellen wunderbarer sich weit ausdehnender Höhepunkte tragen zu lassen. Ich habe im Moment irgendwie das Empfinden, mich noch immer in meiner Traumwelt zu befinden. Magisch gleiten unsere Körper ineinander, verschmelzen in einer unbeschreiblichen Ekstase und …

Irgendwann habe ich tatsächlich das Gefühl zu erwachen - zurückgekehrt von einer weiten Reise. Leise meinst du mit einem Blick voll inniger Liebe, es wäre an der Zeit uns mit den anderen wieder zu treffen, um mit ihnen gemeinsam ein für uns vorbereitetes Mahl einzunehmen. Ich fühle mich jetzt auch wieder frisch und ausgeruht und freue mich darauf, diese Menschen nun besser kennenzulernen - wir werden doch einige Zeit in dieser Gemeinschaft verbringen. Alles hier erscheint so einfach und doch so unglaublich wertvoll zu sein. Ich genieße das Essen mit diesen augenscheinlich friedvollen und in sich ruhenden Ureinwohnern, die eine Atmosphäre verbreiten, in der ich mich getragen und

zugehörig fühle. Sie meinen, dass sie für meinen morgigen Geburtstag ein eigenes Ritual für mich vorbereitet hätten und sich darauf freuen mir dieses als Geschenk zu Ehren meines Tages machen zu dürfen. Ich bin zutiefst berührt. Am heutigen Tag werden sie uns ein wenig mit der Umgebung vertraut machen, da wir in den nächsten Tagen - jeweils vom Zentrum dieses Berges hier ausgehend - an jedem Tag in eine andere Himmelsrichtung wandern würden, um mit der Kraft jeder Richtung und den Elementen vertraut zu werden.
Am letzten Tag - nach all diesen Vorbereitungen - würden wir am *Uluru* selbst eine Einweihung erhalten, die uns wieder mit dem uralten Wissen, das wir einst ihnen übergeben hätten, zu verbinden.
*‚Ob ich mich hier wirklich in der Realität befinde?‘* Manches Mal erscheinen mir tatsächlich Realität, Traum, Fantasie und Vision zu verschwimmen…

Wir ziehen uns nach diesem Tag mit außergewöhnlichen und besonderen Menschen früh in unser Zelt zurück, um uns gegenseitig in einer vorbereiteten Wanne unsere Körper einzuseifen und abzuwaschen und uns danach genüsslich mit einem herrlich duftenden Öl, das hier für uns bereitet ist, gegenseitig einzuölen, bevor wir uns so ganz unserer Lust hingeben. Wir genießen es uns immer und immer wieder zu vereinen, uns in die höchsten Sphären tragen

zu lassen und irgendwann gemeinsam einzuschlafen, nachdem wir beide satt und erfüllt einander in den Armen halten.
Am nächsten Morgen weckst du mich mit zarten Küssen, die du über meinen gesamten Körper verteilst, und meinst liebevoll: „Es ist nun der erste, von hoffentlich noch vielen Geburtstagen, den ich mit dir gemeinsam verbringen darf und zu dem ich dir all das wünsche, was dein Herz erfüllen möge, meine wunderbare Göttin, Liebe meines Lebens."
An diesem Tag wird mir zu Ehren ein wunderbares Festritual vollbracht, bei dem ich im Kreise all dieser Menschen sitze, die ich nicht kenne und die mir doch so sehr vertraut zu sein scheinen. Jeder von ihnen teilt mir auf seine Weise das mit, was er mir auf meine weitere Lebensreise mitgeben möchte. Das Zeremoniell findet an einem besonderen Platz dieses *Heiligen Berges* statt. An dessen Ende kommt eine uralte Frau zu mir, um mir eine Kette um den Hals zu hängen und mir einen Namen zu geben, der von nun an meine Kraft für meinen weiteren Weg besonders unterstützen soll - *Alkina.* Die Bedeutung dieses Namens ist *Mond,* der ja bloß in unserer Sprache männlich ist … Schon lange fühle ich mich der *Mondin,* die auch die weibliche Energie verkörpert, sehr verbunden und habe sogar vor vielen Jahren eine Tanzperformance gegeben, bei der ich die *Mondgöttin* verkörpert habe.

Ich bin nach all dem hier Erlebten unbeschreiblich erfüllt und dankbar für die außergewöhnlich wertvollen Geschenke, die ich an diesem Tag erhalten habe, vor allem all die wertvollen Wünsche dieser Menschen.

Am Abend finde ich auf unserer Liegestatt ein Paket vor, in dem sich ein Kleid aus hauchdünner Seide und in einer faszinierenden Farbkombination befindet und eine Bauchkette mit einer Auswahl unglaublich schöner Edelsteine. Ich streife mir dieses Kleid über und habe das Gefühl als würde es meinen Körper bloß mit einem Hauch berühren. Du siehst mich bewundernd an und bittest mich, genau so, wie ich jetzt bin, mit dir hinauszugehen. Erst als ich an mir hinunterblicke, fällt mir auf, dass es genau dieselben Farben beinhaltet, wie der Seiden-Morgenmantel, den du von mir zu Weihnachten bekommen hast … es ist atemberaubend schön - leicht, transparent, fließend, erotisch und anschmiegsam.
Nicht allzu weit von unserem Platz, aber doch weit genug, um für uns alleine zu sein, hast du ein Feuer vorbereitet, eine wunderschöne rubinrote Decke gerichtet und auf einem Tablett eine Vielfalt an kleinen Köstlichkeiten bereitgestellt.
Wie dir all das möglich war, ist mir ein Rätsel.
*‚Warst du nicht die ganze Zeit mit mir beisammen?'*
Bei dir ist mir allerdings schon klar geworden,

dass ich nicht alles hinterfragen muss und möchte - manchmal scheinst du einfach zu zaubern. Du legst mich sanft auf diesen Platz neben dem Feuer und beginnst mich unter dem strahlend hellen Vollmond zu küssen, mit deinem Mund immer weiter nach unten zu gleiten, mich überall auf meinem Körper zu liebkosen, während du mir meinen Hauch von Kleid vom Körper streifst und dieser schon mehr und mehr zu beben beginnt. Ich genieße jeden Kuss auf meinem Leib von dir, bis du mich innig und lustvoll zwischen meinen Schenkeln weiter küsst, meine Perle umspielst und deine sanfte Zunge zu meinen Schamlippen tanzen lässt, wo sich meine Knospe weitet und verlangend nach dir öffnet, in Erwartung von deinem herrlichen Jadestab tief und lange durchdrungen zu werden. Nachdem du mich mit deiner Zunge schon in höchste Sphären aufsteigen ließest, dringst du unendlich langsam in mein Innerstes, sodass ich in dem Moment, in dem du mich vollkommen und ganz ausfüllst, mit einem heftigen und lauten Lustschrei zu einem mich intensiv durchströmenden, unbeschreiblichen Höhepunkt komme, der sich in Wellen immer und immer wieder aufbaut und alleine durch deine Ströme, die du durch deinen Lingam in mein Inneres fließen lässt, unzählige Male entlädt. Unser Liebesspiel scheint ewig zu dauern. Zum Abschluss genießen wir all die vorbereiteten Köstlichkeiten, um dann im Glanz des Mondes zu unserem Zelt zurückzukehren

und erfüllt einzuschlafen.
Welch ein unbeschreiblich schöner Geburtstag das doch war - einer, der mir einen umfassend neuen Lebensabschnitt zu bringen scheint.

Bereits am nächsten Tag beginnt eine Reise in die unbeschreiblichen Reiche unserer Seele mit all den Erfahrungen, die wir hier jeweils für uns selbst als auch für unser gemeinsames Sein, machen dürfen. Wir sind jeden Tag in einer anderen Himmelsrichtung unterwegs, begleitet von den tief mit der Natur verbundenen Aborigines, den *Elders*, aber auch den weisen Jungen, die uns vollkommen und ganz mit der Kraft der Natur verbinden und uns eine neue Dimension unseres Daseins aufzeigen. Das wirkt sich jeden Tag noch stärker in unseren Gefühlen füreinander aber auch in unseren Emotionen aus. Bei mir fließen viele Tränen und doch habe ich das Gefühl, dass all das zu einer ganzheitlich tiefen Heilung in mir selbst beiträgt.

Wir lieben uns in jeder Nacht, nachdem wir den ganzen Tag in der Hitze und der Weite dieser Natur zu Fuß unterwegs waren - erschöpft von dem Erlebten aber umso mehr aufgeladen mit dem, was wir erfahren durften. Unser Liebessspiel ist jede Nacht im Wandel - wir erleben heiße, vulkanartige Explosionen in der Kraft wild bebender Lust, tauchen ein in die Wellen faszinierender emotionaler gemeinsamer

Ergüsse, erleben das Gefühl miteinander durch den Äther zu fliegen oder spüren einfach die Kraft und ineinanderfließende Form unserer sich in jeglicher Position vereinender Körper.
Dabei tauche ich mit dir in den Nächten bei jeder Vereinigung in neue Dimensionen der Lust und Liebe ein.
An den Tagen erlebe ich eine immer weitere Ausdehnung meines Bewusstseins.
Es ist so, dass ich Zeiten und Räume nicht mehr einordnen kann, und mich nur mehr immer tiefer dem hingebe, was ich jeden Moment erlebe - ich scheine mich tatsächlich in der *Traumzeit* zu befinden.
Am Ende dieser tagelangen Reise erhältst auch du deinen Namen - *Mandu.*
*Soll es nun tatsächlich so sein, dass wir über unsere Namen die Vereinigung von Mond und Sonne erleben - ich als die weibliche Kraft der Mondin, du als die feurige männliche Kraft der Sonne?*
Dieser Bedeutung entsprechen nämlich unsere neu erhaltenen Namen.

Wir bleiben noch eine Woche länger im Outback und erleben eine immer tiefere Verbindung mit allem in der Natur, unserer „australischen Familie“ und miteinander.
Unser Abschied ist, als würden wir, von seit Ewigkeiten zu uns gehörenden Menschen, gehen - sie sind und waren unsere tief Vertrauten.

Nach diesen außergewöhnlichen Erfahrungen ist die Rückkehr nach Sidney fast schmerzhaft für mich. Schon bei unserem ersten Spaziergang in dieser belebten Stadt begegnen wir fast magisch einem Fremden, der uns in sein Haus beim *Royal National Park* einlädt, der nur knapp 30 Kilometer von der Stadt entfernt liegt. Wir verabreden uns für den nächsten Tag, um mit ihm gemeinsam dorthin zu fahren.
Am Abend tauchen wir nach einem erholsamen Nachmittag am Ozean noch in eine ganz andere Welt ein. Du hast Karten für *La Boheme* bestellt gehabt, die wir uns in dem als Weltkulturerbe ausgezeichneten Opernhaus von Sydney ansehen. Welch ein Kontrast zu unseren anderen Erlebnissen und doch auch beeindruckend. Wie viele Möglichkeiten dieses Leben auf unserem Planeten doch beinhaltet. Hier sind wir vollkommen eingetaucht in einer Welt der scheinbar reichen Menschen, der Materie, der Kunst und Kultur, der Pracht und Schönheit äußerer Werte, und dennoch ist sie ebenso ein Teil unseres Seins auf diesem Planeten. Auch ich habe einen offensichtlich wahrhaft wohlhabenden Mann an meiner Seite und doch ist ihm auch die Einfachheit zu leben möglich.
So sehr wir diesen Kulturabend wirklich genießen konnten, sind wir froh, am nächsten Tag dem Trubel des Stadtlebens wieder zu entkommen.
Ken, jener Mann, dem wir am Tag zuvor begegnet sind, führt uns in ein Haus, das

inmitten einer wunderschönen Landschaft errichtet ist und freut sich, uns auch als Gäste für die nächsten Tage aufzunehmen. Wir haben uns auf Anhieb gut verstanden ... er selbst scheint eher ein Eremitendasein zu leben und sich nun an unserer Gesellschaft für wenige Tage zu erfreuen. Daher beschließen wir für den Abend wieder in unser Hotel zurückzukehren und am nächsten Tag auszuchecken, um die restliche Zeit in Kens Haus zu verbringen.
Mit einer Vielfalt an Lebensmitteln und einem Gastgeschenk kehren wir am nächsten Vormittag zurück zu ihm und in die Natur und verbringen die wenigen Tage, die wir noch haben, in dieser friedvollen Umgebung mit Sandsteinhügeln, Eukalyptuswäldern, Stränden und Wasserfällen sowie einer Vielfalt der Pflanzenwelt.

Wir lieben uns täglich an den schönsten Plätzen hier in der Natur in einer Intensität, die ich bis Kurzem bloß erahnen konnte und dennoch immer wünschte, sie erfahren zu dürfen - nun weiß ich tatsächlich, was es bedeutet mit einem Gegenüber im menschlichen Körper schon wahrhaft eins zu sein.
Ken ist ein zurückhaltender Gastgeber, mit dem wir unsere Abende bei schönen und interessanten Gesprächen verbringen - tagsüber scheint er eher zurückgezogen sein zu wollen.
Am Tag unseres Abflugs führt er uns tatsächlich auch noch zum Flughafen, um uns von dort zu

verabschieden. Das Leben bereitet uns wahrhaft viele Wunder - vor allem Begegnungen mit wunderbaren Menschen.
Gemeinsam fliegen wir zurück - diesmal von Sidney nach Dubai, wo du wieder für drei Tage ein großes Firmenseminar und Coachings halten wirst.
Auf unserem Flug ist es uns möglich alle unsere Erlebnisse zu reflektieren und immer mehr zu erfassen, wie sehr wir in diesem Leben all das anscheinend schon in allen Zeiten uns Verbindende hier erneut miteinander vertiefen können.

In Dubai verabschieden wir uns knapp drei Stunden nach unserer Ankunft innig und in tiefer Liebe, die wir füreinander spüren.
Du meinst, dass wir nun ein wenig mehr Zeit für unser Alleinsein haben werden und ich keineswegs fürchten müsse, von dir nicht bald wieder zu erfahren, wo wir unsere nächste gemeinsame Zeit verbringen werden - sie wird etwas kürzer sein als die hier miteinander erlebte, dafür auch weniger anstrengend.
*‚Also weißt du schon, wo du mir nächstes Mal begegnen möchtest - nun gut, ich lasse mich, in großer Vorfreude darauf, überraschen, ohne neugierig nachzufragen.'*
Dann fliege ich alleine weiter und verschlafe die Stunden in meinem gemütlichen Liegesitz tief und fest - in meinen Träumen scheint meine Reise im Outback weitergegangen zu sein.

Ziemlich gut erholt komme ich in der Heimat an - Laura empfängt mich ein weiteres Mal strahlend, wie immer in der letzten Zeit - wir gehen gemeinsam Mittagessen und erzählen uns all das in der Zwischenzeit Erlebte. Für meine Peinlichkeit beim Abflug schwöre ich dieser verrückten Frau schmunzelnd irgendwann *Rache* zu üben….

Zu Hause packe ich wieder einmal ein mitgegebenes Geschenk aus, in dem sich eine eingerollte, uralte Zeichnung eines alten *Aborigines-Paares* befindet, das umgeben ist von einer Vielzahl seiner Nachkommen.

*Geliebte Magdalena, Alkina und*
*alle mir Vertrauten Deines Wesens,*
*Orad, unser Ältester im Stamm, hat mir dieses Bild gegeben und gemeint, das seien einst wir gewesen.*
*Nun ist es in Deinen Händen - spüre, fühle, sei mit der Erinnerung, im Wissen darum, dass doch alles immer im Jetzt ist.*
*Bald werden wir uns wieder vereinen in einem Ritual, das uns noch tiefer in das ‚Eine Sein‘ eintauchen lässt.*
*Ich habe Dich immerdar geliebt und es wird niemals anders sein, meine wunderschöne Frau.*

*Für alle Ewigkeiten verbunden*
*Isaias, Mandu und*
*all die anderen Dir Vertrauten*

Noch tiefer erweitert sich mein Bewusstsein - meine Erinnerungen tauchen in lang vergangene Welten ein und ich bin in vollkommener Ruhe und im tiefen Vertrauen.
In diesem Vertrauen verlängere ich auch meine Auszeit um ein weiteres halbes Jahr - bin ich dankbar, einen wirklich unbeschreiblich verständnisvollen Arbeitgeber zu haben. Noch ist es mir möglich mein Leben von meinen Ersparnissen zu bestreiten und mich vollkommen auf meine Zukunftsprojekte zu konzentrieren. Ich habe die große Gewissheit in mir, dass alles sich zum Besten entwickeln wird - ich werde meine Passion leben.

Es erscheint mir unglaublich schnell, wie diesmal die Zeit vergeht, bis du mir eine weitere Nachricht und ein Ticket schickst.

Du liebe Güte - es ist ein Busticket nach Tamsweg, in den kältesten Ort von Österreich, und beiliegend eine *Informationsbroschüre* über eine Almhütte, in der du mit mir eine Woche in der tief verschneiten Winterlandschaft verbringen möchtest:

Ich lese unter anderem in welcher Gegend sie sich befindet - *... Lage:*
„Unsere romantische Almhütte liegt versteckt in der Stille und der einzigartigen Natur der Lungauer Nockberge am Rande des Bergdorfes Karneralm.“

*‚Oh mein Gott, ich und eine Almhütte im Winter, wo ich doch gerade diese Jahreszeit so gar nicht mag! Was hast du bloß mit mir vor, geliebter Isaias?...‘*

So in meinen Gedanken versunken, nehme ich eine weitere kurze Botschaft, die dem Ganzen beigefügt ist, in meine Hände, um sie zu lesen:

*Meine wunderschöne Fee, zugleich Elfe,*

*bist Du bereit, Dich auf ein besonderes Erlebnis einzulassen? Wenn ja, lies bitte all das durch, was Du morgen mit der Post erhalten wirst.*

*Ich freue mich unendlich auf dieses gemeinsame Erleben in der Einsamkeit einer verschneiten Umgebung unberührter Natur.*

*Ich liebe Dich aus tiefem Herzen*

*Isaias*

Das ist tatsächlich ein Kontrast zu all den bisher mit dir gemachten Erfahrungen. Natürlich bin ich bereit. Ich bin nur froh, noch ein paar Tage Zeit zu haben, um mir einige wenige, warme Sachen zu besorgen, habe ich in den letzten Jahren doch eher alles vermieden, was mich zu sehr in Winterlandschaften gebracht hätte. Ich besitze tatsächlich keine richtige Winterkleidung.

Am nächsten Tag erhalte ich ein dünnes Buch - *„Tantra - Die Quelle tiefer Weisheit“*.

Es ist ein offenbar altes, vergilbtes Exemplar, für das ich nun vier Tage Zeit habe, um mich darin zu vertiefen.

In diesem Buch tauche ich tatsächlich in das uralte, ursprüngliche Verstehen von *Tantra* ein, besonders im Ausdruck der *tantrischen sexuellen Begegnung*. Dieses Erleben wird für mich eine Herausforderung darstellen - in den ersten fünf Tagen werden wir keine Vereinigung zulassen dürfen, nur ein Erfassen unserer Körper über alle anderen Sinne. Davon werden wir auch zwei Tage nicht miteinander sprechen.
Nun gut, ich werde vollkommen bereit sein, mit dir dort all das zu erfahren, das uns noch inniger und bewusster zu verbinden vermag - in einer tiefen Verbindung und doch in vollkommener Freiheit unseres Seins. So vertiefe ich mich intensiv in die Literatur dieses Buches, um auch die Essenz dessen ganz in mich aufzunehmen, was wir in Kürze miteinander praktizieren werden.

Gut vorbereitet und ausgestattet mit neuer, sehr warmer Winterkleidung führt mich Laura über schneematschige Straßen zum Bahnhof, vor dem der Reisebus abfahren wird.

## *Tantrisches Erleben in den verschneiten Bergen*

Ich sitze im bequemen Bus und bin neugierig und gespannt auf all das, was da kommen mag - eine Begegnung in einer verschneiten Winterlandschaft. Wie dankbar ich gewesen bin, dem Winter im letzten Jahr ganz entkommen zu sein - und auch heuer wurde er für mich durch unsere abenteuerlichen Reisen schon sehr verkürzt.

So lese ich noch ein wenig in meinem von dir gesandten Buch, verbinde mich tief mit der Weisheit der Inhalte und werde dabei immer ruhiger und gelassener. Gleichzeitig verspüre ich meine große Lust, wenn ich nur an dich denke und erkenne, dass sie die Quelle unserer größten kreativen Ausdrucksform ist und doch nicht immer als Sex im herkömmlichen Sinne vollzogen werden muss, um Erfüllung zu finden. Ich habe schon mit einigen Männern intensive tantrische Übungen praktiziert und war dennoch immer wieder zu ungeduldig in meiner meist unbändigen Lust auf mehr. Außerdem gab es bisher auch noch nie den Mann in meinem Leben, mit dem ich in verbundener Liebe noch tiefer in diese intensiven Erfahrungen hätte eintauchen können.

Mit jeder Seite, die ich lese und mich in die Lektüre vertiefe, ist mir mehr und mehr klar, dass uns diese Energie in den nächsten Tagen in eine andere Dimension tragen soll. Also sitze ich hier und konzentriere mich ganz bewusst auf meinen Atemrhythmus, der immer ruhiger wird, immer tiefer und der meine Lust ganzheitlich in meine Körperzellen transportiert, die plötzlich irgendwie von innen zu strahlen scheinen und mich mit unglaublich neuen Empfindungen verbinden.

Meine Busfahrt hätte ewig so weitergehen können, doch höre ich den Aufruf, dass wir in Kürze Tamsweg erreichen. Ich packe mich wieder warm ein, ziehe meine fellgefütterten Moonboots an, mit denen ich mir irgendwie ganz komisch vorkomme, und warte.

Wieder einmal beginnt mein Herz zu pochen, während der Bus vor dem Bahnhof von Tamsweg einfährt. *‚Ich freue mich so sehr auf dich, du außergewöhnlicher Mann. Ob ich dich schon sehen kann…?‘*

Aufgeregt blicke ich aus dem Fenster und vermute, dich am Vorplatz tatsächlich zu erkennen - schon hast auch du mich entdeckt und läufst auf den Ausstieg zu, um mir mein Gepäck abzunehmen. Kurz darauf liegen wir einander in den Armen und küssen uns innig aber sanft, ohne das sexuelle Feuer zu stimulieren - ich habe im Buch den Hinweis verstanden, dass es bis zur vollendeten körperlichen Vereinigung nur zarte Berührungen der Lippen - nicht jedoch der Zungen - geben soll. Ich muss innerlich darüber lächeln, einerseits über diese „Einschränkung“ und andererseits darüber, wie viel Kleidung hier um uns ist. Ich habe dich bisher immer nur in sommerlich leichter Bekleidung gesehen. Diesmal begegnen wir uns mit dicken Daunenjacken, Handschuhen und Hauben. „ Endlich bist du wieder bei mir, meine Königin.“ Ich bin wieder einmal sprachlos und unbeschreiblich glücklich, auch wenn es mir anfangs so fremd erscheint, dich nicht lustvoll küssen zu können. Wir sehen uns an und beginnen herzlich zu lachen, dann nimmst du meinen Koffer und führst mich an der Hand zum Parkplatz, wo schon ein winterfester Wagen auf uns wartet, der uns zu unserer Hütte führen wird. Dort werde ich herzlich von einem Ehepaar begrüßt - beide strahlen mich an und scheinen sich sehr darüber zu freuen, ein Paar, das so glücklich zu sein scheint, zu ihrer Almhütte zu begleiten. Sie meinen, dass alles vorbereitet sei - der Kamin geheizt und ein Teil der Lebensmittel für diese Woche schon in der Hütte. Den Rest wolltest du mit mir gemeinsam besorgen, obwohl dir schon viele meiner kulinarischen Wünsche bekannt sind, aber ich vielleicht doch noch irgendetwas Besonderes haben wollte. Zu viert machen wir die Einkäufe, wobei uns Elke und Alois sagen, was schon alles in der Hütte ist. Mit zwei weiteren Schachteln, gefüllt mit Lebensmitteln und einigen wenigen Süßigkeiten, die ich leider immer noch sehr liebe, machen wir uns auf den Weg in die einsame Natur. Irgendwann sehe ich nichts anderes mehr als tiefen Schnee und schneebedeckte Bäume neben der geräumten Zufahrtsstraße, die uns allerdings nur bis zu einem Parkplatz führt, von dem wir, mit Schneeschuhen und Schlitten ausgerüstet, noch knapp 300 Meter zur Hütte stapfen müssen. Die Schneeschuhe haben uns die beiden schon vorbereitet - damit ausgestattet, folgen wir nun den von ihnen anscheinend relativ kurz zuvor gezogenen Spuren im Tiefschnee.

Wir landen in einer klassischen Holzhütte, in der die gesamte Ausstattung aus Holz ist und auch das Geschirr alter Tradition entspricht - Gmundner Keramik. Nun erlebe ich geballt all das, dem ich seit Jahren unbedingt entkommen wollte - Winter, ein Bauernhaus im alten traditionellen, österreichischen Stil mit einer Einrichtung, die ich bisher immer nur fürchterlich gefunden habe und jetzt bewusst mit ganz neuen Augen betrachte. Stolz führen sie uns durch ihr Haus und zeigen uns alle Räume, die richtig heimelig und gemütlich erscheinen. Am schönsten ist das offene Kaminfeuer in der Stube - es verströmt eine

herrliche Wärme und ich empfinde unendliche Dankbarkeit hier sein zu dürfen. Das Schlafzimmer ist mit Zirbenholzmöbeln ausgestattet. Es ist aus jenem Holz, aus dem auch in meinem Bett der Lattenrost hergestellt ist, weil es die Herzfrequenz senkt und damit eine bessere Schlafqualität ermöglichen soll.
Das wirkliche Highlight in dieser Hütte ist eine Sauna mit Infrarotkabine.
Frieren werde ich hier sicher nicht.
Und wir werden erstmals jeden Tag unser Essen selber kochen.
Nach dieser Führung verabschieden sich die beiden und wünschen uns eine schöne Woche, mit dem Hinweis, jederzeit erreichbar zu sein, wenn wir etwas brauchen. Im Übrigen werden sie uns in einer Woche zum vereinbarten Zeitpunkt wieder abholen kommen.

Wir sind alleine - die Nachmittagssonne scheint auf die strahlend weiße Schneelandschaft und es gibt keinerlei Geräusche, außer denen, die die Natur erzeugt. Eine solch unberührte Stille habe ich beinahe noch nie in meinem Leben erlebt, obwohl ich sie mir immer so sehr gewünscht habe - bei meiner besonderen Lärmempfindlichkeit. Diese vollkommene Ruhe werde ich jetzt eine Woche genießen können, davon zwei Tage sogar schweigend. Die Gedanken daran erwecken schon ein wenig Unsicherheit in mir: *‚Zwei Tage werden wir miteinander in vollkommener Stille erleben -*

*zwei Tage ohne verbale Kommunikation und, mit dem heutigen Nachmittag und Abend, fünf Tage ohne Vereinigung - es macht mir beinahe ein wenig Angst. Werde ich das durchhalten? Schon fast zwei ganze Wochen ohne Sex und jetzt auch das noch!...'*
Ich spüre deinen Blick auf mich gerichtet und reiße mich aus diesen verunsichernden Gedanken.
*‚Ich bin bereit ... vollkommen bereit ... mein Gott, wie sehr ich diesen Mann liebe...'*
Ohne Worte nimmst du mich in deine Arme und drückst mich liebevoll an dich...

Die Sonne strahlt vom Himmel und wir beschließen, in die Natur zu gehen. Also machen wir, ohne zuvor auszupacken, mit unseren Schneeschuhen eine erste Wanderung durch die verschneite Landschaft. Ich bemerke, wie herrlich so ein Winter sein kann - ich nicht automatisch frieren muss, wenn ich warm genug angezogen bin - und den richtigen Menschen an meiner Seite weiß. Ich verspüre nichts als tiefe Dankbarkeit und Frieden in mir und mit dir. Gar vieles haben wir einander wieder zu erzählen - du mir von deinen kürzlich gehaltenen Seminaren bei zwei großen Unternehmen und ich dir vom geplanten Inhalt meines neuen Buches, an dem ich gerade zu schreiben begonnen habe - *ein Erotisches Liebesmärchen.* Ich bin zwar sehr inspiriert, war jedoch in der letzten Zeit mehr mit inneren

Prozessen beschäftigt, in denen ich all das mit dir Erlebte verarbeiten wollte. Außerdem bin ich nun auch intensiv dabei, meine neue Arbeit zu kreieren. Ich habe ich vor, *Workshops für Frauen* sowie *Coachings* und *ganzheitliche Behandlungen* zu den Bereichen *Weiblichkeit, Sinnlichkeit, Selbstwert, Erotik, Lust, Sexualität* ... anzubieten.
Ich bin mir sicher, sehr bald umfassend meine Passion zu verwirklichen.
Von dir bekomme ich sehr interessante Impulse für mein Angebot und auch du lässt dich gerne von mir zu Neuem inspirieren. Außerdem reden wir bereits von dem, was wir möglicherweise in Zukunft auch gemeinsam anbieten könnten.

In der Hütte machen wir es uns nach unserer Rückkehr ganz gemütlich, richten uns ein wunderbares Abendessen, lachen, scherzen und genießen das Beisammensein. Nach diesem Essen beschließen wir uns auf die gemeinsamen Tage einzustimmen und vorzubereiten, indem wir auch alle wesentlichen Aspekte unserer rituellen Zeit besprechen wollen. Den Abend wollen wir in einer tiefen gemeinsamen Meditation abschließen.
Es ist für mich schon noch ein eigenartiges Gefühl, einem so begehrenswerten Mann nahe zu sein und nicht der puren Lust folgen zu können - für mich bedarf es schon einiger Beherrschung, nicht alle meine weiblichen Verführungskünste auszupacken und dich zu

einer *Änderung des Programms* zu bewegen. Auch du scheinst ein wenig mit deiner Lust zu kämpfen. Ich sehe dich an und spüre Feuchtigkeit zwischen meinen Schenkeln, so unmittelbar reagiert mein Körper auf deine Schwingung und auf mein Begehren. *‚Ob du meine Lust riechst?‘*
„Ich begehre dich mindestens ebenso, Schönheit, und doch möchte ich diese Zeit, wie vorgesehen, mit dir verbringen.“ Als ob du meine Gedanken wieder einmal gelesen hättest.

Vor unserem herrlichen Kaminfeuer ist ein riesiges Lammfell ausgebreitet, auf das du noch eine weitere Decke legst. Ein erwärmtes Öl hast du schon bereitgestellt. Langsam beginnst du mich auszuziehen, bis ich splitternackt vor dir stehe und du mich von oben bis unten betrachtest. Ich erlebe, wie meine Lust erneut aufwallt, noch mehr Nässe zwischen meinen Schamlippen zu fließen beginnt und doch weiß ich, dass es nun heißt, mich in Geduld zu üben.
Also atme ich tief und regelmäßig und blicke unverwandt in deine Augen, um dann dasselbe mit dir zu tun. Langsam entkleide ich auch dich und betrachte deinen wunderbaren Körper mit meiner ganzen Liebe. Ich bin erleichtert, dass es auch dich nicht unberührt sein lässt - schon richtet sich dein herrlicher Penis auf und scheint danach zu streben, tief in mich einzudringen.
So stehen wir nackt voreinander und blicken uns lange und tief in die Augen, bis du meinst,

dass du mit mir in wenigen Worten den Ablauf dieser Tage besprechen möchtest und wir uns danach zur Einstimmung eine gegenseitige Massage schenken können.
Im Schneidersitz setzen wir uns einander gegenüber auf das Fell vor dem offenen Feuer und tauschen uns in vielfacher Hinsicht aus.
Wir werden am nächsten Tag noch miteinander reden, dann zwei Tage schweigen, ohne all das, was wir gemeinsam machen wollen, im Tagesablauf zu verändern - du bist sicher, dass wir uns wortlos verstehen werden. Danach gibt es einen weiteren Tag, an dem wir zwar wieder sprechen dürfen, uns jedoch immer noch nicht vereinigen, wenn auch schon sonst ganz viel Intimität möglich sein wird, bis zuletzt jedoch ohne Berührung unserer Genitalien und meiner Brüste, bei deren Berühren durch deine Hände ich oftmals schon in Flammen aufgehe.

*‚Du meine Güte - das wird eine Herausforderung sein. Ich bin doch die ganze Zeit über in deinem Energiefeld und werde das ertragen müssen! Ich merke wieder einmal, wie abhängig ich eigentlich immer noch von Sex bin, um mich glücklich und erfüllt zu fühlen. Was forderst du da von mir…‘*
Plötzlich denke ich an die Worte von William, einem lieben Freund von der Isla Mujeres, der mir dort vor knapp einem Jahr bei einem wunderbaren Abendessen im Hotel *Rolandis* mit Blick aufs Meer ganz klar gesagt hat:

*„Meine Liebe, es ist unendlich wichtig für dich, dich von dieser Abhängigkeit zu befreien, sonst wirst du niemals wirklich glücklich werden können. Und versprich mir, nie mehr einen verheirateten oder gebundenen Mann zu ‚daten'."* Ich bekomme eine Gänsehaut. Ich habe mich an mein Versprechen, das ich William damals gegeben hatte, gehalten. Und was die sexuelle Abhängigkeit betrifft … *‚Vermutlich willst du mit diesem Ritual genau das bewirken - uns beide von der Notwendigkeit zu befreien, Sex haben zu müssen, um sich erfüllt zu fühlen. Es ist doch unser beider Wunsch die Sexualität in höhere Dimensionen zu transformieren.'*

Es ist das erste Mal in meinem Leben, dass ein Mann die Sexualität und unsere gemeinsame Lust in andere Dimensionen lenken möchte - bisher war immer ich diejenige gewesen, die neue Bereiche erforschen wollte. Erst in jener Nacht, die diesem vierten vollen Tag - mit dem heutigen ist es der fünfte - folgt, werden wir eine Vereinigung zulassen - es ist auch die Vollmondnacht. Wie ich vermute hast du das alles in deiner Planung genau so perfekt aufeinander abgestimmt.
„Ich bin für alles bereit, mein göttlicher Geliebter."
Tief verneigen wir uns voreinander mit einem *Namasté*, bevor ich mit der Massage beginne - heute darf ich zumindest noch deinen Lingam

mit Öl verwöhnen und du im Anschluss meine Yoni - ab morgen gibt es vier ganze Tage und drei Nächte nur ein gegenseitiges Wahrnehmen mit allen anderen Sinnen.

*Unser unendliches Ritual kann nun beginnen.*
Hingebungs- und lustvoll genieße ich die Berührungen auf deinem schönen Körper, den ich unbeschreiblich gerne ansehe, rieche und spüre - auch du genießt jeden Moment. Erst nach knapp einer Stunde beginne ich deinen Lingam mit warmem Öl zu verwöhnen und ihn mit beiden Händen intensiv zu massieren, zu liebkosen und zu streicheln - ich spüre, dass du bewusst nicht ejakulieren möchtest und deine Energie gekonnt innerhalb deines Körpers fließen lässt, nicht ohne in sanften Talorgasmen zu erbeben. Es geht hier um bloße gegenseitige Berührung, ohne bewusste Stimulation der sexuellen Lust. Wir dürfen uns massieren, nicht jedoch oral befriedigen.
Nachdem ich dich mit all meinen Sinnen liebevoll verwöhnt habe, verneigen wir uns wieder, küssen uns zärtlich, ohne jedoch unsere Zungen zu berühren und vertauschen die Rollen. Du meinst nun, dass auch ich versuchen sollte, so gut es mir möglich sei, meinen Atem nicht zu unbändig werden zu lassen, sondern mich ganz bewusst auf die Ströme im Inneren zu fokussieren. Das ist wahrlich eine Herausforderung für mich, obwohl es mir auch schon immer öfter gelungen ist meine

Höhepunkte ohne extreme Lautstärke zu erleben. So lege ich mich hin und genieße jeden Moment - die Berührungen, deine kraftvollen und auch oft gar zarten Streichungen, und am Ende die hingebungsvolle und intensive Massage meiner Yoni, die mich zu einigen wunderbaren Orgasmen führt, welche ich nun tatsächlich nur mit intensiven Atemzügen erleben kann, ganz ohne zu schreien.
Das gesamte Ritual schließen wir mit einer Meditation ab, bei der wir uns auf das einstimmen, was wir für uns selbst und auch das gemeinsame Erleben auf *dieser Reise* im Fokus haben.

Zufrieden, gut erwärmt und erfüllt gehen wir miteinander ins kühle Schlafzimmer, in dem ich tief und erholsam schlafen kann - deine Körperwärme und Nähe genießend.

Die nächsten vier Tage beinhalten für mich eine Aneinanderreihung unendlich vieler Gefühlsaspekte, Emotionen und teilweise auch wieder Schmerzen, die in den letzten Monaten immer mehr nachgelassen haben. Ich erlebe vor allem in den zwei Tagen des Schweigens ein Gefühl unendlicher Verbundenheit mit dir und zwischendurch immer wieder eine Welle tiefer Einsamkeit. Ich weine, lache oftmals aus heiterem Himmel, fühle mich sicher und geborgen in deiner Nähe, bekomme hie und da einen Schub, der mich in meine Wut führt, weil ich mit dir in dieser wenigen Zeit, die wir bloß haben, keinen Sex leben darf und finde mich auch zwischendurch heftig in *Flashbacks* meiner Vergangenheit wieder. Ich erkenne, dass du alles, was du bei mir erlebst, vollkommen wertfrei und mit Liebe sein lässt. Endlich kann ich so ganz und gar ich selbst sein - ich muss mich nicht verstellen, um geliebt zu werden, ich muss nichts dafür tun. Du zeigst mir deine Liebe in jedem Moment, selbst, wenn ich vor Zorn kurz zu schreien beginne, um in einem Weinkrampf zusammenzusinken. Wenn du spürst, dass ich dich brauche, nimmst du mich wortlos in deine Arme und hältst mich liebevoll, bis ich mich wieder beruhigt habe. Ich erlebe nun endlich all das, was ich als kleines Mädchen nie bekommen habe - *bedingungslose Liebe*. Wenn du merkst, dass ich in Ruhe gelassen werden möchte, ziehst du dich zurück, nicht ohne mir verständlich zu machen, wie sehr du dennoch vollkommen für mich da bist. Auch ich spüre hier noch intensiver, wenn du deinen Rückzug brauchst, um mit dir zu sein. Du benötigst meine Unterstützung wesentlich seltener als ich die deine. Wir erleben diese Zeit in einer unglaublich intensiven Präsenz und Achtsamkeit für uns selber und unser Gegenüber.

*‚Was bist du für ein besonderer Mann - habe ich dich wirklich verdient?‘*

Unendlich viele Gedanken gehen mir durch den Kopf, bis immer mehr Stille, auch im Inneren, einzukehren beginnt. In den Zeiten, in denen es bei mir still und friedvoll ist, bin ich auch ganz für dich präsent, obwohl mir bewusst ist, um wie vieles stabiler du in deiner Persönlichkeit bist als ich. Dennoch kannst auch du in dieser Zeit erkennen, wie sehr meine Liebe dich ebenso in jedem Moment sein lässt, so wie du bist. Jeden Tag verwöhne ich dich mit köstlich zubereitetem Essen - es macht mir hier sogar große Freude zu kochen, so viel wie möglich am alten Holzofen.

Wir werden in dieser Zeit von Moment zu Moment präsenter und wacher.

Auch wenn wir getrennte Spaziergänge durch die Schneelandschaft machen, befinden wir uns jedes Mal genau zur selben Zeit im richtigen Moment wieder an dem Platz, an dem wir einander begegnen wollen.

Unsere körperlichen Begegnungen sind jedes Mal von Neuem ein Erleben, das uns noch tiefer erfahren und spüren lässt. Auch wenn unsere Lust manches Mal unglaublich aufzuwallen scheint, ist es uns immer wieder in wunderbaren Atemritualen gegeben, sie durch unsere Körper in andere Bereiche der Ausdrucksform zu bringen und zu transformieren.

In den beiden Nächten des Schweigens liegen wir bloß jeweils auf einer Seite des Bettes und betrachten uns stundenlang. Unsere Rituale, einander in die Augen zu blicken, werden von Tag zu Tag länger, bis ich bemerke, dass ich durch dieses tiefere Schauen mit dir, in

Dimensionen gebracht werde, die uns durch alle Zeiten hindurch immer schon Verbündete haben sein lassen. Zumeist waren wir ein Liebespaar, wenn auch in manchen Zeiten eines, das nicht nur in Liebe verbunden zu sein schien. Wir haben nun anscheinend das alte Karma erlöst und dürfen nach langer Zeit des Wartens die letzten Jahre dieser Lebenszeit miteinander gehen. All diese Erkenntnisse werden mir im Schweigen offenbart und ich spüre unendliche Dankbarkeit nun endlich *wirklich zu Hause* zu sein. Dabei spielt für mich sogar die Umgebung keine Rolle mehr - mit dir könnte ich mir selbst ein Leben in kalten Regionen vorstellen, obwohl ich natürlich eines am Meer oder zumindest an einem Gewässer in einer warmen Gegend schon sehr viel lieber hätte. Ich kann in diesem Prozess auch erkennen, dass mein häufiges Frieren zumeist ein inneres Frieren war, dieses Gefühl der Einsamkeit, die mich in meinem Leben schon sehr lange begleitet hat. Ich habe es dennoch nie aufgegeben, darauf zu vertrauen, dass ich eines Tages bei meinem Mann ankommen werde.

Nun bin ich hier und genieße jeden einzelnen Moment.

In diesen vier Tagen lernen wir voneinander so vieles kennen, wie es uns in den Monaten davor nicht möglich war - hier zeigen wir uns offen und nackt - in jeder Hinsicht - voreinander, ohne irgendetwas verbergen zu wollen.

Und genau das bringt uns noch näher zusammen.

An dem Tag, an dem wir wieder sprechen können, merke ich wie vieles doch ohne Worte gesagt werden konnte. Ich, die ich immer so gerne und manches Mal zu viel geredet habe, verspüre nun kaum das Bedürfnis danach.
Ich habe trotz all der Emotionen das Schweigen sehr genossen.
Während ich jeden Moment dieses Tages mit dir genieße und reflektiere, weiß ich auch, dass heute die Nacht sein wird, in der wir wieder alles zulassen dürfen, wonach wir uns sehnen. Ich durfte erleben, wie viel innige Nähe auch ohne Sexualität in ihrer herkömmlichen Ausdrucksform möglich ist.

Für *unsere vollkommene Liebesnacht* - die Vollmondnacht - wollen wir ein spirituelles und doch erfüllend sexuelles Liebes-Ritual machen.

Der Abend beginnt schon mit einem außergewöhnlichen Candle-Light-Dinner, das wir gemeinsam zubereitet haben - das Feuer knistert im Kamin. Wir genießen lustvoll dieses in Liebe zubereitete Essen und erkennen, wie unbeschreiblich sensibel uns die letzten Tage in unserer Wahrnehmung werden ließen. Ich habe das Gefühl, dass unsere gemeinsame Zeit wie im Flug vergeht und doch ein Zeitloch offen zu sein scheint, das uns die Stunden in die

Unendlichkeit erstrecken lässt.
Wir haben die Sauna vorgeheizt, die Infrarotkabine angedreht, und setzen uns nach unserem herrlichen Essen, nur mit Lungis bekleidet, vor das Kaminfeuer auf das weiche Lammfell, umgeben von Decken und Polstern, die wir vorbereitet haben. Um uns erstrahlen viele Kerzen, die den Raum zusammen mit dem Feuer in ein wunderbar weiches Licht hüllen.
Wir beginnen mit diesem langen, tiefen Schauen in unserer beider Augenpaare, um uns im selben Moment voreinander mit einem *Namasté* zu verneigen. Anschließend versinken wir in der Betrachtung unserer Körper, um uns dabei mit achtsam ausgesprochenen Worten zu würdigen. Gemeinsam gehen wir danach in die Sauna, um nach dem ersten Durchgang in den tiefen Schnee zu laufen und uns darin zu wälzen - ein unglaublicher Kontrast. Anschließend setzen wir uns sofort in die Infrarotkabine, um unsere Körper wieder zu erwärmen. Ein zweiter Saunagang lässt uns nochmals die Unterschiedlichkeit zwischen dieser intensiven Hitze und der enormen Winterkälte des Februars im Schnee erleben. In Decken eingehüllt blicken wir auf den vom Vollmond hell erleuchteten klaren Sternenhimmel und nehmen diese unberührte Stille der Natur wahr.
Gemeinsam singen wir ein Mantra, um uns auf alles Weitere einzustimmen.
Für unsere herrliche Massage, die wir uns danach wieder gegenseitig als Geschenk

zukommen lassen, habe ich etwas ganz Besonderes mitgebracht - eine Lavendelkerze, deren Wachs zugleich auch eine Massage-Creme darstellt. Ich habe sie in meinem Jahr auf der Isla Mujeres von Daniel geschenkt bekommen und gewusst, dass ich sie mir für einen ganz besonderen Augenblick aufbewahren werde - der ist nun gekommen. Zusätzlich habe ich Kokos- und Rosenöl vorbereitet.

Diesmal beginnst du, mich zu verwöhnen und meinen ganzen Körper mit diesem warmen wachsartigen Öl zu massieren. Für meine Lotusblüte und deinen Jadestab habe ich allerdings das herrlich duftende biologische Kokosöl gerichtet, weil dieses dann auch für den Geschmack im Mund, wenn wir voneinander gegenseitig kosten, angenehmer erscheint.
Unsere Gesichter werden wir mit dem Rosenöl liebkosen.
Innig, kraftvoll und zugleich sensibel streichen deine Hände über meinen Körper, bis auch das herrliche Kokosöl zu einer Mischung mit meinem Liebessaft verschmilzt und du mich nach langem und intensivem Verwöhnen meiner Brüste über eine köstliche Berührung meiner Klitoris und einem zielsicheren Ertasten meines G-Punktes in außergewöhnlich spürbare Höhepunkte begleitest.
Ich genieße jeden Moment dieser lustvoll

achtsamen Berührungen, spüre meine Sehnsucht dich ganz in mir aufzunehmen und erkenne, wie sehr ich meine hemmungslose Gier nach mehr nun endlich doch gehen lassen konnte, wenngleich ich auch weiß, wie sehr sich jede Faser in mir nach diesem Mehr verzehrt.
Zuerst jedoch wirst du noch von mir verwöhnt - wie herrlich auch das Geben sein kann, in dem man schon alleine durch die Hingabe, zu geben, gleichzeitig empfängt. Auch ich lasse meine Hände aus einer Mischung kraftvoller und dann doch wieder ganz zarter Streichungen deinen Körper berühren. Dieses Wachs aus der Kerze ist angenehm warm und niemals zu heiß, wenn man es zuerst mit einem kleinen Löffel herausschöpft, um es dann direkt auf die Haut aufzutragen. Am Ende verwöhne ich deinen schon stark erigierten Lingam mit kraftvoll sanften Berührungen meiner Hände, um dann genüsslich den Geschmack des Kokosöls zwischen meinen Lippen und auf meiner Zunge aufzunehmen. Ich erlebe, wie dich die Schauer sanfter Orgasmen durchströmen und genieße mit dir, wenngleich du auch deine Energie immer nur nach innen strömen lässt.
Wie sehr ich es genieße, dich mit meinem Mund zu verwöhnen - deinen herrlichen pulsierenden Penis zu massieren, zu lecken, zu saugen und ganz tief in mir aufzunehmen.
Dein wunderschönes Gesicht verwöhne ich zum Abschluss ganz zart mit dem herrlich duftenden Rosenöl und beende meine Liebkosungen und

Streichungen mit einem Energieausgleich deiner Chakren.
Danach verneigen wir uns erneut voreinander und versinken mit einer Meditation in die Stille. Erst als wir beide wieder einander lange und tief in die Augen blicken, schließen wir dieses Einstimmungsritual ab, indem wir uns nochmals verneigen und mit dem Sanskrit-Gruß des *Namasté* würdigen.

Nun bittest du mich, mich auf den Rücken zu legen - du kniest dich über mich und beginnst mich innig zu küssen, niemals den Blick von meinen Augen wendend. Schon nehme ich wahr, wie die Spitze deiner Eichel sanft am Eingang meiner Knospe ihren Zugang sucht. Ich öffne meine Beine ein wenig mehr und lasse dich in mich gleiten - unsere Augen sind tief ineinander versunken. Ich bemerke, wie mein Körper zu beben beginnt, sich dieses Beben zu einem nicht mehr steuerbaren heftigen Schütteln in meinem Becken ausweitet und ich in einer Serie unendlich intensiver Höhepunkte in andere Dimensionen getragen werde - und du mit mir. Es scheint ein nicht mehr enden wollender Strom intensivster Entladungen zu sein, die uns gemeinsam mit Worten nicht mehr Beschreibbares erleben lassen.
Diese Nacht wird zu einem Fest unglaublich tief erlebter Ekstase.
Wir lieben uns in jeglicher Form - vollkommen frei und ohne Beschränkungen. Unserer Lust

und Leidenschaft sind keine Grenzen gesetzt und doch tauchen wir in dem, was nach außen scheinbar aussieht wie schon immer erlebt, in viel tiefere Ebenen des Empfindens dabei ein.
Ich konnte es mir nicht vorstellen und doch erlebe ich hier etwas, dem ich mit meinen Worten keinen Ausdruck mehr zu verleihen vermag.
Es ist wahrlich alles möglich, alles erlaubt, alles erfahren und doch so neu erlebt.
Am Ende schlafen wir innig verschlungen miteinander ein und erwachen am nächsten Morgen - eigentlich Vormittag - mit strahlendem Sonnenschein, der unsere Stube durchflutet.
Wir sind tatsächlich vor dem Kamin eingeschlafen.

Da ich der Beschreibung dieser Nacht mit Worten nichts hinzufügen kann, möchte ich nur noch erzählen, wie herrlich leicht und verspielt, wie lust- und liebevoll, wie still und doch ekstatisch wir noch die restlichen zwei Tage und Nächte hier erlebt haben. Wir haben uns im Schnee ausgelassen wild ausgetobt, ausgiebige Spaziergänge mit unseren Schneeschuhen gemacht, wir haben unglaublich viel gelacht, wunderbar gegessen und wir haben uns unendlich viele Stunden in allen Facetten geliebt. Wir haben wild gevögelt und uns in höchst spirituellen Begegnungen vereinigt.
Einmal sind wir sogar in der Eiseskälte der

Schneelandschaft voller Lust übereinander hergefallen.
Splitternackt haben wir im Schnee einen Quickie genossen - uns durch das kalte Nass gerollt, um uns anschließend so schnell wie möglich in der Infrarotkabine zu erwärmen.

Nun ist der Zeitpunkt der Abreise gekommen. Wir sind beide unglaublich dankbar für all diese faszinierenden Erfahrungen, die wir miteinander teilen durften und verabschieden uns ganz bewusst von diesem schönen Platz in der herrlich verschneiten Winterlandschaft.

Elke und Alois kommen uns zu Mittag abholen und ich merke wie sie beide kurz stocken, nachdem sie uns gesehen haben. „Was habt´s ihr denn Besonderes erlebt, dass ihr so glücklich ausschaut´s?", fragt Elke in ihrem Salzburger Dialekt und mit glühend roten Wangen. Offensichtlich hat unsere gemeinsame Energie sich schon auf sie übertragen. Wir lachen nur und ich antworte: „Weißt du, er ist einfach ein ganz besonderer Mann, auf den ich über 50 Jahre warten musste - jetzt weiß ich, was es bedeutet zu Hause zu sein. Ich bin so dankbar, dass wir in eurem Haus eine so einzigartige und außergewöhnliche Zeit erleben durften." Ich kann nicht anders, als dieser Frau um den Hals zu fallen und sie ganz innig an mich zu drücken. Plötzlich sehe ich, dass nicht nur mir, sondern auch ihr Tränen aus den Augen

fließen.
Sie bringen uns nach einem gemeinsamen Mittagessen, zu dem du sie in ein nahegelegenes Restaurant eingeladen hast, zum Bahnhof in Tamsweg, von dem wir gemeinsam mit dem Bus nach Salzburg fahren. Du fährst mit der Bahn weiter nach München, wo du wieder ein Seminar zu halten hast, um dann auch in Frankfurt ein paar Tage beruflich bedingt anzuhängen, bevor du wieder zurück auf die schöne Insel fliegst. Erst jetzt erzählst du mir, dass du bei meiner Ankunft genau einen Bus vor dem meinen von Salzburg nach Tamsweg genommen hast, um mich dort zu überraschen. *‚Unglaublich wie du alles planst… Es wäre ja viel schöner gewesen schon mit dir gemeinsam hinzufahren… Aber wenigstens kann ich jetzt noch etwas Zeit mit dir genießen.‘*
Die Fahrt nach Salzburg verläuft sehr kurzweilig und heiter.
Da du nach unserer Ankunft einen kurzen Aufenthalt hast, kann ich dir meine liebe Freundin Laura vorstellen, die natürlich schon auf mich gewartet hat. Ihr scheint euch auf Anhieb gut zu verstehen. Es geht sich noch ein kurzer Kaffee aus, bevor du zum Zug musst, um weiterzufahren - somit genießen wir die letzte halbe Stunde gemeinsam mit Laura, bevor ich dich zum Bahnsteig begleite.
Kurz und innig küssen wir uns zum Abschied - dann winke ich noch, bis der Zug meinem Blickfeld entschwunden ist.

Zum Abendessen lade ich Laura ein, die jetzt versteht, warum ich so unglaublich begeistert von dir bin und die sich offensichtlich sehr für mich freut. Auch sie scheint in ihrer Beziehung immer glücklicher zu werden und mehr und mehr die Angst vor ihrer immer näher rückenden Hochzeit zu verlieren. So entspannt, wie sie über ihren Mann und sich spricht, habe ich sie selten zuvor erlebt.

Zu Hause angekommen, finde ich erneut eine liebevolle Notiz von dir, die, in wunderschöne Samtpulswärmer eingerollt, herausfällt.

*Du unbeschreiblich göttliches Wesen,*
*ich habe mit Dir Dimensionen erfahren, um die ich bisher nur in meinem Geist zu wissen glaubte - nun durfte ich sie mit Dir durchreisen. Ich danke Dir für deinen Mut, Dich offen und nackt vor mir zu zeigen - ich liebe Dich mit jeder Facette Deines so unbeschreiblich schönen Wesens, auch wenn Du im Außen manches Mal Deine Dämonen auftauchen lässt. Obwohl Du eine Göttin für mich bist, genieße ich, auch diese allzu tief verwundete und verwundbare menschliche Frau gesehen und erlebt zu haben.*

*Ich liebe Dich für alle Ewigkeit.*

*Nun darfst Du nach all diesen dicken Wintergewändern wieder Deine grazile Schönheit zum Ausdruck bringen. Wenn diese Pulswärmer auch nicht wirklich für den kalten*

*Winter geeignet sind, so mögen sie doch dazu dienen ein wenig Deine schönen Hände zu wärmen.*

*Bis bald in unserer menschlichen Begegnung,*
*die nur einen Hauch von der ewigen Begegnung*
*unserer Seelen entfernt ist*
*Dein Isaias in tiefer Liebe*

Ich kann es nicht fassen, mit welch berührenden Worten mir dieser männliche Mann immer und immer wieder die Sicherheit vermittelt, dass ich nun tatsächlich *ganz zu Hause* angekommen bin. Und er hat durch bloßes Beobachten erkannt, welche Kleidung genau meinem Geschmack entspricht - diese Samtpulswärmer sind einfach edel und schön.
Ich habe bereits ganz ähnliche von Laura zu meinem vorletzten Geburtstag und ebensolche von meinem letzten Partner vor sechs Jahren geschenkt bekommen - meine Gedanken schweifen zurück:

*‚Ein ähnliches Paar habe ich doch von Michael bekommen, mit dem ich für nur wenige, aber umso intensivere Monate zusammen war. Dieser Mann hatte sich damals sehr gewünscht, dass ich seine Frau werden möge, um dann jedoch sechs Monate nach unserer Trennung seine Exfreundin zu heiraten, mit der er vor mir viele Jahre zusammen gewesen war. Er hatte eine andere geheiratet und mit mir weiterhin*

*gevögelt ... hätte ich die betrogene Ehefrau sein wollen? Niemals! Aber eigentlich war ich doch seine ‚wahre' Liebe, wie er behauptete. Ob er mir treu gewesen wäre?... Das spielt doch keine Rolle. Er meinte immer wieder, wenn ich mich in dieser Dreiecks-Situation verunsichert gefühlt hatte, dass es vollkommen in Ordnung wäre, zwei Frauen zu ‚lieben', und Menschen ohnedies keine monogamen Wesen seien...*
*Immer und immer wieder hatte ich mich, bis zu meinem Verhältnis mit Andreas, meinem Sporttrainer aus der Kuranstalt, auf ihn eingelassen - wie erleichtert ich war, dass ich nach meiner Rückkehr aus Mexiko endlich wirkliche Klarheit hatte. Um auf Sex mit ihm zu verzichten, musste auch ich in mir die Sicherheit bekommen, mich selbst nicht mehr auf Männer einzulassen, die nicht frei waren...*
*Ich habe eine klare Entscheidung getroffen, indem ich mir selbst treu geblieben bin, und bald darauf ist Isaias in meinem Leben aufgetaucht ... ich bin so dankbar dafür...*
*Wie schnell das Leben doch Veränderungen herbeiführen kann.*
*Ich wünsche mir wirklich nichts mehr als die Eine und die Einzige für meinen Mann zu sein ...'*

Ich mache es mir jetzt in meinem schönen, lichtvollen und so herrlich warmen Zuhause richtig gemütlich, stecke voller kreativer Ideen und genieße es auch für mich alleine zu sein.

Wie viel schöner doch das Alleinsein ist, wenn man weiß, es muss kein Dauerzustand sein.
Schon merke ich, dass ich nicht mehr so extrem sehnsüchtig auf deine Post warte, sondern gelassen und in vertrauensvoller Vorfreude inzwischen all das mache, was ich gerne tue - ich übe Qigong und Yoga, tanze, schreibe, bereite meine Workshops vor, gehe manchmal in die Sauna und genieße herrlich lange Spaziergänge in der Winterlandschaft hinter meinem Zuhause.
Gegen Ende dieses Monats wird es schon ein wenig wärmer und ich bin neugierig, wo meine nächste Reise nun hingehen soll.

Das neue Ticket, das schon kurze Zeit später in meiner Post ist, enthält einen Flug nach Thailand, wo wir eine Woche im *Orion Healing Center* in *Kho Phangan* sein werden, um dort täglich Yoga zu machen, verbunden mit verschiedenen Heilmassagen und einer speziellen Ernährung zur Reinigung und Entschlackung des Körpers. Danach werden wir noch fünf weitere herrliche Tage am Strand und Meer auf einer anderen thailändischen Insel verbringen.

*Geliebte,*
*ich freue mich so sehr darauf, Dich ganz bald wieder in meiner Nähe zu wissen.*
*Ich weiß, wie sehr Du die thailändische Küche liebst und dachte mir, wir könnten diese mit*

*einem geruhsamen gemeinsamen Yoga Retreat verbinden, nicht ohne an das von uns beiden so sehr geschätzte Meer zu kommen.*
*Beinahe zähle ich schon die Stunden bis zu unserem Wiedersehen und komme mir dabei wie ein verliebter Schuljunge vor.*
*In Verbundenheit und Liebe*
*Isaias*

Unbeschreiblich ist meine Vorfreude - ich kann es manchmal einfach nicht fassen, nun wirklich meiner *Großen Liebe* begegnet zu sein…

## *Yoga Retreat in Thailand*

Diesmal führen mich ausnahmsweise meine beiden erwachsenen Kinder zum Flughafen - Philipp ist gerade kurz vor meiner Abreise wieder einmal für einige Tage auf Besuch gekommen. Somit hatten wir drei die Möglichkeit schöne Momente miteinander zu teilen. Auch Sophie wollte es sich nicht nehmen lassen, mich ebenfalls zu begleiten. Die beiden freuen sich wirklich, mich endlich *unendlich glücklich* wahrzunehmen. Sie kannten mich für lange Zeit als oftmals zutiefst traurigen und unglücklichen Menschen. Nun geht es mir schon seit fast zwei Jahren immer besser und damit ist es mir möglich mein Glück auch zu versprühen. Ich habe nach vielen leidvollen Jahren begonnen, den Weg meines Herzens zu gehen und mich aus allen möglichen Zwängen zu befreien. Als Mutter ist es ein herrliches Gefühl auch zu wissen, dass es den eigenen Kindern gut geht und damit für sich selbst eine neue Freiheit zu gewinnen. Die beiden sind

wahrhaft fröhliche und zufriedene junge Menschen.
Beide warten sie, bis ich durch die Kontrolle gehe - bevor ich verschwinde, strahlen wir uns noch einmal voll Freude an.
Eine Dame, die diese Blicke erhascht hat, fragt mich, ob das meine Kinder gewesen seien, und meint, sie habe noch nie so viel Liebe in den Augen von anderen Menschen gesehen, wie in diesem Moment unseres Abschieds. Sie scheint sehr berührt zu sein - ich sehe ihre Augen ein wenig feucht werden.

Es ist wunderbar, zu sehen, wie sehr echte Liebe Menschen offensichtlich wahrhaft bewegt.
Nun lasse ich meine wertvollsten Schätze, die ich in diesem Leben hier auf Erden habe, in Österreich zurück, um mich auf die Reise zu meiner großen Seelenliebe zu machen.
Ich bin erstaunlicherweise ruhig und gelassen, obwohl ich mich unbeschreiblich auf diesen wundervollen Mann freue.

Wie ich fast vermutet, aber mir noch mehr gewünscht habe, empfängst du mich wieder in Frankfurt - du schaffst es mich am Weg von der nationalen zur internationalen Abteilung abzufangen, um mich innig zu begrüßen, zu küssen und hochzuheben, indem du mich auf deinen starken Armen wie ein Mädchen durch die Luft wirbelst. Unverzüglich beginne ich wieder vor Lust zu beben, sehe dich mit großen

Augen an und freue mich, dir endlich wieder ganz nahe zu sein. Ich begehre dich so sehr und genieße es, diese tiefe, verbindende Liebe zu spüren.
Es ist einfach wundervoll, mit dir gemeinsam weiterzufliegen.

Unsere Flüge gehen über Singapur nach *Kho Samui*.
Schon beim Flug erscheint es mir so, als wären wir dazwischen nie getrennt gewesen. Ich komme mir vor wie ein verliebtes Mädchen, indem ich es wieder einmal schaffe, wie ein Wasserfall und aufgeregt alles inzwischen Vorgefallene zu erzählen, ohne einmal richtig Luft zu holen. Du schmunzelst mich liebevoll an, als ich irgendwann atemlos in den Sitz sinke, um gleich wieder aufzuspringen und mich vor lauter Glück auf dich zu setzen und in deine Arme zu schmiegen. „Isaias, ich möchte dich jetzt sofort vernaschen." Meine Güte, wie sehr ich mich darauf freue, ganz bald wieder innig und tief mit dir vereinigt sein zu können. Meine Lust auf dich ist wie immer unbeschreiblich und am liebsten würde ich dich wieder einmal gleich hier im Flugzeug in mich eindringen lassen. Ich spüre, wie mein Höschen immer feuchter wird und dein pochender Penis unter mir vibriert. Dennoch ist der Aspekt der puren Gier nicht mehr vordergründig spürbar - wenn auch unser Begehren aufeinander unvermindert ist.

Unser Ritual des letzten Beisammenseins hat schon etwas verändert.
Ich setze mich nun mit angezogenen Beinen auf dich und umschlinge mit meinen Armen deinen kraftvollen Oberkörper. Gemeinsam beginnen wir zu atmen, bis ich spüre, wie sich die heiße und lustvolle Energie zwischen uns immer intensiver und heftiger auszudehnen scheint und wir beide in sanften Schauern und mit tiefen Blicken in unsere Augen gleichzeitig einen in die Weite strömenden Höhepunkt erleben. ‚*Ein schönes Vorspiel - auf den Hauptakt werde ich noch eine Weile warten müssen*', denke ich mir, während ich zitternd nach vorne auf deinen Brustkorb sinke und unser leichtes Nachbeben genieße, bevor ich mich wieder auf meinem Sitz niederlasse.
Wie herrlich es ist, so gemütlich reisen zu können - solch einen Luxus habe ich bis zu unserer Begegnung nie erlebt.
Irgendwann döse ich dann anscheinend mit meiner Schlafbrille in meinem gemütlichen Sitz ein - plötzlich scheint mich etwas zu wecken …
‚*Was ist denn jetzt los ... oh mein Gott, da leckt mich doch jemand an meiner Muschi ... Isaias ... das kann doch nur er sein ... träume ich, es ist ja so finster ... du meine Güte, wie köstlich ... mehr, bitte mehr ... ja, leck mich weiter - Isaias!?*' Zitternd vor Lust genieße ich und spüre deine Finger tief nach innen fahren - mein Becken wölbt sich dir entgegen. In dem Moment, in dem ich mir die Brille abstreifen

möchte, merke ich, dass meine Hände mit dem Sicherheitsgurt festgebunden sind. „Isaias, was tust du mit mir?“, stöhne ich. *‚Wir sind doch im Flugzeug ... ob uns jemand sehen kann? Und ...‘* Mitten in diesen Gedankengängen überrollt mich ein heftiger Orgasmus, den ich mit einem kurzen unterdrückten Schrei erlebe. Es ist immer noch Finsternis um mich - schon streifst du mir die Brille ab und blickst mir mit glänzenden Lippen schmunzelnd in die Augen: „Ist meine Schöne jetzt etwas zufriedener?“ Ich blicke um mich, sehe einen Flugbegleiter zu unserem Platz kommen und spüre mich erröten, während ich stammle: „Ja sehr … aber meine Hände …“. Der andere scheint die Situation erfasst zu haben und dreht sich dezent von uns weg, während du mich von den Handfesseln befreist, und, so als ob nichts gewesen wäre, wieder neben mir Platz nimmst. „Schlaf nur weiter, mein Engel … ich wollte dich nicht stören.“ *‚Du bist echt unmöglich, dennoch war es ein herrlicher Einstieg in unser Beisammensein.‘*

Tatsächlich können wir kurz darauf für ein paar Stunden gut schlafen und erwachen ausgeruht und frisch vor unserer Landung in Singapur, von wo es nach zwei Stunden weiter auf die Insel geht, von der wir dann mit einer Fähre nach *Kho Phangan* übersetzen.

Wir werden bei unserer Ankunft von der Fähre

abgeholt, um in das *Orion Healing Center* geführt zu werden, wo wir einen abgeschiedenen Bungalow direkt am Meer beziehen.
Die Atmosphäre wirkt sehr angenehm.
Beim Einchecken lassen wir uns nicht viel Zeit, um danach unverzüglich gemeinsam ins Wasser zu gleiten und im Wasser schwimmend, einander liebkosend und miteinander - in einer tiefen Vereinigung - spielend den Sonnenuntergang zu erleben. Vor unserer Hütte ist eine Hängematte aufgespannt, in die wir uns anschließend legen, ganz zärtlich zu küssen beginnen, ineinander und umeinander rollend unsere Körper erwärmen und mit immer heftiger werdendem Atem die Hitze in unseren Körpern aufsteigen spüren.
Du leckst mir mit deiner Zunge das Salz von meinem Körper, umspielst meine steifen Brustwarzen, gleitest nach unten zu meinem Nabel - all das in dieser wackeligen Hängematte - und weiter zu meiner Vulva, um dann meine feuchte und auf dich wartende Lotusblüte mit deiner Zungenspitze zu berühren und langsam, doch intensiv meine Klitoris zu umkreisen und mich mit dieser Innigkeit deiner Berührungen zu einem intensiven Orgasmus zu bringen. Ich genieße es, mich vollkommen fallen lassen zu können, und erlaube meinem Körper sich wild aufbäumend lustvoll in heftigem Stöhnen zu entladen. Beinahe wären wir dabei aus der Hängematte gefallen. Langsam gleitest du auf

mich und dringst mit deinem unglaublich hart erigierten Penis in mein Innerstes. Die Hängematte schaukelt sanft und unterstützt die Schwingung in unseren Körpern. Ich habe das Gefühl in dieser stillen, doch so intensiven Ekstase in unbeschreibliche Weiten getragen zu werden, mich aufzulösen und zugleich, im Moment mit dir präsent, auf diesen Wellen dahinzugleiten, die mich von einem zum nächsten Höhepunkt tragen und mich in die vollkommene Entspannung führen. In einer letzten gemeinsamen, uns beide überrollenden Welle, spüre ich, dir unversehens in die Augen blickend, deinen heißen Saft in mich strömen, nachdem wir laut und im Gleichklang miteinander heftig atmend zu einem letzten gemeinsamen Orgasmus gekommen sind. So ineinander verschlungen, schaukeln wir sanft in der friedvollen Abendstimmung - über uns das strahlende mit Sternen übersäte Himmelszelt, auf dem auch schon der beinahe volle Mond erscheint und uns in sein sanftes silbernes Licht hüllt.

„ Ich möchte für immer mit dir so innig verschmolzen bleiben, mein geliebter, wunderschöner, göttlicher Mann.“ Tränen fließen über meine Wangen, mein Herz pocht vor Aufregung und scheint unendlich weit offen zu sein. *Du bist ein Teil von ihm geworden.*

„Das bleiben wir meine göttliche Geliebte - glaubst du, ich lasse ein so lustvolles Weib wie dich jemals ziehen?“

*‚Waren es Minuten, Stunden, Tage, die wir so friedvoll aneinandergeschmiegt und tief atmend hier sanft in der Dunkelheit geschaukelt wurden?‘*
Beide sehen wir gleichzeitig auf und stellen fest, dass wir doch ziemlichen Hunger haben. Daher beschließen wir - bevor am nächsten Tag unsere Reinigungs- und Gesundheitswoche beginnt, uns ein herrliches thailändisches Abendessen zu gönnen. Nicht weit von unserem Retreat-Center entfernt gibt es ein Restaurant, in dem ich mir ein herrliches Kokoscurry-Gericht bestelle. Dieser Kokosgeschmack ist für mich etwas ganz Besonderes - ich genieße das würzige thailändische Essen, nach dem wir zum Abschluss unseres ersten gemeinsamen Tages am Strand entlang zu unserer Hütte spazieren, um kurz danach, müde und zufrieden, einzuschlafen.

Am nächsten Morgen beginnt schon unser Gesundheitsprogramm, das aus zwei Yoga-Einheiten - eine um 7:30 Uhr in der Früh, die andere bei Sonnenuntergang am Strand -, Spezialkost zum Entschlacken und zwei Partnermassagen pro Tag in einem herrlichen Spa im Freien besteht.
Die Nachmittage verbringen wir am Strand, wo wir beginnen, gemeinsame Zukunftspläne zu schmieden, in denen wir besprechen, welche Workshops wir miteinander gestalten wollen, um anderen Menschen Wegbegleiter zu sein.

Wir denken dabei an eine ganz besondere Form, Programme für Paare zu erstellen, die Menschen in eine neue Ebene bewusster Partnerschaft und transformierter Sexualität führen mögen. Wir möchten den tantrischen Ansatz verwenden, diesen jedoch durch eine besondere Facette von Bewusstseinsarbeit - vor allem im Bereich der Sexualität - ergänzen. Noch wissen wir nicht konkret, wie wir es anbieten wollen, doch sind wir hier täglich dabei, Brainstorming zu machen, Möglichkeiten zu besprechen und niederzuschreiben, und aus dem, was jeder von uns an Ideen einbringt, ein gemeinsames Ganzes zu formen.

Unser eigener Umgang miteinander ist geprägt von unglaublicher Achtsamkeit, Präsenz und immer noch tiefer werdender Liebe. Ich selbst habe geahnt, dass es möglich ist, einen Mann so innig zu lieben, doch nun darf ich tatsächlich etwas erleben, was noch weit über jene Gefühle hinausgeht, die ich in meiner Vorstellung erfahren habe. Ich kann es auch hier nicht wirklich mit meinen Worten, die nur einen Ansatz von dem Erlebten wiedergeben können, in dem Umfang beschreiben, der sich in meinem Inneren zum Ausdruck bringt. Ich sehe diesem wundervollen Mann bloß in die Augen und spüre in jeder Faser meines Seins einen Strom tiefer Erfülltheit durch mich fließen, die eine Mischung von innerlichem Erfülltsein meines Körpers verbunden mit meinem Herzen und meiner Seele darstellt. Es ist als würde

mein Körper sich bei jedem deiner Blicke, bei jeder deiner Berührungen, bei jedem deiner zärtlichen Worte in eine unendliche Weite verströmen, die sich in einer subtilen Form wahrhaft orgiastisch anfühlt.
Wir lieben uns täglich in einer Art und Weise, wie ich sie zuvor noch nie erlebt habe. Wenn wir auch scheinbar oftmals dasselbe tun, wie schon zuvor, oder Ähnliches, wie das, was ich auch schon mit anderen Männern erlebt habe, fühlt sich jede Vereinigung mit dir vollkommen ganzheitlich an - so, wie ich all das noch niemals zuvor erfahren durfte. Und obwohl ich schon vieles im Bereich der Sexualität kennengelernt hatte und immer dachte, ich könnte keine neuen Empfindungen mehr wahrnehmen, ist das, was ich mit dir erlebe wahrhaft dimensionsüberschreitend. Nunmehr bin ich mir trotz all der heftigen und oftmals auch stillen Intensität sicher, dass sich mit dir noch weitere Tore für mich öffnen werden. *Da ist in mir ein tiefes Ahnen von etwas ganz außergewöhnlich Erlebbaren.*

Drei Tage nach unserer Ankunft erleben wir unsere Vollmondnacht und ich bin froh, dass wir noch nicht bei Vollmond schon auf der anderen Insel, auf *Kho Tao*, sind, weil wir hier erfahren haben, dass in dieser Nacht tausende von Menschen dorthin strömen, um eine *Vollmondparty* zu feiern, die nichts anderes mehr beinhaltet, als eine Ansammlung betrunkener Menschen auf einem Strand, der vollkommen verschmutzt zurückgelassen wird. Wie schade, dass es so unbeschreiblich viele gedankenlose Menschen gibt, die jede Gelegenheit nutzen, um sich mit Alkohol und Drogen in ein vernebeltes Dasein zu befördern. Leider habe ich im letzten Jahr genau dieselbe Erfahrung auch im Norden der schönen Isla Mujeres gemacht.

Unsere Vollmondnacht ist, wie jedes Mal, ein Fest tiefer Präsenz und Hingabe, in dem wir gemeinsam mit der Kraft dieses strahlenden Mondes in einzigartige Erfahrungen eintauchen, die mich mehr und mehr in eine tief erlebte Einheitspräsenz erheben.
Wir verbringen diesen Abend am weitläufigen, feinen, weißen Sandstrand, erleben im Widerschein des Meeres den Mondaufgang, meditieren miteinander in der Stille und sehen uns einander tief in die Augen, in denen wir immer und immer wieder Neues aus all dem schon Gesehenen erkennen dürfen. Nach dieser wunderbaren Einstimmung beginnen wir dort im Klang des sanft rauschenden Meeres, durch die sich in uns entfaltende Melodie unsere Körper zu vereinen. Ich spüre nach all den Berührungen deiner Finger, deiner Zunge, deiner Lippen und deiner Wärme, die meinen Körper so sehr nähren, deinen herrlich harten, pochenden Penis in meinem Innersten pulsieren und werde von einer Welle der Ekstase in die

nächste getragen. Es ist göttlich hier in der Natur mit dir zu verschmelzen. Irgendwann erlebe ich jedoch plötzlich in mir die Wildkatze erwachen und diese unbändige Lust, dich heftig und ungezügelt reiten zu wollen. Lachend drehst du dich von mir herunter, während du den Blick niemals von meinen glühenden, hungrigen Augen wendest, um dich auf unsere große Liegestatt zu legen, die wir im weichen Sand bereitet haben. Auch ich wende meine vor Lust strahlenden Augen nicht von dir, während ich ganz langsam in der Hocke auf deinen Penis sinke und mich zuerst etwas sanfter doch dann ungehemmt zu bewegen beginne. Ich wippe mein wendiges Becken von oben nach unten, in Kreisen, in Wellenbewegungen, spiele und tanze auf deinem herrlich harten Penis und werde von dir angetrieben, mir alles zu nehmen, wonach ich mich sehne. Ich genieße und genieße und genieße … bis ich wild und zügellos reite und vor tief erlebter Lust nicht mehr anders kann, als mich von einem zum nächsten Orgasmus zu schreien - so lange, bis mein Körper wieder einmal gesättigt auf den deinen sinkt und von deinen Armen gehalten, noch vibriert, um irgendwann wieder zur Ruhe zu kommen. Ich habe ejakuliert und so viel meines Liebessaftes vergossen, dass nun der Rest noch aus mir strömt und über meine Schenkel auf dich und unsere Decke fließt. Langsam löse ich mich von dir und gleite nach unten, trinke von meinem eigenen Saft und höre, wie intensiv du unter meinen wendigen Fingern, die deine Hoden massieren und kneten, während ich deinen Penis ganz tief in mich einsauge, zu stöhnen beginnst. Ich genieße deine Lust, und fühle eine weitere Welle der Leidenschaft wie im Kreislauf durch unsere beiden Körper strömen. Breitbeinig klettere ich auf allen Vieren wieder über deinen Körper nach oben, gleite über dein Gesicht und gehe hinter dir auf die Knie, nehme getragen vom weichen Sand unter mir eine angenehme Position ein, in der ich es genießen kann, nun von dir genommen zu werden. Du richtest dich auf, kniest hinter mir und dringst vorsichtig, doch bestimmt und tief in mich ein - jedes Mal von Neuem genieße ich dieses Gefühl dich so vollkommen in mir aufnehmen zu können, in jeglicher Position, die uns möglich ist.

Ich bin nun ganz mit dir in deinem Rhythmus verschmolzen und bewege mich angepasst an deine Intensität, bis ich spüre, dass deine Energie sich in deinem heftig werdenden Atem zum Höhepunkt erhebt und du deinen Saft in mein Innerstes mit wilden Stößen und einem lauten Aufschrei verströmst. Ein zweites Mal scheint sich dein Körper aufzubäumen, um dann zu entspannen. Du legst deinen Oberkörper auf meinen Rücken, ich sinke tief gesättigt auf den Boden und du, mit mir noch immer vereint, rollst dich auf die Seite, um mich von hinten ganz warm und voller Liebe zu umfassen. Gemeinsam atmend und die sanften Nachbeben genießend, blicken wir in den strahlenden Mond und den hell erleuchten Sternenhimmel. Eine kühlende Brise streift über unsere Körper und umhüllt uns mit der warmen Luft der Nacht, während dein Penis langsam aus meinem Körper gleitet.

Da wir hier an diesem Platz leider keinen Schutz vor den Moskitos haben, beschließen wir, uns in unsere geschützte Strandhütte zu begeben und tief erfüllt miteinander in den Schlaf zu gleiten. Wie gut ich hier in der Stille, in der ich bloß das sanfte Rauschen des Meeres und deinen regelmäßigen, ruhigen Atem höre, schlafen kann. Meine letzten Gedanken vor dem Einschlafen lassen mich ganz friedvoll werden: *‚Wie gerne würde ich an einem solchen Platz mein Zuhause finden…‘*

Beim Erwachen am nächsten Morgen blicken wir einander sofort wieder in die Augen und schon dieser Blick lässt uns gemeinsam in eine erneute sanfte Ekstase gleiten, die sich intensiviert, indem wir einander zärtlich berühren und uns Worte der Liebe und des lustvollen Begehrens, das wir für einander erleben, zuflüstern. Ich habe das Gefühl, bei jeder Begegnung mit dir noch intensiver zu empfinden. Mein Körper erfährt ganzheitlich ein so tiefes Sensorium, dass ich durch immer subtilere und feinere Berührungen schon in unglaubliche Höhen ekstatischen Erlebens

getragen werde. Ich bin glücklich, wie ich es nie zuvor in meinem Leben gewesen bin.
So verbringen wir hier an diesem wundervollen Platz eine Woche, die alle Facetten der Stille, Ruhe, Entspannung, Erholung und des lustvollen Erlebens in Liebe beinhaltet.

Nach dieser besonderen Zeit in diesem Zentrum geht unsere Reise eine Insel weiter nach *Kho Tao*, auf der wir unsere letzten gemeinsamen Tage in einer einfachen Hüttenanlage verbringen, in der wir von unserer Hütte beinahe einen Rundumblick auf das Meer haben. Wir befinden uns am südlichsten Ende der Insel, weswegen wir rechts und links von uns vom Meer eingehüllt zu sein scheinen.
Ich bin wirklich erleichtert, dass wir noch nicht in der vergangenen Woche hier gewesen sind. Ein wenig ist noch von den Resten der „Verwüstung“ zu sehen, die sich am anderen Ende dieser Insel ereignet hat. Wie anders sich dort die Energie anfühlt - wir sind nach einem kurzen Trip dorthin wieder sehr schnell zurückgefahren. Immer wieder kann ich erkennen, wie unterschiedlich die Energiequalität an den verschiedenen Plätzen ist, abhängig davon, wie die Menschen an diesen Orten agieren und leben.

So verbringen wir eine Zeit in Stille und Kontemplation, lieben uns weiterhin täglich in jedweder Form und genießen nach der Zeit des

Fastens die Vielfalt der thailändischen Küche. Ich kann einfach nicht genug von den herrlichen Kokosgerichten bekommen.

Bis zum Ende unserer hier gemeinsam verbrachten Zeit haben wir tatsächlich ein interessantes und vielfältiges Programm für einen gemeinsamen *Paar-Workshop* erarbeitet, bei denen wir Menschen in eine *‚geheiligte heilende Partnerschaft'* und damit verbundene Sexualität begleiten wollen. Mehr und mehr können wir das gemeinsam Erlebte als Basis für diese Vision einbringen.
Schon seit über einem Jahrzehnt habe ich mir eine solche gemeinsame Arbeit mit einem geliebten Mann an meiner Seite gewünscht.
Nun scheint sich dieser Traum tatsächlich in der Realität zu manifestieren.

*Ob wir es wirklich schaffen können, eine solch wunderbare, heilende Liebe auf Dauer zu erleben? Ich vertraue immer tiefer, dass es gar nicht mehr anders sein kann, weil wir beide einfach wissen zueinander zu gehören und dabei doch frei zu sein. Oftmals denke ich an Susan und Richard - sie wussten es auch von Anfang an. Als sie sich das erste Mal lange und tief in die Augen geblickt hatten, war ihnen klar geworden, einander endlich wieder gefunden zu haben. Mir ist es bei unserer ersten Begegnung ebenso ergangen. Schon auf Santorin hatte ich im ‚ersten Augenblick' dieses tiefe Empfinden.*

Zutiefst gesättigt durch köstliche Nahrung - jene, die uns die thailändische Kost geboten hat und jene andere, die nur durch wahre Liebe erfahren werden kann, treten wir diese Rückreise wieder gemeinsam an, um uns für kurze Zeit in Frankfurt voneinander zu verabschieden.
Du hast hier wieder für vier Tage ein Seminar abzuhalten und darfst auch einigen Menschen mit einem *Einzel-Coaching* Wegbegleiter sein. Dieses Mal hast du einen Auftrag in einem Unternehmen mit beinahe 1000 Mitarbeitern zu erfüllen.

„Ich wünsche dir allen Segen dieser Welt, geliebter Isaias und berühre die Menschen mit der Essenz unserer tief erlebten Liebe. Ich danke dir so sehr für jeden einzelnen Moment unserer einzigartigen gemeinsamen Zeit." Mit diesen Worten verabschiede ich mich von dir mit Tränen der Berührtheit und Dankbarkeit in meinen Augen, bevor ich zu meinem Flug Richtung Heimat weitergehe.
Diesmal habe auch ich dir einen kurzen Brief zugesteckt, mit einem Armreif, auf dem ich ein uraltes Liebesmantra eingravieren ließ - ein Unterfangen, das ziemlich schwierig zu organisieren war, weil wir beinahe die gesamte Zeit gemeinsam verbracht hatten.
Aber für alles gibt es Mittel und Wege, wenn es einem wichtig genug erscheint.

*Mein einzigartig geliebter Isaias,*

*wie sehr ich diese Zeiten mit Dir genieße, kann ich in kurzen Worten gar nicht wiedergeben. Du bist ein Mann, der Kraft und Zärtlichkeit vereint, der Stärke zeigt und mir damit die absolute Sicherheit bietet, dass mir an Deiner Seite niemals etwas passieren könnte. Und doch kannst Du so weich sein. Daher habe ich das Gefühl, mich bei Dir tief geborgen und getragen zu fühlen. Ich möchte Dir die Frau sein, die Dir zeigt, wie sehr ich es zutiefst genieße, mich dem, was wir erleben und Dir als Mann, vollkommen hinzugeben. Ich kann Dir nicht mit mit simplen Worten beschreiben, wie sehr ich Dich liebe, genauso wie Du bist, mit jeder Facette Deines Wesens ... ich weiß, du spürst diese Liebe...*

*Einen großen Wunsch habe ich jedoch - zumindest eine gewisse Zeit mit Dir in unserer Alltagsumgebung zu verbringen, sei es bei Dir oder bei mir. Auch wenn ich weiß, dass ich Dir nicht wirklichen Luxus zu bieten vermag, so doch ein kleines aber unglaublich gemütliches Heim, in dem ich Dich mit allen Künsten meiner Weiblichkeit verwöhnen möchte.*
*Ich möchte Dich von Herzen gerne in meinen „Liebestempel" nach Salzburg einladen.*
*Ich freue mich unendlich, Dir schon bald wieder in die Arme sinken zu können.*

*In tiefer Liebe, Achtung und*

*Verehrung Deiner Männlichkeit*
*Namasté*
*Deine Magdalena - für immer in Verbundenheit*

Wieder erwartet mich Laura, meine wundervolle Freundin, um mich neugierig und gespannt nach meinen Erlebnissen zu befragen. Ich erzähle ihr von meinem unendlichen Glück, das ich empfinde und erlebe, um ihr wieder ein Stück der unbegründeten Angst nehmen zu können, die sie anscheinend immer noch in Anbetracht ihrer bevorstehenden Hochzeit erlebt.

Zu Hause angekommen bin ich einfach nur sprachlos - mein Geschenk von dir ist ein ähnlicher Armreif, wie der dir zugesteckte, ebenso mit einem eingravierten Mantra, das dem meinen zu gleichen scheint. Wir haben diese tiefsinnigen Botschaften an den Wänden eines Tempels gesehen und im dazugehörenden Begleitbüchlein die Übersetzungen gelesen. Wir waren beide gleichermaßen von diesen vermutlich unendlich alten Liebestexten, die offensichtlich für alle Zeiten ihre Gültigkeit haben sollten, sehr angesprochen.

*Meine bezaubernde Schönheit,*
*meine Göttin,*
*ich werde Dich sehr bald wiedersehen und sende Dir mit diesen Zeilen gemeinsam ein leeres weißes Blatt, das du intensiv betrachten*

*mögest - so oft Du es für angenehm empfindest. In dieser LEERE ist die FÜLLE dessen enthalten, was meine Liebe Dir zum Ausdruck bringen möchte und es mit Worten doch nicht vermag.*
*Isaias, in tiefer Liebe und Verbundenheit*

Es ist doch unglaublich, was dieser Mann an Überraschungen bereithält.
Ein leeres Blatt Papier - welch eine seltsame Idee.
Es erinnert mich an ein Buch von Osho –
*Das Buch der Leere*.
Damals, als ich es vor vielen Jahren in meinen Händen gehalten hatte, konnte ich damit wenig anfangen - nun verstehe ich, was du hiermit zum Ausdruck bringen möchtest.

Noch am selben Abend setze ich mich mit diesem *leeren Blatt* auf mein Bett und lasse mein Bewusstsein tief hineinsinken. Plötzlich erscheint es mir, als würde ich in andere Räume und Zeiten getragen werden - und alle möglichen Botschaften erreichen mein Bewusstsein. Irgendwann schien ich dabei eingeschlafen zu sein, weil ich um 1 Uhr in der Früh aus verwirrenden und zugleich unglaublich erfüllenden Träumen erwache, neben mir das weiße leere Blatt Papier.
Tatsächlich ermöglicht mir diese *Leere,* eine *Vielfalt an Botschaften* zu empfangen, die ich ab dem nächsten Tag unverzüglich

niederzuschreiben beginne. Manche erscheinen mir sehr klar und eindeutig, andere verschlüsselt und allzu kryptisch.
So bin ich eine Zeit lang damit beschäftigt, in eine neue Dimension der Mystik einzutauchen, die mir viele Erkenntnisse und Einsichten ermöglicht.
Schon bald erhalte ich wieder einen Brief mit deiner vertrauten Handschrift:

*Meine Geliebte,*

*Du wirst diesmal kein Ticket vorfinden.*
*Wenn ich es richtig verstanden habe, fühle ich mich von Dir in Dein Zuhause eingeladen. Ist es Dir vorstellbar, mich elf Tage bei Dir zu beherbergen? Ich freue mich sehr darauf, Deinen Tempel kennenzulernen und dort Deine Energie zu erleben, um Zeit in Deinem Umfeld mit Dir zu verbringen.*
*Wenn Dir das zu mühsam erscheint, bitte ich Dich, mir Bescheid zu geben - ich bin auch für jede Alternative offen. Wenn es Dir nicht zu große Umstände bereitet, bin ich in großer Vorfreude darauf, von Dir am Flughafen empfangen zu werden und fast zwei Wochen bei Dir verbringen zu dürfen.*

*Wenn ich nicht binnen der nächsten zwölf Stunden eine SMS-Nachricht von Dir erhalte, werde ich den Flug bestätigen.*

*Ich bin jetzt schon wieder vollkommen aufgeregt, meiner lustvoll schönen Liebesgöttin in Kürze wiederbegegnen zu dürfen.*

*Ich liebe Dich mit jeder Faser meines Seins*
*Dein Isaias*

Angeheftet an diesen kurzen Brief ist eine Kopie der Flugreservierung.
*'Er erfüllt mir tatsächlich diesen großen Wunsch und hat auch noch das Gefühl, mir damit womöglich zur Last zu fallen. Ich kann es beinahe nicht fassen. Endlich ist es mir gegeben, ein wenig von dem vielen, das ich von diesem wunderbaren Mann erfahren und erhalten habe, zurückgeben zu dürfen...'*

Aufgeregt wie ich bin, rufe ich Laura an und erzähle ihr, dass ich in bereits vier Tagen von dir besucht werde, zwei Tage vor deinem Geburtstag und einen Tag vor der Vollmondnacht, die diesmal genau in deinen Geburtstag übergeht. Irgendwie bin ich überdreht und zugleich vollkommen sprachlos. Ich werde deinen Geburtstag mit dir in meinem Heim erleben. Das ist ein Anlass, nun doch endlich das nie gefeierte Fest zu gestalten, das ich eigentlich schon zur Einweihung meines Apartments geben wollte. Ich habe nur wenige Tage Zeit, um alles zu putzen und ein Überraschungsfest zu bereiten. Ich beschließe, doch nur die wirklich wichtigen Freunde

meines Lebens dazu einzuladen, und nicht wie ursprünglich überlegt ganz viele aus meinem Bekanntenkreis in mein Glück mit einzubeziehen. Laura und meine Freundin Sarah, die ich hier in der Nachbarschaft bei meinem Einzug kennengelernt habe, erklären sich unverzüglich dazu bereit, mir bei der Vorbereitung zu helfen.
Wie schön es ist, einige wahrhaft unterstützende Freundinnen und Freunde im Leben zu haben.

Unendlich aufgewühlt fiebere ich dem Tag deiner Ankunft entgegen…

## *Überraschung in meinem Zuhause*

Nun gut - es wird das erste Mal sein, dass ein Mann in meinem Bett Nächte mit mir verbringen wird. Wie wichtig war es mir beim Einrichten meines neuen Schlafzimmers zu wissen, dass ich in dieses nagelneue Bett mit handgenähter Matratze nur den Mann einlasse, mit dem ich am nächsten Morgen auch gemeinsam erwachen möchte.
Nun darf es nach über zwei Jahren endlich soweit sein.

Mein Überraschungsgeschenk wirst du auf meinem Körper entdecken … ich habe heute viel Zeit in meinem Badezimmer verbracht. *‚Ob mir die Überraschung gelingen wird…?‘*

Erstmalig stehe ich am Flughafen, um dich zu erwarten, aufgeregt, herzklopfend und mit einem großen Strauß weißer Rosen.
*Auch Frauen dürfen Männer mit Blumen erfreuen.*

Ich höre den Aufruf deines Flugzeuges - gehe zu den Türen, aus denen du auftauchen wirst und warte. Ich bemühe mich tief und ruhig zu atmen und so gut es mir möglich ist, Ruhe zu bewahren.

Nach 20 Minuten erscheinst du in der elektronischen Türe und blickst mir direkt in meine Augen. Wie zwei Magnete zieht es uns zueinander, bis ich in deinen Armen versinke und wir uns scheinbar eine Ewigkeit ansehen - wortlos einfach nur einander wahrnehmen. „Willkommen in meiner Heimatstadt, Geliebter. Du kannst dir gar nicht vorstellen, wie aufgeregt ich bin.“ Ich zittere vor Aufregung und inzwischen auch wieder ein wenig vor Erregung.

„Ich bin so glücklich, mein Engel, deine Umgebung kennenzulernen, aber noch mehr, dich in meiner Nähe zu wissen.“

Schweigend überreiche ich dir den Rosenstrauß, den du mit großer Freude empfängst, und führe dich zu meinem Auto. Hier bin plötzlich ich diejenige, die die nächsten Schritte vollzieht. Ich bin tief berührt von deinem Erscheinen, sodass es vermutlich noch eine Zeit braucht, bis ich fähig bin aus meiner Sprachlosigkeit aufzutauchen. Ich habe in meinem Lieblingsrestaurant einen Tisch bestellt, weil ich viel zu nervös war, um Vorbereitungen für ein Mittagessen zu treffen.

Beim Italiener beginne ich mich ein wenig zu beruhigen und aufzutauen. Wir sehen uns an und lachen aus reinem Herzen - der Bann ist gebrochen und endlich kann ich wieder kommunizieren, ohne ein Beben in meiner Stimme wahrzunehmen. Vieles haben wir uns, nach dieser Zeit ohne jegliche Kommunikation, zu erzählen.

Schon während des Essens knistert es … meine Lust auf dich ist unbändig und am liebsten würde ich …

Meine Gedanken gehen 17 Jahre zurück:
*‚Ich hatte damals einen Liebhaber, der Lack und Leder ... und mehr davon ... liebte, und mit dem ich einmal hier in unserem prüden Salzburg in einem China-Restaurant war... irgendwann rutschte er unter den Tisch - ich, ohne Höschen unter meinem Kleid, öffnete ihm bereitwillig meine Beine und er begann mich intensiv zu lecken . Unvermutet tauchte der chinesische Kellner auf - fragte nach einem Dessertwunsch, während Alfred mir gerade den Pflaumenschnaps, den ich zwischen meine Schenkel geträufelt hatte, von meiner Muschi weg leckte. Ich stotterte verwirrt: „Dessert...?“ In diesem Moment tauchte mein Liebhaber unter dem Tisch auf, sah den Kellner an, strich mit der Hand über die glänzend-feuchten Lippen und meinte bloß: „Oh, sorry!“. Schnell bestellte ich in meiner Verwirrung dümmlich kichernd: „Ja bitte gerne, Apfelringe mit Honig.“ Fluchtartig verließ der Arme*

*unseren Tisch, kam mit den Apfelringen zurück...*
*Das Ende unserer prickelnden Geschichte fand dann in seinem VW-Bus, den er vor dem Lokal geparkt hatte, statt. Wir vögelten dort hemmungslos auf einer Matratze, die er direkt zwischen den hinteren Seitenfenstern liegen hatte, bis irgendwelche Vorbeigehenden gegen die Scheibe klopften...‘*

*‚Soll diesmal ich unter den Tisch gleiten?...‘*

*‚Jetzt sitze ich hier mit dem Mann, den ich nicht nur unendlich begehre, sondern auch noch zutiefst liebe ... ich will dich spüren - jetzt sofort ... bitte lass uns gehen...‘*

Ich werde immer unruhiger und kann einfach nicht mehr still sitzen. Du schmunzelst in Anbetracht meiner großen Unruhe, aber auch dich lässt die Situation nicht kalt.
Beim Dessert geht es uns beiden gleichermaßen … unsere Lust aufeinander ist am Höhepunkt angelangt. Mein ganzer Körper zittert vor Verlangen - also beschließen wir, unverzüglich nach Hause zu fahren.
Schon am Weg zum Auto können unsere Lippen und Finger nicht voneinander lassen und wir genießen das heiße Prickeln in unseren Körpern.

Zu Hause angekommen, schaffen wir gerade noch, das Gepäck im Vorzimmer fallen zu lassen, um uns sofort wild und heftig zu küssen und uns das Gewand gegenseitig abzustreifen, beinahe vom Körper zu reißen: *‚Vorsicht ... mein Körperkunstwerk könnte zerstört werden...‘*

Ich führe dich in mein Wohnzimmer, in dem ich schon zuvor einen besonderen Platz bereitet habe, auf dem wir uns hier lieben können. Ich lege mich auf den Rücken, vollkommen erregt und nur mehr bereit, dich ganz tief in mir aufzunehmen. Unverwandt blickst du auf meinen Körper und flüsterst mit Worten der Liebe: „Du bist einfach unbeschreiblich schön, meine Göttin - ich kann dir gar nicht sagen, wie sehr ich dich liebe und begehre. Du bist umwerfend schön…“ In diesem Augenblick hältst du inne - du hast sie entdeckt: „Oh mein Gott, was hast du denn Wunderschönes auf deinem noch schöneren Körper?... Du bist unglaublich - eine wahrhaft beeindruckende Frau.“ Liebevoll gleitest du mit deinen Fingern über die auf meinen Innenschenkeln sowie um meine kunstvoll getrimmte Behaarung und meinen Nabel arrangierten Swarovski-Kristalle. Ganz vorsichtig umkreist du jeden einzelnen Kristall - unendlich langsam. Ich zittere nur mehr vor Begehren. Nun berührst du auch jene, die ich auf meinen Schamlippen aufgeklebt habe … ich bebe immer mehr, will dich in mir aufnehmen. „Bitte nimm mich endlich…“ Während du mir Worte deiner Lust zuflüsterst, neigst du deinen Körper immer näher zu dem meinen und blickst mir dabei tief in meine Augen, bis du ganz langsam in mich eindringst und ich am gesamten Körper vor Lust zu erschauern beginne. Ich schlinge meine Beine fest um deinen Leib und spüre, wie mich Wellen der Ekstase wegtragen und in meinem ersten intensiven Orgasmus explodieren lassen. Mein Unterleib bäumt sich auf, presst sich noch intensiver dem deinen entgegen und ich nehme wahr, wie mich eine Welle nach der anderen überrollt, während auch du heftig atmend mit meinen Wellen mitgetragen wirst und wir gemeinsam in einen unbeschreiblichen Tanz der Ekstase eintauchen.

Ich genieße jeden Schauer, der mich erbeben lässt und gleichzeitig merke ich jetzt, wie die Wildkatze in mir erwacht und dich wieder einmal einfach wild und hemmungslos reiten möchte. Du erkennst dieses Verlangen in mir, drehst dich mit mir, mit einem Schwung auf den Rücken, und meinst: „Nimm dir, was du brauchst, du wildes Weib“ Ich beginne mich zügellos auf dir zu bewegen - hemmungslos, frei und unbändig, bis ich merke, wie unverzüglich eine explosive, heiße Strömung meinen Körper erfasst und ich mit einem lauten Aufschrei meinen Rücken nach hinten wölbe und meinen Höhepunkt mich durchfluten spüre - so reite ich von einem Orgasmus zum nächsten - wie sehr habe ich mich nach dieser Intensität gesehnt. Irgendwann kippe ich nach vorne auf deinen Brustkorb und beginne gleichzeitig zu weinen und zu lachen - so erleichtert und erfüllt fühle ich mich. Du setzt dich nun auf, immer noch von mir umschlungen, und ich genieße weiterhin deinen harten Lingam in mir pulsieren, diesen mich gar köstlich erfüllenden Penis, der nun auch nach Erleichterung strebt. Wieder beginne ich mit meinem Becken nach vorne und nach hinten zu wippen, spiele mit meinen Muskeln in meiner Yoni, die dich jetzt noch fester umfassen und in kreisenden Bewegungen zu pumpen beginnen. Ich liebe es mit meiner Vaginalmuskulatur zu spielen - ich kann Kreise, Spiralen und Achterbewegungen in alle Richtungen machen, um damit die Spannung zu steigern und auch deine Energie zu lenken, bevor ich mich wieder an deinem Schaft vor und zurückbewege. Ich genieße, zu sehen, wie ich diesen göttlichen Penis immer wieder von Neuem ganz in mir aufnehme, bis ich spüre, wie du mit immer heftiger werdenden Atemzügen deinem ultimativen Orgasmus zustrebst und dich lustvoll tief in mir ergießt. Gemeinsam sinken wir auf das Futon und atmen, eng umschlungen, in einem Rhythmus, der langsam friedvoller und ruhiger wird.

Ich schenke uns aus dem vorbereiteten Wasserkrug Wasser ein und meine ganz nebenbei: „Sehr viel hast du von meinem Zuhause noch nicht gesehen.“ „Das Wichtigste schon - dich, meine Königin.“

Es tut unendlich gut, einfach alles, was Freude

macht, mit dir erleben zu können - von der hoch spirituellen Vereinigung in Stille bis zu einem wilden Sexerlebnis in ungehemmter Lust, und das alles mit dem Gefühl tiefer Liebe und Achtung füreinander.

*Wie oft schon habe ich an jene einst gelesenen Worte denken müssen, dass es einer Frau nur wirklich möglich ist, sich vollkommen einem Mann hinzugeben, wenn sie diesem tief vertrauen kann, und sich - bei und mit ihm - absolut sicher und geschützt fühlt.*

Ich habe mir bisher schon oftmals eingebildet, zu tiefer Hingabe fähig zu sein, aber erst jetzt verstehe ich die umfassende Bedeutung dieser Worte.
Du hast mich niemals daran zweifeln lassen, von dir umfassend geachtet und verehrt zu sein, so sehr, dass ich erstmals in meinem Leben wirklich erfasse, was es für mich als Frau bedeutet, von einem Mann wahre Geborgenheit und Sicherheit vermittelt zu bekommen.
Jetzt weiß ich endgültig, dass ich in keiner Weise mehr irgendeine Kontrolle über unsere Begegnungen brauche - ich verstehe nun zum ersten Mal umfassend, was das Wort *Hingabe* tatsächlich bedeutet.
*Ich gebe mich dir rückhaltlos, vollkommen, ohne Angst verletzt zu werden.*
Es ist ein unbeschreibliches Gefühl, das erfahren zu dürfen - ein Gefühl größter Freiheit

und zugleich tiefster Verbundenheit. Ich wünsche mir, das niemals mehr missen zu müssen.

Gemeinsam gehen wir in die Dusche, necken uns und genießen es, unsere Körper zu berühren, einzuseifen und uns gegenseitig abzuschwemmen - einige der Kristalle fließen mit in den Abfluss.
Die Überraschung ist gelungen …

Endlich bin ich bereit, dir den Rest meines Apartments zu zeigen. Es ist ungemein gemütlich und für meine Vorstellungen sehr ästhetisch. Du scheinst dich auf Anhieb ausgesprochen wohlzufühlen. Besonders bewunderst du meine beiden Bilder im Wohnzimmer. Sie wurden von meiner Freundin Cleo Ruisz, einer bekannten Malerin, extra nach meinen Wünschen gemalt. Diese werden mich sicherlich überallhin begleiten - wo auch immer ich noch leben werde.

Heute ist der große Tag für mich gekommen - ich werde die erste Nacht mit einem Mann in *meinem Bett* verbringen - *mit meinem göttlichen Geliebten. Wie lange habe ich mich schon nach diesem Moment gesehnt, aber vor allem nach diesem Mann, den ich hier in mein Schlafzimmer lassen möchte.*

Wir beschließen noch einen ausgiebigen

Spaziergang zu machen, bei dem wir, nicht weit vom Haus entfernt, meiner Freundin und Nachbarin Sarah begegnen, die ihren kleinen weißen Pudel ausführt. Strahlend vor Glück stelle ich euch einander vor und sehe, wie augenscheinlich auch Sarah von dir begeistert ist. Sie freut sich offensichtlich sehr, mich so glücklich zu sehen.
Du siehst nun viel von meiner ländlichen Umgebung, mit schönen Wiesen, Wäldern und einer Pferde- und Kuhweide in meiner unmittelbaren Nähe. In der Abendstimmung gehen wir zurück und ich richte uns ein kleines, köstliches Abendessen, bevor wir gemeinsam in mein Bett gehen.
Ich bin richtig stolz, dass ich es geschafft habe, zu warten, bis der richtige Mann mit mir in diesem Bett übernachten wird - ich wollte keinen zuvor dort schlafen lassen.
Ich war mir von Anfang an sicher, dass es mir irgendwann gegeben sein wird, dem richtigen Mann für mein Leben begegnen zu dürfen, auch wenn mich die Meisten als *Träumerin* und *Illusionistin* bezeichnet haben.

Unendlich aufgeregt bin ich, nun die erste Nacht hier mit dir verbringen zu dürfen.
Eng aneinandergeschmiegt liegen wir und atmen im gemeinsamen Rhythmus, bis ich spüre, wie dein erigierter Penis von hinten nach Einlass strebt - vorsichtig wölbe ich dir meinen Po entgegen und fühle dich schon im nächsten

Moment in meiner Höhle tief aufgenommen. So atmen wir weiter, bis uns erneut die Wellen der Ekstase forttragen und wir aus diesem sanften Liebesspiel irgendwann gemeinsam in den Schlaf gleiten.
Am Morgen geht unser Erwachen in zärtliche Berührungen über. Wie sehr ich es genieße, deinen Penis zwischen meinen Lippen zu verwöhnen, die Eichel mit meiner Zunge zu umkreisen und deine Wellen der Lust zu erleben. Wie ich es liebe, mit deinen Händen gestreichelt zu werden, sie zart über meine Brüste streifen zu spüren und deine Finger und Zunge auf meiner Vulva wahrzunehmen, die sich immer mehr deinem Mund entgegen wölbt, bis du mit der Zungenspitze meine Klitoris umkreist, während deine wissenden Finger tief in meiner Lotusblüte eintauchen und mich zum Erschauern bringen. „Es ist ein Genuss in meinem Bett mit dir zu erwachen, geliebter König - mein göttlicher Mann. Wie sehr habe ich mich danach gesehnt“, hauche ich unter lustvollem Stöhnen und genieße weiter deine Liebkosungen …
Nach dieser wunderbaren Nacht und dem lustvollen Erwachen an deiner Seite bereite ich uns ein herrliches Frühstück und genieße dieses mit dir in meinem kleinen Garten, in dem die Sonnenstrahlen schon einige Blüten zum Erblühen gebracht haben.
Ich habe das Gefühl, die glücklichste Frau der Welt zu sein.

Tagsüber verbringen wir einige Stunden mit einem Bummel in der Innenstadt, in der ich dir unsere schöne Altstadt zeige, und zugleich spüre ich, dass ich all das nicht mehr lange als Heimat erfahren werde. Umso mehr freue ich mich selbst, nochmals alles intensiv in mich aufzunehmen.
Du fragst mich wieder einmal nach meinen Eltern - ein Thema, das ich eigentlich, wie schon oftmals zuvor, eher ein wenig vermeiden wollte und dem ich bisher immer gekonnt ausgewichen bin. Dennoch ist es ist mir nun sehr wichtig, dich meiner Mutter vorzustellen, die schon vor deiner Ankunft gemeint hat, einmal für uns kochen zu wollen. Ich habe mit ihr dafür den Tag nach deinem Geburtstag gewählt und wünsche mir sehr, dass diese Begegnung angenehm verlaufen möge.
Während ich dir von ihrer Einladung erzähle und du dich nun wieder einmal nach meinem Vater erkundigst, setzen wir uns in den Schatten auf einen Mauervorsprung unter der Festung. Ich will darüber nicht so beiläufig beim Spazierengehen reden.
Was meinen Vater betrifft, bin ich einfach ratlos - ich habe mit ihm schon seit vielen Jahren keinen Kontakt mehr und auch nicht wirklich vor gehabt, diesen wieder aufnehmen zu wollen. Du meinst ganz liebevoll, dass du gerne bereit wärest, ihn mit mir im Pflegeheim zu besuchen, um mir möglicherweise zu helfen, Frieden in diese für mich einst sehr belastende Situation zu

bringen. Ich bitte dich, mir dafür Zeit zu geben. Ich bin verblüfft, wie sehr es dir offensichtlich ein echtes Anliegen ist, diesen Menschen kennenzulernen, mit dem ich zwar in gewisser Weise Versöhnung erfahren habe, dem ich aber in meinem Leben nie mehr begegnen wollte - all das geschah im Jahr zuvor auf der Isla Mujeres, kurze Zeit, bevor wir einander finden durften. Irgendwie war es im Laufe unseres Beisammenseins doch nicht ganz vermeidbar, dir zumindest von gewissen Ereignissen aus meiner Vergangenheit mit meinem Vater zu berichten, auch wenn ich dir nicht alle schlimmen Details geschildert habe. Ich habe vor einem Jahr für mich entschieden, meinen zukünftigen Mann zu bitten, meinen Roman *Überlebt, um zu LEBEN* zu lesen, in dem in meiner autobiografischen Geschichte sämtliche Details meiner Vergangenheit geschildert sind. Damit war mir klar, dass ich über die Vergangenheit nicht mehr reden müsste und mein Partner doch die Irrwege meines Lebens und noch mehr meine schweren traumatischen Erfahrungen erfassen würde.

*Irgendwann sollte doch die Vergangenheit zur Ruhe kommen ...*

So mitten in unseren Gesprächen über meine Familie taucht plötzlich meine Tante Fanny auf, die Schwester meiner Mutter. Freudestrahlend kommt sie auf mich zu und meint, nach einer kurzen Vorstellung, dir zugewandt: „So glücklich habe ich meine Nichte schon seit

Jahrzehnten nicht mehr gesehen.“ Wir laden meine Tante, die richtig neugierig zu sein scheint, dich besser kennenzulernen, zu einem Kaffee in ein gemütliches Innenstadtcafé ein, und haben dort ein sehr angeregtes Gespräch mit ihr. Welch ein glücklicher Zufall - sie ist das erste Familienmitglied meiner kleinen Familie, das ich dir vorstellen kann. Da sie auch ganz in meiner Nähe wohnt, treten wir den Heimweg gemeinsam an. Wir fahren mit dem Bus zurück nach Aigen. Gemeinsam steigen wir mit meiner Tante bei ihrer Haltestelle aus, um uns in Ruhe von ihr zu verabschieden und sie noch ein Stück des Weges begleiten zu können. Sie scheint außergewöhnlich begeistert von dir zu sein.
Dann spazieren wir nach Hause, um einen gemütlichen Abend und eine stille aber auch sehr lustvolle Vollmondnacht in deinen Geburtstag hinein miteinander zu verbringen.

Zu deinem Geburtstag, dem ersten, den ich mit dir gemeinsam erleben darf, bereite ich dir ein ausgiebiges Frühstück und überreiche dir meine Geschenke mit einem langen handgeschriebenen Brief, in dem ich alles zum Ausdruck gebracht habe, was ich für dich empfinde, und wofür ich dir dankbar bin.

Am Nachmittag verlassen wir das Haus, um ein paar Stunden an einem meiner Lieblingsplätze in der Natur zu verbringen, am nahegelegenen Fuschl-See, an dem wir einen wunderschönen

Spaziergang in der unberührten Natur machen wollen.
Du meinst, dass du mich heute gerne zu einem guten Dinner ausführen möchtest. Ich gebe vor nachzudenken, welches Lokal ich empfehlen könnte und meine, dass wir dann bei unserer Rückkehr eine Tischreservierung vornehmen könnten.
*‚Wie nervös ich eigentlich schon bin. Wird wohl alles, wie geplant, klappen ...?*
*Ob meine Freundinnen in meiner Wohnung zurechtkommen - ob sie wohl alles finden...?'*
Ich gebe mein Bestes, mir von meiner Aufregung nichts anmerken zu lassen.
So kehren wir am frühen Abend heiter und aufgeladen mit frischer Luft zurück.

Als wir das Haus betreten, kommen einige mir sehr vertraute Menschen auf uns zu und begrüßen uns mit einem gesungenen *Happy Birthday*. Laura und Sarah haben für mich alle restlichen Vorbereitungen gemacht und das Buffet vom Cateringservice übernommen.
Beide haben je eine Geburtstagstorte gebacken - damit kommen sie uns entgegen und heißen dich willkommen - 45 Kerzen erleuchten auf den beiden Torten, die du mit einem tiefen Atemzug auf einmal auszublasen imstande bist.
Die Lebenskerze drücken sie mir in die Hand - diese stecke ich in einen schlichten, silbernen Kerzenleuchter.
Sogar meine Cousine Kate ist gekommen,

obwohl sie mit ihren Söhnen in München lebt. Schon beim Eingang werden uns Sektgläser zum Empfang angeboten. Wir alle stoßen auf dich an und du lernst jetzt meine wenigen aber liebsten Freunde kennen - Sarah mit ihrem neuen Freund Robert, Laura mit ihrem zukünftigen Ehemann Thomas, Atmo, die extra für diesen Anlass vom Bodensee angereist ist, mit ihrem Verlobten Björn, meinen Freund Kurt mit seiner Frau Helena, Angelika mit ihrem kleinen zweijährigen Buben und ein paar andere meiner Bekannten und liebsten Nachbarn. Ich bin zutiefst berührt, was hier in unserer Abwesenheit gestaltet wurde. Auch du bist überwältigt, mit welcher Herzlichkeit du hier als *Fremder* empfangen wirst. Viele Kerzen strahlen im Raum und es herrscht eine angenehme und ausgelassene Atmosphäre. Nachdem du dich mit einigen meiner Freunde bereits gut unterhalten hast, bittest du ganz unerwartet kurz um Aufmerksamkeit aller Anwesenden.

Du gehst in die Küche, um zwei Flaschen Champagner aus dem Kühlschrank, die du vermutlich unmittelbar vor unserem Ausflug unbemerkt eingekühlt hast, zu holen und ziehst dann in Anwesenheit aller, die ihre Blicke auf dich richten, ganz langsam etwas aus deiner Hosentasche. Während du dieses kleine Samtdöschen öffnest, stellst du dich vor mich hin, gibst mir einen innigen und zugleich zarten Kuss und meinst: „Es ist mir eine Freude und

eine Ehre, das was ich heute hier zum Ausdruck bringen will, mit all den Freunden dieser wunderbaren Frau teilen zu dürfen. Ich möchte vor all den anwesenden Zeugen sagen, dass ich das Gefühl habe, endlich in meinem Leben so ganz angekommen zu sein, angekommen bei dem Menschen, den ich aus tiefstem Herzen liebe und mit dem ich mir für den Rest meines Lebens wünsche, dieses gemeinsam zu verbringen. Meine geliebte, einzigartige Göttin, möchtest du mich zu deinem Mann nehmen und mich, als die Frau an meiner Seite, durch dieses weitere Leben begleiten?“ Zitternd und unter Tränen bringe ich bloß ein „Ja, wie gerne ich das möchte“, über meine Lippen. Es ist mein erster unerwarteter, romantischer Heiratsantrag, den ich in meinem Leben bekomme. Dann steckst du mir einen ganz außergewöhnlichen Ring, den du selbst kreiert hast, an meinen linken Ringfinger und nimmst mich innig in deine starken und doch so zärtlichen Arme. Ich bin hier nicht die Einzige, die schluchzt. Du teilst uns nun auch mit, dass du mich bereits in zwei Monaten, am Vollmondtag, auf der Isla Mujeres mit einem Ritual durch einen Maya-Schamanen heiraten möchtest - auf jener Insel, wo meine Vision jeden Tag stärker geworden ist, genau dies schon sehr bald erleben zu dürfen. Und all das darf jetzt tatsächlich Wirklichkeit werden. Erstarrt und weinend stehe ich da und fühle mich in einen Traum versetzt.
*Ich bekomme endlich den größten Wunschtraum*

*meines Lebens erfüllt - ich werde meinen Seelenpartner - ich bin fest davon überzeugt, dass du dieser bist - heiraten, ich werde am Meer leben, ich werde meine Lebensaufgabe zur Entfaltung bringen.*
*Ich bin fassungslos und glücklich wie noch nie zuvor in dieser Tiefe.*
Ich stehe immer noch wortlos vor dir, Tränen rinnen über meine Wangen, und alle meine Lieben kommen langsam auf mich zu, um mich in die Arme zu nehmen und meine grenzenlose Glückseligkeit mit mir zu teilen. Nach über 20 Jahren werde ich wieder heiraten - wie lange habe ich diesen Wunsch schon in mir getragen. Mit Gottfried, dem Vater meiner beiden Kinder, habe ich es nicht geschafft, alt zu werden - nun darf sich dieser nie aufgegebene Traum meines Lebens doch noch erfüllen.
Wir erleben nach all den berührenden Momenten, die ich hier mit meinen Freunden und meinem Geliebten und zukünftigen Mann teilen durfte, noch einen Abend voller Leichtigkeit, Freude, fantastischem Essen und guten Gesprächen. Kurz nach Mitternacht gehen die Letzten nach Hause.
Wir stehen an der Türe, blicken uns an und scheinen gleichermaßen glückserfüllt zu sein.
Es ist für mich ein unbeschreibliches Gefühl, auf welche Weise mit einem Mal alle meine tiefsten Lebensvisionen, die ich jetzt beinahe schon 15 Jahre in mir getragen habe, Erfüllung finden dürfen.

Ich werde dich heiraten und ich weiß, dass ich dir eine wunderbare, loyale Frau sein werde, auf die du dich jederzeit vollkommen verlassen kannst.

Wir verbringen diese Nacht in Lust, in Stille, in Ekstase und ich beinahe wie in Trance.
Am nächsten Morgen erwache ich in deinen Armen, sehe in deine strahlenden Augen und bin einfach nur dankbar, dass du hier bei mir bist.
Ich sage dir an diesem Morgen, dass es mir doch möglich ist, mit dir meinen Vater zu besuchen, obwohl ich weiß, welch eine große Herausforderung es nach all diesen Jahren der Distanz für mich sein wird, ihm zu begegnen. Ich hatte mir eigentlich vorgestellt, ihn nie mehr wiedersehen zu wollen, außer möglicherweise an seinem Sterbebett, um ihm - wenn es so vorgesehen sein sollte - bei seinem Übergang zur Seite zu stehen. Wir werden ihn in den nächsten Tagen besuchen gehen.
Zuerst wirst du allerdings meine Mutter kennenlernen, der ich dich nun schon als meinen künftigen Ehemann vorstellen kann. Vor einigen Jahren hatte sie gemeint, ich würde ihr meinen zukünftigen Mann vorstellen, nachdem sie ihren 68. Geburtstag gehabt hätte. Nun steht sie kurz vor ihrem Siebzigsten und es ist so weit, bloß knappe zwei Jahre später. Ich bin unglaublich aufgeregt und gespannt, wie diese Begegnung sein wird. Pünktlich um 13 Uhr

stehen wir mit einem großen Blumenstrauß, den du besorgt hast, vor ihrer Türe. Meine Mutter öffnet uns und sieht mich mit großen Augen an - so, als würde sie etwas ganz Besonderes wahrnehmen. Aus dem Wohnzimmer vernehme ich unerwarteterweise die Stimmen meiner Kinder - welch eine wunderbare Überraschung. Unsere Begrüßung ist sehr emotional und du übergibst meiner Mutter den Blumenstrauß mit folgenden Worten: „Ich freue mich von ganzem Herzen, die Mutter meiner zukünftigen Frau kennenlernen zu dürfen. Sie haben nämlich einen wahrhaft außergewöhnlichen Menschen in diese Welt gesetzt, für mich einen wahren Engel. Und dafür möchte ich mich bei Ihnen ganz besonders bedanken." Meine Mutter ist vollkommen verblüfft und nimmt dich gerührt und unter Tränen in ihre Arme: „Sie haben keine Ahnung, wie sehr ich mir das für mein Kind gewünscht habe. Ich habe sie noch nie zuvor glücklicher gesehen als in diesen letzten Monaten." Dann nimmt sie mich in ihre Arme, schluchzend und berührt - wortlos. Meine Kinder und ich umarmen uns ebenso voller Liebe, und beide scheinen sich mit mir aus tiefstem Herzen zu freuen. Gleichermaßen gratuliert uns mein Stiefvater, obwohl der Arme nicht mehr so ganz nachvollziehen kann, was hier geschieht, zu sehr ist seine Erkrankung schon fortgeschritten, als dass er Zusammenhänge erfassen könnte. Dafür ist er umso liebenswerter geworden und

offensichtlich dankbar, von glücklichen Menschen umgeben zu sein. Nun sitzen wir zu sechst beim Mittagstisch, führen ein angeregtes Gespräch und genießen das herrliche Essen, das meine Mutter für uns zubereitet hat. Am Ende serviert sie uns ihre außergewöhnliche Schokoladentorte, die sie anlässlich deines Geburtstages gemacht hat, mit dem Wissen, dass diese meine Lieblingstorte ist. Trotz immer neuer Versuche vom Zucker wegzukommen, ist es mir heute unmöglich darauf zu verzichten, ein Stück dieser köstlichen Torte zu essen - es schmeckt himmlisch. Meine Mutter scheint sich tatsächlich für mich zu freuen, auch wenn sie nun endgültig weiß, dass ich in Zukunft nicht mehr hier leben werde. Ich bin so dankbar für all diese wundervollen Begegnungen - auch meine Kinder scheinen dich sehr schnell als meinen zukünftigen Mann zu respektieren.
Jeder Tag, seit du gekommen bist, beinhaltet neue Geschenke für mich. Beim Abschied von meiner Mutter lädst du diese und natürlich auch Sophie und Philipp für den nächsten Tag zu ihrem Geburtstag in ein Lokal ihrer Wahl ein. Sie sieht dich beglückt an und scheint mit dir als Schwiegersohn außerordentlich zufrieden zu sein. Es ist spannend, dass beinahe alle Geburtstage meiner nächsten Angehörigen in jener Zeit stattfinden, die du bei mir verbringst - der meiner Mutter ist morgen, mein Vater hat seinen in fünf Tagen, und Philipp den seinen am Tag deiner Abreise.

Nach diesem gelungenen Mittagstisch fahren wir mit meinen Kindern zu Philipps Lieblingseissalon, um auch noch ein wenig Zeit mit den beiden alleine zu verbringen. Ihr beide - mein Sohn und du - scheint euch auf Anhieb gut zu verstehen und in alle möglichen Gesprächsthemen einzutauchen. Sophie ist noch etwas reservierter - sie ist eher eine stille und zurückhaltende Persönlichkeit.
Ich erlebe hier mit meinen Lieben einen Glücksmoment nach dem anderen.
Nachdem wir uns von meinen Kindern in der Innenstadt verabschiedet haben, meinst du, ob wir denn nicht gleich jetzt meinen Vater besuchen sollten. Ein Teil in mir hat Angst und will sich all das zuvor Erlebte nicht verderben lassen, ein anderer Teil möchte diese Situation so schnell wie möglich hinter sich bringen. Wir beschließen, am Weg nach Hause beim Pflegeheim stehen zu bleiben und dort einen Spaziergang zu machen, bei dem ich es mir noch überlegen könnte, ob ich heimfahren oder ihn besuchen möchte.
Hand in Hand gehen wir in der Gegend spazieren, in die ich als Kind beinahe jede Woche mindestens drei Mal mit meiner Mutter Ausflüge gemacht hatte. Am Ende betreten wir dann doch das Heim und fragen nach dem Zimmer meines Vaters. Das Pflegepersonal scheint sehr erstaunt zu sein, nach so vielen Jahren erstmals dessen Tochter zu sehen. Tief atmend gehe ich mit dir den Gang entlang, um

an seiner Zimmertüre anzuklopfen. Er meint: „Herein" - wir treten ein und in dem Moment, in dem sich unsere Blicke treffen, spüre ich plötzlich tiefen Frieden in mir, während er nur fragend mit großen Augen auf mich blickt: „Magdalena?" „Ja Vati, ich bin es - ich bin gekommen, um dir meinen zukünftigen Mann Isaias vorzustellen." Ich sehe, wie seine Augen glasig werden, und er dich bloß mit diesen trüben Augen ansieht und spricht: „Werden Sie es schaffen, meine Tochter glücklich zu machen?" Du antwortest mit ruhiger Stimme: „Ich habe das Gefühl, dass mir das jetzt schon gelungen ist."
Wieder sieht er mich an und schüttelt nur seinen Kopf: „Ist schon ziemlich lange her, dass wir uns gesehen haben." „Ja Vati, viele Jahre - und ich werde auch bald nicht mehr hier leben."
Wir betreiben noch für kurze Zeit ein wenig Smalltalk mit ihm. Er scheint ruhiger geworden zu sein. *‚Ob dieser Mensch in diesem Leben noch jemals zur Einsicht kommen kann? Irgendwie erscheint mir dies bei ihm unmöglich zu sein...'* Dennoch fühle ich in mir immer mehr Ruhe und Gelassenheit, und spüre mich an deiner Seite gut beschützt und behütet - mit dir kann mir wirklich nichts geschehen, weder körperlich noch emotional. Nach einer knappen halben Stunde verlassen wir diesen Ort. Ich habe mich von meinem Vater gut verabschiedet, mit dem Wissen, dass ich ihn möglicherweise nie wiedersehen werde und nicht, ohne ihm

noch zu seinem bevorstehenden Geburtstag gratuliert zu haben - zu seinem Achtzigsten. Beim Pflegepersonal deponiere ich den Wunsch verständigt zu werden, wenn es soweit wäre, da ich ihn möglicherweise auf seiner *letzten Reise* begleiten möchte. Ich vereinbare mit der Dame an der Rezeption, ihnen auch meine ausländische Telefonnummer zukommen zu lassen, wenn ich dann endgültig übersiedelt bin. Danach verlassen wir das Haus - ich fühle mich erschöpft, aber auch vollkommen erleichtert. Liebevoll nimmst du mich in deine Arme, mein Körper zittert ein wenig und Tränen fließen meine Wangen hinunter. Zärtlich meinst du: „So, mein Engel, jetzt habe ich doch viele Familienmitglieder kennengelernt - lass uns nach Hause fahren.“ Ich kann bloß lächeln und bitte dich das Steuer zu übernehmen - irgendwie fühle ich mich ein wenig knieweich. Schweigend sitze ich im Auto neben dir. Zu Hause angekommen, breche ich in Tränen aus und werde von dir einfach nur gehalten, während ich das Gefühl habe, dass dieser Tränenfluss gar nicht mehr versiegen würde. Wie gut es sich anfühlt, einfach nur gehalten zu werden. Irgendwann werde ich ruhiger, mein Schluchzen lässt nach und ich fühle mich um eine unglaublich schwere Last erleichtert. In dieser Nacht plagen mich noch einmal sehr seltsame Träume und ich bin unendlich froh, dich bei jedem Aufwachen an meiner Seite zu sehen und zu spüren. Offensichtlich war dieser

Besuch noch ein letztes Eintauchen in meine schlimme Vergangenheit und zugleich eine Erlösung der Überreste meines Traumas.

Am nächsten Tag habe ich das Gefühl mich um vieles freier und gelöster zu erleben.
Wieder treffen wir meine Mutter und meine Kinder, um ihren 70. Geburtstag mit ihr zu feiern - es ist bloß ein kurzes Mittagessen, da sie wie immer noch einige Verabredungen hat und am Abend gemeinsam mit Freunden ein Konzert besuchen möchte. Erfreulicherweise verläuft unser Beisammensein vollkommen selbstverständlich und harmonisch - ich genieße diese entspannte Atmosphäre schon sehr.

In der gesamten Zeit, die du bei mir verbringst, erlebe ich von Tag zu Tag mehr, wie sehr wir in einen unglaublich angenehmen *Alltagsrhythmus* miteinander eintauchen, und alles in einer Leichtigkeit und Selbstverständlichkeit gelingt. Es erscheint vollkommen natürlich mit dir zusammenzusein. Wir genießen die gemeinsamen Momente und geben uns auch Freiraum für Stille und Ruhe im Alleinsein.

Für einen Abend verabreden wir uns zu einem Abendessen mit meinem Exmann und seiner Frau, und ich stelle mit Freude fest, dass sie und ich uns zum ersten Mal vollkommen natürlich und neutral begegnen können. Auch Gottfried scheint sich für mich zu freuen. Wir verbringen

einen sehr ungezwungenen Abend zu viert und ich habe das Gefühl, dass meine Vergangenheit in diesen Tagen auf so vielen Ebenen wirklich zur Ruhe kommen konnte.
Für mich scheinen sich mit dir gemeinsam alle ungelösten Themen zu einem Ganzen zu fügen. Wir genießen es, über unsere Zukunftspläne zu sprechen, über unsere Visionen und den Verlauf unserer bevorstehenden Hochzeit, die wir nur im kleinen Rahmen abhalten wollen. Von mir werden, schon auf Grund der Distanz, nur wenige Freunde kommen können - auf jeden Fall Kurt und Atmo, die meine Trauzeugen sein werden, etwas, das wir schon einige Zeit, bevor ich dich kennengelernt habe, vereinbart hatten. Schön wäre es für mich, auch Laura bei mir zu wissen, schon um ihr zu zeigen, dass eine Hochzeit ein besonders freudvolles Ereignis ist, das ihr so ganz und gar keine Angst machen muss. Sie hat vor, im August diesen Schritt mit Thomas zu gehen - verlobt sind sie jetzt schon lange genug. Ich bin unglaublich verblüfft, dass ich nun tatsächlich die Erste von uns dreien zu sein scheine, die ihre Hochzeit feiern wird.

Unsere elf gemeinsamen Tage in meinem Zuhause vergehen wie im Flug.

Es war eine aufregende und ereignisreiche Zeit, die wir miteinander in meiner Heimat verbrachten - ich habe dir vieles gezeigt, all meine wichtigen Menschen vorgestellt, viel Zeit

mit dir in der Natur verbracht, dich bekocht und, so gut es mir möglich war, verwöhnt. Wir haben uns in allen Varianten unseres Spielfeldes geliebt und jeden Moment genossen. Kleine Konflikte, die aufgetreten sind, haben wir mit viel Bewusstheit und Liebe gelöst, sodass es niemals einen bitteren Nachgeschmack hätte geben können.
Und wir haben beschlossen, unsere Hochzeit doch lieber am 21. Juni zu feiern, am Tag der Sonnenwende, die diesmal sogar einen Tag nach dem Vollmond sein wird.

*Ich freue mich unendlich auf mein Leben mit dir!*

Deinen letzten Tag - der Flug zurück geht erst am frühen Abend - verbringen wir beinahe ausschließlich im Bett - wir genießen unsere Körper, unser Beisammensein, unser wildes Begehren aufeinander und unsere innige Zärtlichkeit. Natürlich vergesse ich in meinem Lust- und Liebestaumel nicht, Philipp anzurufen, um ihm meine Geburtstagswünsche zu übermitteln. Er wird am nächsten Wochenende kommen, um sich von seinen Eltern und seiner Großmutter feiern und verwöhnen zu lassen.
Bevor ich dich zum Flughafen bringe, übergibst du mir einen Brief und meinst, dass er bereits das Ticket für meinen nächsten Flug beinhalten würde, meinen letzten, den ich alleine vor unserer Hochzeit antreten werde. Ich solle ihn

allerdings zu Hause zurücklassen und erst nach meiner Rückkehr lesen.

Am Flughafen verabschieden wir uns, und auch ich drücke dir einen Brief in die Hand, in dem ich in den letzten Tagen all meinen Gefühlen, meiner Dankbarkeit, meinen Sehnsüchten und Wünschen sowie Visionen, aber vor allem meiner tiefen Liebe zu dir Ausdruck verliehen habe. Ich weiß, ich werde dich ganz bald wiedersehen und kurz danach mit dir mein Leben teilen.
Berührt und friedvoll blicke ich dir nach, bis du hinter der Sicherheitskontrolle verschwindest.

Anschließend fahre ich zu meiner Freundin Laura, die in der Nähe des Flughafens wohnt und reflektiere mit ihr all das Geschehene. Auch sie scheint viel ruhiger und glücklicher in ihrer Beziehung geworden zu sein. Ich frage sie, ob sie denn nicht vielleicht auch das schamanische Ritual in Mexiko zur Besiegelung ihrer zukünftigen Ehe erleben wolle. Natürlich muss sie darüber erst mit Thomas, ihrem Verlobten, sprechen, obwohl sie diesen Schritt sehr gerne setzen würde. Thomas ist für solche Rituale nicht wirklich offen. Dennoch beschließen wir, diese Möglichkeit ins Auge zu fassen. Ich hätte sie doch so gerne auch bei meiner Hochzeit dabei. Laura ist auch der Meinung, dass Isaias sicher der richtige Mann für mein Leben sei.
*Dessen bin ich mir gewiss.*

So verbringen wir einen typischen Frauenabend mit vielen Gesprächsthemen. Irgendwann ist dann doch meine Neugier zu groß, meinen Brief zu Hause öffnen zu wollen. Ich verlasse Laura nach diesem gemütlichen Freundinnen-Abend und fahre heim.

Anfangs erlebe ich beim Betreten meines Apartments ein eigenartiges Gefühl - plötzlich wieder alleine zu sein - nach all der intensiv mit dir erlebten Zeit. Dennoch fühle ich mich keineswegs einsam.

Behutsam öffne ich das Kuvert und glaube nicht richtig zu sehen …
In diesem Umschlag, der übrigens einen unglaublich langen Brief zu beinhalten scheint, finde ich zwischen den Seiten 1500 Euro beigelegt, mit dem Hinweis, dass ich mir damit den Traum erfüllen kann, eine wunderschöne Braut zu sein. Ich werde in einem roten oder einem strahlend bunten Kleid auf meiner Hochzeit erscheinen. Noch weiß ich es nicht endgültig - ich bin einfach nur fassungslos ob deiner Großzügigkeit.
Das Ticket beinhaltet nicht wirklich eine Überraschung, auch wenn ich mich unbeschreiblich darüber freue - einen Flug nach *Palma de Mallorca*, um dort mit dir beinahe drei Wochen zu verbringen. Der Flug findet schon in einer Woche statt.
Du bist tatsächlich ein Mann, der in jedem

Moment weiß, was er will.
Dein Brief beinhaltet alles, was ich mir in meinem Leben von einem Mann zu hören erträumt habe. Er bringt deine tiefe Liebe in einer unbeschreiblich poetischen Sprache zum Ausdruck.

Die letzten Zeilen beinhalten die Essenz von allem:

*Meine Göttin, meine Königin, meine Geliebte, meine Frau,*
*Du bist diejenige, auf die ich seit Anbeginn gewartet habe, um das zur Vollendung zu bringen, wonach meine Seele strebt. Ich werde mit Dir dieses Leben, das wir noch miteinander teilen dürfen, in tiefer Liebe, in vollkommener Achtung und in täglicher Präsenz vor der Göttlichkeit unseres Seins verbringen, in Hingabe an Deine Weiblichkeit, die das schönste Geschenk ist, das Du mir geben kannst. Sei willkommen, nun auch bald in meine Alltagswelt mit mir gemeinsam einzutauchen.*

*In bedingungsloser Liebe, die seit Anbeginn der Kreation unsere Seelen und unser Sein verbunden hat und uns niemals getrennt erscheinen lässt.*
*Dein Isaias, in ewiger Verbundenheit*

Nun habe ich wohl einiges in meinem Leben zu regeln.

Zuallererst werde ich meinem Arbeitgeber Bescheid geben, dass ich endgültig nicht mehr zurückkehren würde. Endlich kann ich mich vollkommen auf meinen Herzensweg - auch beruflich - konzentrieren.
Ich muss wohl auch mein Apartment vermieten, obwohl mir das ein wenig schwerfällt, weil ich doch alles erst vor kurzer Zeit vollkommen harmonisch gestaltet habe. Aber wie so oft im Leben gilt es, die Dinge loszulassen, die einem liebenswert sind, um auf neuen Pfaden zu schreiten. Einige meiner Sachen möchte ich dennoch in meine neue Lebensumgebung mitnehmen, vor allem meine von Cleo gestalteten Bilder.
Interessanterweise kennt meine Freundin und Nachbarin Sarah jemanden, der möglicherweise mein Apartment mieten möchte - somit erspare ich mir, auf die Suche nach Mietern zu gehen.

Eigentlich bin ich ziemlich aufgeregt - ich werde jetzt tatsächlich ein vollkommen neues Leben beginnen - endlich *mein Leben*, das ich mir schon seit Ewigkeiten zu leben wünsche.

Das Wochenende verbringe ich intensiv mit meinen Kindern, um vor allem auch den Geburtstag von Philipp nachzufeiern. Vermutlich habe ich ihm hier zum letzten Mal seine Lieblings-Geburtstagstorte gebacken. Wir führen intensive Gespräche und genießen unsere gemeinsame Zeit. Die beiden freuen sich

so sehr mit mir - sie wünschen mir nur das Allerbeste für mein Leben. Ich habe noch vor einem Jahr vermutet, dass mein Sohn seine erste und große Lebensliebe Iris heiraten würde, mit der er seit der Schulzeit zusammen war, und die ein wunderschönes, liebenswertes Wesen ist - eine Schwiegertochter, die man sich nur wünschen kann. Wer weiß, ob die beiden nicht doch wieder ganz zusammen finden werden - ich habe schon sehr stark das Gefühl, und selten hat mich meine Intuition bisher getäuscht. Eine neue Annäherung findet seit geraumer Zeit doch wieder statt. Wie sehr ich doch Sophie und Philipp wünsche, schon bald mit ihren *Lebensmenschen* sein zu können, um nicht so lange, wie es bei mir gewesen ist, auf dieses Glück warten zu müssen.
Auf jeden Fall wissen meine beiden Kinder, dass ich - unabhängig davon, wo immer ich leben werde - für sie da bin, wenn sie mich brauchen - zu jedem Zeitpunkt.

Die Zeit bis zu meiner Abreise vergeht wie im Flug, und wieder stehe ich mit Laura am Flughafen, um *meine letzte Vollmondreise* vor meiner Hochzeit anzutreten - ich kann es irgendwie gar nicht richtig fassen, was da jetzt alles auf mich zukommen wird ...

## *Alltagsleben auf Mallorca*

Endlich komme ich wieder auf jene Insel, die mir vor drei Jahren vollkommen vertraut geworden ist. Ich habe damals so sehr gehofft, und auch in gewisser Weise geahnt, dort irgendwann zu leben. Offensichtlich scheint meine Vorahnung gestimmt zu haben, hast du doch dort deinen derzeitigen Lebensmittelpunkt, den ich jetzt mit dir zumindest für einige Wochen teilen darf. Ein wenig traurig stimmt mich die Tatsache, dass meine einzige Freundin von dieser Insel vor einem Jahr von hier weggezogen ist, um wieder - nach beinahe zwölf Jahren in der Ferne - an ihrem geliebten Bodensee in Deutschland zu leben. Wie gerne hätte ich Atmo hier wiedergesehen - auf Mallorca, wo wir beide einen Sommer lang viele schöne gemeinsame Stunden verbracht haben.
Aber wer weiß, was das Leben noch mit uns allen vorhat.

Ich sitze wieder einmal im Flugzeug und fiebere dieser Zeit mit dir entgegen.
Meine Liebe für dich ist so unglaublich tief und klar, dass ich nicht einen Moment daran zweifle, den richtigen Schritt in mein neues Leben zu setzen. Ich weiß, dass ich für ein Leben, wie ich es mit dir nun teilen werde, erst selbst bereit sein musste.
Mit Glück erfüllt und voller Dankbarkeit blicke ich auf meinen schönen Ring - er strahlt auf meinem Finger und erinnert mich jeden Moment an unsere gemeinsame Zukunft.
*Ich bin bereit - mit jeder Faser meines Seins.*

Am Flughafen von Palma erwartest du mich beim Ausgang mit einem prachtvollen Strauß roter Rosen und weißer Lilien, nimmst mich innig in deine Arme und versicherst mir unverzüglich, dass ich die Frau deines Lebens sei: „Willkommen in deiner zukünftigen Lebensumgebung, meine Göttin." Auch ich kann dir versichern, wie sehr ich mit vollkommener Klarheit weiß, dass auch du der Mann meines Lebens bist, und ich mir von Herzen wünsche, mit dir in voller Bewusstheit diesen gemeinsamen Weg zu gehen.

Kurz nach meiner Ankunft stehe ich vor einem unbeschreiblich schönen Haus, direkt am Meer, ohne unmittelbare Nachbarschaft, und nicht weit entfernt von Palma. Ich sehe dich mit großen, erstaunten Augen an und fühle mich

wieder einmal in eine Märchenwelt versetzt.
Die Sonne strahlt vom Himmel und du meinst: „Willkommen zu Hause, meine geliebte Frau, meine Königin, willkommen in deinem zukünftigen Haus. Kannst du dir vorstellen, hier einige Monate des Jahres mit mir gemeinsam zu leben?“
„Wie bitte?“, meine ich verblüfft, „wir werden hier auf dieser Insel leben?“ „Ja, meine Schönheit, über die Sommermonate hier und in der kühlen Jahreszeit voraussichtlich auf der Isla Mujeres, wenn du es so möchtest - ich weiß doch, dass dir das tropische Klima im Sommer nicht guttun würde.“ Jetzt bin ich endgültig sprachlos.
*‚Ich habe tatsächlich eine vollkommen richtige Vorahnung gehabt - vor drei Jahren - als ich hier den gesamten Sommer verbracht und innig darum gebeten habe, endlich meinen Lebensauftrag erkennen zu dürfen.‘*
Gemeinsam betreten wir nun dieses wunderschöne, lichtdurchflutete Haus. Ich bin fasziniert von dessen Ästhetik. Während du mich durch die Räume führst, meinst du: „Du sagst mir, welche Veränderungen du hier vornehmen möchtest, damit es auch dein Zuhause sein kann.“ Im Moment bin ich eher von all den neuen und wundervollen Eindrücken erschlagen.
Dann führst du mich auf die Terrasse und in den Garten, in dem ein Infinity Pool direkt in das blaustrahlende Meer überzugehen scheint. *‚Hier*

*werde ich auch leben ... unfassbar.‘*
Es scheinen sich mit einem Schlag alle meine Lebensträume zu erfüllen. Ich kann gar nicht beschreiben, wie glücklich ich mich in diesem Augenblick fühle. Jetzt ist mir endgültig klar, warum ich vor sieben Jahren meinen schweren Unfall überleben durfte - es war offensichtlich nicht nur für meine Kinder. Es sollte sein, damit ich noch all das leben darf, was meinem tiefsten Herzenswunsch entspricht, ein Leben mit einem Mann, den ich unendlich liebe. Außerdem werde ich vielen anderen Menschen Unterstützung geben dürfen, indem ich sie auf ihrem Weg begleite - durch meine und unsere gemeinsame zukünftige Arbeit.
*Es bedurfte nochmals einer ‚Sieben-Jahres-Periode‘, um wahrhaft ankommen zu können.*

Da wir hier tatsächlich beinahe in der Einsamkeit leben, ziehen wir nun unsere Kleider aus, um gemeinsam durch den großen Garten, der direkt in den Strand übergeht, zum Meer zu laufen und uns heiter und ausgelassen ins Wasser zu werfen. Ich tauche sofort unter und genieße es, das kühle Wasser auf meiner nackten Haut zu spüren. Schon spüre ich dich meinen Körper berühren und fühle die Schauer, die mich durchfluten, wenn du mich nur sanft mit deinen Fingerspitzen streifst.
Wie zwei verspielte Delfine lassen wir uns durch das Wasser, das noch recht kühl ist, gleiten … schwimmend erleben wir einen Tanz,

der sich von selbst kreiert … berührend, faszinierend, voller Leichtigkeit und Lebenslust umkreisen wir einander, berühren unsere Körper sanft, um wieder auseinanderzudriften, wie Magnete erneut zusammenzufließen und uns ineinander verschmelzen zu lassen.
Ich umschlinge dich mit meinen Beinen und blicke dir in deine dunklen Augen - schon beginnen wir einander zu küssen - in einem Spiel unserer Zungen miteinander zu versinken und unsere Körper harmonisch fließend zu bewegen. Du nimmst mich auf deine Arme und beginnst mich liebevoll durch das Wasser zu floaten, immer achtsam bedacht, niemals mein Gesicht eintauchen zu lassen. Ich lasse mich vollkommen fallen und gebe mich vertrauensvoll deiner Führung hin. Ich spüre Wellen der Lust und der Freude mich durchströmen und genieße dieses Gefühl, mich in absoluter Sicherheit aufgehoben zu wissen. Irgendwann bemerke ich, wie du mit einer Hand meinen Rücken stützt, um mit deinem Körper im hüfttiefen Wasser zwischen meine Beine zu gleiten und ganz langsam deinen erigierten Penis in mein innerstes Heiligtum eindringen zu lassen. Du hast gespürt, wie sehr sich mein Körper schon nach dieser Vereinigung verzehrt hat. Ich strecke meine Arme nach hinten und werde von deinen Händen und meinen tiefen Atemzügen auf der Wasseroberfläche getragen, während du mit sanften, achtsamen Stößen meine Lust in höhere Dimensionen führst. Ich

habe das Empfinden, mit allem um mich zu verschmelzen, dem Wasser, der Luft, die in einer Brise über mich strömt und sanft meine harten Brustwarzen liebkost, deinem Körper, der mit mir vereint ist, und mit diesem Moment, den ich als Unendlichkeit und vollkommene Erfüllung erlebe. Ich fühle die Ekstase, die mich einhüllt und in Wellen sanfter Orgasmen trägt, welche ich genussvoll durch meinen Körper strömen lasse, immer in der Gewissheit, von dir getragen zu sein.

In dieser Herrlichkeit gemeinsamer, lustvoll erfüllter Momente habe ich das Empfinden mit dem gesamten Universum zu verschmelzen. Irgendwann wird es aber doch ziemlich kalt …

Du nimmst mich achtsam, stützt meinen Rücken, damit ich mich aufrichten kann und führst mich, aus dieser Vereinigung gelöst, zurück in den Garten, um dich mit mir auf eine große Liege zu legen, auf der ich, nach diesen sanften Wellen, nun in meiner wilden Lust einen Ritt auf deinem, für mich so sehr bereiten Penis machen darf. In unserem erfüllenden, gemeinsamen Höhepunkt spüre ich einen Strom warmer Flüssigkeit aus mir rinnen, der kurz darauf - vermischt mit dem heißen Strom deines Saftes - in und aus mir fließt, bevor wir gemeinsam strahlend und erfüllt auf die Liege sinken, um unsere Lust noch in sanften Strömen verebben zu lassen.

Wie herrlich es doch ist, dass in unserer tiefen

Liebe wirklich keinerlei Beschränkungen sein müssen. Mit dir habe ich schon das Paradies geschaut und bin doch ganz eingetaucht im leidenschaftlich-menschlichen Dasein. Wir erleben Verschmelzung in göttlicher Ekstase und zugleich Lust in wilder, unbändiger Körperlichkeit, die mir die Dimensionen meiner Wahrnehmungen und Empfindungen in unbeschreiblicher Schönheit erlebbar macht.

Nach diesem berauschenden Einstieg in unsere gemeinsamen drei Wochen genießen wir eine ausgiebige Dusche in deinem lichtdurchfluteten, mit weißen Hochglanzmöbeln ausgestatteten Badezimmer, um danach einen Rundgang durch den Rest des Hauses zu machen.
Der untere Bereich ist offen und großzügig, mit einem Wohnraum und integrierter Küche - alles hell gestaltet, mit großer Glasfront und Blick durch den Garten aufs Meer. Daneben befindet sich auch noch ein lichtvoller Arbeitsraum, in dem du vermutlich all deine organisatorischen Aufgaben erledigst.
Gedankenversunken blicke ich um mich: *‚Oh ja, hier kann ich mir gut vorstellen zu leben - das Meiste entspricht auch meinem Geschmack und einige wenige Veränderungen wirst du mir, wie schon vorgeschlagen, zugestehen. Ein wenig weibliche Energie fehlt hier doch. So, wie in meinem eigenen Heim kein Mann vor dir seine Energie verströmen konnte, scheint auch hier keine Frau vor mir gewesen zu sein, die eine*

*wesentliche Rolle in deinem Leben gespielt hat. Allzu viele Details vergangener Lust- und Liebesgeschichten wollten wir uns bewusst nicht erzählen - wir haben beschlossen, die Vergangenheit dort zu lassen, wo sie hingehört - in die Vergangenheit.*
*Wesentlich ist wahrlich nur das JETZT... und das, was wir daraus machen.*
*Ob du überhaupt meinen autobiografischen Roman lesen sollst?...'*

Du spürst meine intensiven Gedanken, lächelst mich an, gibst mir einen zarten Kuss und führst mich an der Hand ins nächste Stockwerk. Hier zeigst du mir ein herrlich großes Schlafzimmer mit einem Kingsize-Bett und eigenem Bad, sowie drei weitere kleinere Räume, von denen zwei auch jeweils ein eigenes Badezimmer angeschlossen haben.
Dieses Haus ist in drei Etagen angelegt, wobei sich im obersten Stockwerk noch die Zimmer deiner Kinder befinden.
Mein zukünftiges Zuhause fühlt sich für mich sehr edel und geborgen an - ein wenig bedarf es tatsächlich noch meiner weiblichen Weichheit in der Gestaltung gewisser Details.
*‚Ich bin endlich zu Hause - angekommen in meinem neuen äußeren aber noch mehr in meinem inneren Zuhause, in der Liebe zu diesem wunderbaren Mann ...'*, mir erscheint all das noch wie ein Traum, aus dem ich nie wieder erwachen möchte - ein Traum, den ich mir

immer schon zu leben gewünscht habe und der jetzt gelebte Realität zu sein scheint.

Tagtäglich leben wir hier *Alltag*, obwohl wir derzeit noch nicht getrennte Schlafräume beziehen - inzwischen bin ich bezüglich der Entscheidung, unser Schlafzimmer nicht täglich zu teilen, wieder etwas verunsichert. Neben dir schlafe ich oftmals tiefer und erholsamer als alleine. Dennoch sollen unsere Begegnungen auch im Zusammenleben immer nur auf Freiwilligkeit beruhen und für beide einen Herzenswunsch darstellen - sei es für gemeinsam erlebten, lustvollen Sex, für rituelle, spirituelle Vereinigungen oder bloß, um nebeneinander schlafen zu wollen und die Körpernähe des anderen zu erleben. Du bist diesbezüglich offensichtlich eher meinem ursprünglich unbedingten Wunsch gefolgt. Die endgültige Entscheidung werden wir zum richtigen Zeitpunkt treffen. Einen eigenen Rückzugsraum zu haben, wird für jeden von uns dennoch von großer Bedeutung sein. Ich habe mir meinen schon ausgesucht - natürlich mit Blick aufs Meer. Auch du wirst dir im Obergeschoss einen eigenen kleineren Raum gestalten - den großen Schlafraum wollen wir als *unser gemeinsames Heiligtum* herrichten. Wir planen die Umgestaltung des Hauses, unsere Hochzeitszeremonie und arbeiten zwischendurch intensiv an unserer gemeinsamen Lebensvision.

So verbringen wir diese Zeit harmonisch, in einem Rhythmus, als wären wir immer schon zusammen gewesen. Ich nehme in der Früh an Yoga-Einheiten teil oder mache für mich selbst Meditationen und Körperübungen, die mir guttun. Du gehst regelmäßig laufen oder Rad fahren und leistest mir bisweilen beim Yoga oder Qigong Gesellschaft. Nach meinem Morgenritual gehe ich alleine oder mit dir gemeinsam ausgiebig im Meer schwimmen. Das Wasser scheint von Tag zu Tag wärmer zu werden. Anschließend genießen wir ein köstliches, reichhaltiges Frühstück, von dem wir beide meist bis zum frühen Abend gesättigt sind.
Dies ist ein Tagesbeginn, wie ich ihn mir schon lange ersehnt hatte und für einige Monate auf der Isla Mujeres leben konnte - allerdings bloß alleine.

Ich gehe täglich in die Natur, sitze im Garten mit Blick aufs Meer und schreibe, während du deine Seminare organisierst. Anfangs besuchen oder treffen wir einige deiner Freunde und auch die wenigen Bekannten, die ich in der Zeit meines Sommers auf Mallorca kennengelernt habe, und empfangen vereinzelt auch Freunde bei uns, für ein gemeinsames Abendessen oder einige Stunden am Meer.

*Wie einfach und zugleich erfüllend ein Leben doch sein kann.*

Für die letzte Woche meiner Anwesenheit haben sich deine Kinder für einen Besuch von vier Tagen angekündigt - das ist für mich die einzige kleine Herausforderung.
*‚Wie werden mich die beiden - vor allem deine Tochter - aufnehmen?‘*
Ich beschließe einfach nur ich selbst zu sein, mein Herz zu öffnen, mit der Bereitschaft, ihnen in dieser Zeit den Platz an der Seite ihres Vaters zu überlassen. Ich vertraue darauf, dass wir genauso, wie du mit meinen Kindern, eine herzliche, offene Begegnung erleben werden.

Inzwischen gestalten wir hier endgültig den Verlauf unserer Hochzeit, die doch schon in einem Monat stattfinden soll. Um unsere Freunde und Familienmitglieder mit der weiten Entfernung nicht allzu sehr zu brüskieren, beschließen wir Anfang September eine weitere Besiegelung unserer gemeinsamen Zukunft hier auf dieser Insel vorzunehmen. Es soll ein Fest für alle werden, vor allem für jene, die nicht nach Mexiko reisen und *unser Jawort* dort mit uns erleben können. Daher wird die Zeremonie auf der Isla Mujeres bloß im kleinen Rahmen stattfinden. In der Zeit zwischen Juni und September wollen wir unsere Flitterwochen auf Hawaiis *Big Island* genießen und uns einen Lebens- und Arbeitsraum auf der Isla Mujeres für die Winterzeit kreieren. Einen Flug auf die Seychellen, auf denen wir ursprünglich unseren Honeymoon verbringen wollten, haben wir für

ein anderes Mal eingeplant. Der Flug von Cancun dorthin erscheint mir mehr belastend als erholsam. Hawaii ist doch um vieles näher zu Mexiko.
Wir wollen beide Feste in einem schlichten, aber doch sehr feierlichen Rahmen erleben. Somit bleibt mir die Wahl der Farbe meines Hochzeitskleides erspart - ich werde in Mexiko in einem roten Cocktailkleid erscheinen und hier auf Mallorca ein farbenfrohes, mit Perlen und Glitzersteinen besticktes Kleid tragen. Ich weiß, dass ich beide Kleider in der Boutique einer Bekannten in meiner Heimatstadt finden kann - vermutlich wird sogar dein großzügiges Budget für beide ausreichen.

Außerdem arbeiten wir nun intensiver an unserem Konzept, gemeinsame *Workshops für Paare* zu gestalten und erstellen ein weiteres *Programm für Singles*, die sich neuen Möglichkeiten gelebter Liebe öffnen wollen. Ich selbst kreiere immer noch meine Projekte, in denen ich auf unterschiedliche Art und Weise mit Frauen arbeiten werde, vor allem auch mit jenen, die ein schweres Kindheitstrauma erlebt haben. Diesen möchte ich die Möglichkeiten ihrer weiblich gelebten Schönheit eröffnen und ihnen helfen, sich vollkommen und in Liebe selbst anzunehmen, zu achten und eine lustvoll gelebte Sexualität zu erfahren.
Ich habe nun konkret vor, in diesem Bereich meine eigenen Workshops mit dem Titel *„In*

*Lust und Liebe LEBEN"*- themenspezifisch mit unterschiedlichen Untertiteln bezogen auf *Weiblichkeit - Erotik - Sinnlichkeit - Sexualität und Liebe* - zu gestalten, und auch wieder Einzelcoachings anzubieten. Außerdem will ich Tanzauftritte, kombiniert mit Lesungen aus meinen Büchern organisieren - ich sehne mich manchmal danach, wieder auf der Bühne zu stehen. Das Schreiben ist ohnedies schon ein in mein Leben integrierter Bestandteil geworden. Du wirst weiterhin im Businessbereich Seminare veranstalten, um auch in dieses Feld mehr und mehr ein erhöhtes Bewusstsein einbringen zu können.

Unsere Zeit scheint nur so dahinzufliegen.

Wir reden, wir planen, wir lieben uns beinahe täglich, wobei jeder Tag immer wieder neue Facetten des Erlebens beinhaltet, und wir genießen alle Varianten des gemeinsamen Seins. Wir kochen gemeinsam, wir lachen miteinander, wir necken uns, wir tauchen in tiefe philosophische Gespräche ein, wir schweigen nebeneinander und berühren in diesem Schweigen noch tiefer unsere Herzen. Wir meditieren und schwimmen täglich im Meer, wir machen unsere Körperübungen, massieren uns gegenseitig, liebkosen unsere Körper, nähren sie mit unserer Liebe, und erfahren täglich ein immer tieferes Eintauchen in eine *'geheiligte, heilende Partnerschaft'*.

Unsere *zwölfte Vollmondnacht* verbringen wir in

einem wunderschönen spirituellen und tantrisch sexuellen Ritual, in dem wir all das gemeinsam manifestieren, was wir der Welt noch schenken wollen. Wir bereiten einen Platz mit vielen Kerzen, geben uns gegenseitig eine Massage mit heißem Öl und verbringen diese Nacht wortlos und in jedem Moment in tiefer Präsenz im gegenseitigen Geschenk unserer Liebe. Du berührst meinen Körper, als würdest du ihn neu erforschen, bringst jeden Millimeter in Schwingung, nährst meine sensiblen Brüste mit deiner vollkommenen Hingabe und betrachtest mich mit Augen tiefer Liebe. Ich habe das Gefühl, dass mein Körper wieder um vieles schöner und straffer geworden ist, seit ich mit dir all diese wunderbaren Begegnungen erleben darf. Auch ich gebe mich mit meiner absoluten Präsenz deinem wundervollen Körper, mit all meiner Aufmerksamkeit hin, genieße es, ihn überall zu liebkosen, aber auch mit absoluter Hingabe deinen herrlichen Lingam mit meinem Mund, den Lippen, meiner Zunge, meinen Zähnen zu verwöhnen. Es ist himmlisch mit dir ganzheitlich zu verschmelzen - von dir lustvoll auf und in meiner Yoni verwöhnt zu werden, mit deiner wissenden Zunge und deinen Fingern, die schon all meine empfindsamen Stellen genau kennen. Nach einer Unendlichkeit, die im Flug zu vergehen scheint, vereinigen wir uns in dieser Stille, die keiner Worte bedarf, um uns in allen Dimensionen der Ekstase wiederzufinden. Tief genährt und gesättigt schlafen wir

aneinandergeschmiegt ein und erwachen beinahe in derselben Position. Mit einem Strahlen blicken wir uns an und beginnen unseren Morgen mit ausgiebigem Schwimmen im Sonnenaufgang.
Ich kann es mir einfach gar nicht mehr vorstellen, anderswo zu leben als am Wasser.

Nun ist die Woche gekommen, in der uns deine Kinder besuchen werden. Ich freue mich schon sehr darauf, die beiden kennenzulernen. Nach dieser Zeit mit dir habe ich bereits all meine anfänglichen Unsicherheiten gehen lassen können. Am Donnerstag um 11:30 Uhr vormittags holen wir die beiden vom Hafen ab - sie sind mit dem Schiff eines Freundes von Ibiza herübergekommen.
Es ist sehr berührend zu sehen, wie liebevoll du deine Kinder empfängst und wie sehr auch sie sich freuen, ihren Vater zu sehen. Du kommst mit den beiden zu mir und stellst sie mir vor: „Magdalena, darf ich dir Isabel und Andres vorstellen." Wir geben uns die Hand, sowie rechts und links einen Kuss auf die Wange - es erscheint mir irgendwie selbstverständlich. Du meinst zu den beiden: „Meine zukünftige Frau, Magdalena." Wenn ich das höre, muss ich immer ein wenig schmunzeln, ist es doch schon 21 Jahre her, seit ich geschieden wurde und seither alleine lebe. Ich muss erst wieder vertraut werden, mit dem Gefühl, bald einen Mann zu haben, meinen Mann für den Rest

dieses Lebens. Ich scheine vor Glück zu strahlen - die beiden sehen mich wohlwollend an und ich habe das Gefühl, dass uns eine schöne gemeinsame Zeit miteinander bevorsteht. Ich weiß natürlich, wie wichtig es dir ist, vor allem auch wegen deiner Kinder, einige Monate im Jahr auf Mallorca zu verbringen und ihnen damit nahe sein zu können. Andres ist erst 15 und braucht unbedingt noch deine väterliche Energie für seine männliche Entwicklung.
Da wir bereits alle ziemlich hungrig sind, gehen wir nach der Begrüßung und einem Rundgang durch die Geschäfte des Hafens in ein nahe liegendes Restaurant. Interessiert lausche ich den Erzählungen deiner Kinder, die jetzt höflichkeitshalber Englisch sprechen, weil ihnen Deutsch nicht gar so vertraut ist, und ich mir mit dem Spanischen leider immer noch etwas schwertue. Sie erzählen von der Schule, ihren Freunden, dem neuen Job ihrer Mutter und davon, dass sie im Sommer gerne mit ihren Freunden auf Urlaub fahren würden. Andres ist nach Frankreich ins Haus der Eltern eines Freundes an der Côte d'Azur eingeladen und Isabel will mit zwei Freundinnen nach Schottland und England reisen. Die beiden scheinen schon unglaublich weltoffen und selbstständig zu sein. Eigentlich erinnern sie mich sehr an meinen Sohn Philipp, der auch ein begeisterter Reisender ist, im Gegensatz zu Sophie, die am liebsten ihre Zeit in Salzburg verbringt und maximal eine Woche irgendwohin

auf einen All-inclusive-Urlaub fliegen möchte. Wahrhaft unterschiedlich sind doch all die Persönlichkeiten. Ich bin in der gesamten Unterhaltung sehr zurückhaltend und antworte nur, wenn sie konkrete Fragen an mich richten. Ich kann allerdings erkennen, dass sie schon einiges über mich zu wissen scheinen und mich ganz selbstverständlich als die Frau an der Seite ihres Vaters akzeptieren, obwohl ich die Erste und Einzige bin, mit der sie seit der Scheidung von dir und ihrer Mutter konfrontiert werden.
Anschließend fahren wir nach Hause und genießen den Nachmittag mit Schwimmen und vielfältigen Gesprächen. Ein paar Tage verzichte ich gerne darauf, mich nackt am und im Wasser zu bewegen - ich weiß, dass das genau das Alter ist, in dem Jugendliche es nicht sehr schätzen, wenn jemand nackt herumläuft, schon gar nicht die Geliebte ihres Vaters. Meine Kinder waren immer sehr erbost über mich, wenn ich ungezwungen nackt in unserem Apartment herumgegangen bin, oder mich auf unserer Terrasse gesonnt habe. Ich war schon oftmals sehr unbedacht in meinem Leben.
Es ist unglaublich schön, zu erkennen, wie offen und bewusst die junge Generation heute schon ist.
Wir haben viel Spaß und gehen absolut respektvoll miteinander um.

Für den zweiten Tag ihres Aufenthalts habe ich einen Ausflug nach Port de Sóller geplant, um

Freunde zu besuchen und damit dir und deinen Kindern die Gelegenheit zu geben, alleine Zeit zu verbringen. Ich habe mich entschieden, mit dem Zug in den Norden zu fahren - das wollte ich schon vor drei Jahren auf diese Weise erleben und habe es nicht gemacht. Es soll landschaftlich ein schönes Erlebnis und eine Abwechslung sein, die mir sehr lieb ist.
Dort verbringe ich einen wunderschönen Tag in vertrauter Umgebung - besuche Atmos Exfreund in seinem Geschäft und treffe am Strand noch andere Freunde von meiner Zeit auf Mallorca.
Am Nachmittag setze ich mich für eine Stunde auf meinen vertrauten Platz am Felsen mit Blick zum Hafen und zu den beiden Leuchttürmen. Dies war mein liebster Rückzugsort in meinem Sommer auf der Insel, an dem ich viel Inspiration für meinen autobiografischen Roman bekommen hatte - ich habe dort beinahe täglich einige Stunden mit der Hand geschrieben und es genossen, ein Gefühl von *Zuhause-Sein* zu spüren.
In dem Moment, in dem ich mich von meinem Lieblingsfelsen auf den Weg zur Busstation machen möchte, um wieder zurückzufahren, läutet mein Mobiltelefon. Dein Name scheint auf - wie selten habe ich das in unserer Zeit erlebt. Ich bekomme einen Anruf von dir. Mein Herz pocht mir bis zum Hals, so aufgeregt bin ich deinen Namen am Display zu sehen. „Mein Engel, wir sind auf der Promenade, wo bist

du?“ „Ich sitze noch auf meinem Felsen, kann aber in 15 Minuten bei euch sein. Wir können uns bei der zweiten Mole treffen.“ Unendlich aufgeregt mache ich mich auf den Weg - du holst mich tatsächlich ab und willst den Abend mit mir und den Kindern verbringen. Als wir uns innig in die Arme fallen, meinst du nur: „ Die beiden haben gemeint, wir sollten dich doch in unser Abendprogramm miteinbeziehen.“ Ich sehe sie mit glänzenden Augen an und freue mich über das Gefühl, anscheinend vollkommen von ihnen akzeptiert zu werden. Es ist ja doch noch nicht so lange her, dass du dich von ihrer Mutter getrennt hast - beide waren zu diesem Zeitpunkt schon in ihrer Pubertät. Offensichtlich ist es euch gut gelungen, den beiden die Notwendigkeit eurer Trennung zu vermitteln. So verbringen wir noch einen netten und gemütlichen Abend in einem kleinen Restaurant von Bekannten von mir und fahren danach mit der alten Tramway in den Ort Sóller, um uns in der italienischen Gelateria ein großes Eis als Dessert zu gönnen. Diese Tramway ist eine alte Siemens-Straßenbahn und die Sensation dieser Gegend, leider auch unverschämt teuer. Für *Residentes* ist der Preis bloß ein Zehntel von jenem, den sie von Touristen verlangen.

Anschließend fahren wir gemeinsam zurück in den Süden und sehen uns einen guten Film an, bevor wir schlafen gehen.

Mir ist bewusst, in diesen Tagen nicht wirklich genussvollen, hemmungslosen Sex haben zu können - somit genießen wir es, einander bloß zärtlich zu berühren und zu liebkosen. Irgendwann schlafe ich dann, zumeist mit meinem Rücken an dich geschmiegt und in deinen Armen gehalten, ein.
Am Samstag treffen die beiden Jugendlichen am Nachmittag einige Freunde, und auch für den Abend haben sie ihr eigenes Programm geplant. Isabel stürzt sich mit ihren Freundinnen ins Nachtleben von Palma - Andres ist auf eine Party eingeladen. Er meint, er würde bei seinem Freund schlafen. Mit Isabel vereinbarst du einen Zeitpunkt, zu dem du sie aus der Stadt abholen wirst - um 2 Uhr in der Früh. Ich finde es schön, wie sehr du dich in dieser Zeit um deine Kinder kümmerst und ihnen deine volle Aufmerksamkeit schenkst. Du erzählst mir, dass ihr in meiner Abwesenheit viel über die Situation gesprochen habt - über die Beziehung von dir zu ihrer Mutter und über das gemeinsame Leben, das du mit mir gestalten möchtest. Sie sind angeblich beide sehr von mir begeistert und freuen sich, wie respektvoll ich mit ihnen und der Situation umgehe. Ich merke, wie einfach das alles ist, wenn man mit offenem Herzen den Situationen begegnet. Auch die Tatsache, dass ich um sieben Jahre älter bin als du, erscheint ihnen, nachdem sie mich kennengelernt haben, nicht als störend. Ich sehe um einiges jünger aus, dennoch ist ihre Mutter

um zehn Jahre jünger als ich. Außerdem freuen sie sich darauf, bei unserer Hochzeit hier auf Mallorca dabei sein zu können und hoffen, dann auch meine Kinder kennenzulernen, von denen ich ihnen schon ausgiebig erzählt habe. Ich glaube, die vier werden sich gut verstehen.

Unsere *freie Zeit* nützen wir gleich wieder, um uns ausgiebig und intensiv zu lieben. Irgendwie können wir einfach nicht genug von unseren Vereinigungen bekommen. Unsere Libido scheint sehr gleichwertig zu sein. Ich freue mich so sehr, in dir einen Mann gefunden zu haben, mit dem ich tatsächlich alle Facetten meiner Lust ausleben kann - wir beide lieben es, manches Mal ganz wild zu vögeln, um im nächsten Moment in einer stillen spirituellen Vereinigung zu versinken. Wir geben uns an diesem Nachmittag und Abend hemmungslos unserer Lust hin und lieben uns stundenlang, bis ich irgendwann herrlich erfüllt einschlafe. Wie aus der Ferne höre ich, noch im Halbschlaf dein Wegfahren und bald darauf dein Wiederkommen, nachdem du Isabel abgeholt hast.
Andres wollte den Sonntagvormittag noch bei seinem Freund verbringen. Also holen wir ihn gemeinsam mit Isabel zu Mittag ab, um noch ein paar Stunden ans Meer zu gehen und die beiden dann wieder zum Schiff eures Freundes zu bringen. Dieser Freund deiner Exfrau hat sein Wochenende mit seiner Familie auf

Mallorca verbracht und nimmt die beiden nun wieder mit zurück nach Ibiza.
Ich habe für vier Tage - mit dir und deinen Kindern - wieder ein *Familienleben* genießen dürfen - ein schönes Gefühl, und doch bin ich glücklich, unsere Zukunft in Zweisamkeit erleben zu können. So sehr ich meine Kinder aus tiefstem Herzen liebe, so dankbar bin ich, seit knapp drei Jahren wieder meine Freiheit zurückgewonnen zu haben. Auf gemeinsame Familientreffen bei uns freue ich mich dennoch sehr.

Jetzt ist auch bald wieder die Zeit für mich gekommen, zurückzufliegen, nachdem ich in diesen drei Wochen noch tiefer erkannt habe, wie sehr ich mir nichts anderes mehr wünsche, als meinen Lebensalltag mit dir zu erfahren. Es ist ein unglaublich vertrautes, aber noch mehr wohltuendes Gefühl nach allzu langer Zeit meines Lebens ohne Partner.
Wir besprechen zum Abschluss noch die wesentlichen Dinge im Zusammenhang mit unserer baldigen Hochzeitszeremonie und freuen uns darauf, bald nicht mehr in so vielen Flugzeugen Zeit zu verbringen, um einander zu sehen.

Mein Flug auf die Isla Mujeres wird am 17. Juni sein - du meinst, dass ich dort doch ein paar Tage Zeit haben sollte, um meine Müdigkeit und den Jetlag zu überwinden, bevor wir unser Hochzeitsritual erleben. Ich bin natürlich neugierig und möchte wissen, wo wir denn dort leben werden. Du erklärst mir bloß nebenbei, dass du schon mit einigen Maklern in Verkaufsgesprächen bist und deswegen auch zwei Tage vor mir auf die Insel fliegen wirst, um alles Weitere zu regeln. Außerdem scheinst du auch mit Daniel in Kontakt zu sein, der dort die besten Beziehungen hat und viele der Häuser kennt. Wir werden auf jeden Fall in der *Casa de los Sueños* unser Hotelzimmer haben und ich könne mir aussuchen, an welchem Platz ich am liebsten unser Hochzeitsritual erleben würde - am Palmenstrand vom Playa Norte beim *Hotel Na Balam*, oder in der Location von *Su Casa,* einem Platz der bekannt für viele Hochzeitszeremonien ist. Es käme auch das wunderschöne Ambiente vom *Capitán Dúlche,* der Strand im edelsten und nobelsten Umfeld des *Hotels Rolandis* oder direkt der Pier von unserem Hotel in Frage. Schon als ich das erste Mal dort war, hatte der Name *Casa de los Sueños* hat für mich eine schöne Symbolik, außerdem ist im Süden der Insel eine wesentlich friedvollere Stimmung, obwohl mich die Schönheit und Ästhetik vom *Hotel Rolandis* schon sehr ansprechen würde. Ich überlege und erinnere mich plötzlich, wie es mir ergangen ist, als ich dort bei meinem langen Aufenthalt das erste Mal auf dem Pier der Casa de los Sueños gestanden bin. Ich lernte an der Bar die Eigentümer des Hotels kennen und meinte damals spontan, dass ich an diesem Platz heiraten werde. Möglicherweise hatte ich damals schon diese Vorahnung. Nun ist es endlich soweit - es werden sich alle meine Träume, die ich schon so lange geträumt habe - realisieren. Ich entscheide mich für diesen Ort, allerdings mit der Bitte, die Musikwahl und Menü-Zusammenstellung nicht den Hoteleigentümern zu überlassen. Ich wünsche mir für diesen Abend vom besten Gitarrenspieler der Insel gemeinsam mit seinen Kollegen am Bass, auf der Querflöte und am Saxophon begleitet zu werden. Du hast Paolo, einen Italiener, beim letzten Mal kennengelernt und warst ebenso wie ich von seiner Meisterschaft auf diesem Instrument begeistert. Ich habe noch nie zuvor einen Menschen getroffen, der dieses Instrument in solch außergewöhnlicher Perfektion beherrscht und mit ihm eins zu sein scheint. Er war auch derjenige, der mir damals zu meinem 51. Geburtstag im herrlichen Ambiente des Restaurants *Fenix* ein Geburtstagsstück gespielt hat.

Also werde ich in der *Casa de los Sueños* heiraten - im *Haus der Träume*, in dem sich mein größter Lebenstraum verwirklichen darf.

Nach einer einzigartig schönen Zeit mit dir fliege ich am 30. Mai nach Salzburg zurück, mit dem Wissen, dich diesmal beinahe drei Wochen nicht zu sehen.

Laura wartet auf mich, meine liebe Freundin Laura, eine der gutherzigsten Frauen, die ich kenne.
Sie teilt mir mit, dass Thomas einverstanden ist, auch ein schamanisches Maya-Ritual für ihre Vorbereitung auf die Hochzeit zu erleben, dasselbe erfahre ich von meiner Freundin Atmo, die das ebenfalls mit ihrem Verlobten Björn erleben will. Allerdings werden die beiden es jeweils an anderen Tagen machen - und nur im kleinen persönlichen Rahmen, um auf eine besondere Weise ihre Verbindung zu besiegeln und danach ihre richtige Hochzeit im vertrauten Umfeld zu erleben.
Laura teilt mir auch noch mit, ihr Flug nach Cancun sei für den 17. Juni gebucht. Als ich sie fassungslos ansehe, meint sie lächelnd, dass Isaias diesbezüglich mit ihr in Kontakt getreten ist.
Es war ihr ganz wichtig, auf diese Weise meine Reisebegleiterin zu meiner Hochzeit zu sein.
Wie so oft breche ich in Tränen aus und falle ihr vor Freude um den Hals, nichts ahnend, dass auch Kurt mit seiner Frau Helena - und Atmo ab Frankfurt mit ihrem Björn im selben Flugzeug sitzen würden. Isaias hat all das organisiert, um mir die letzte *Single-Reise* zu ihm so unbeschwert wie möglich zu gestalten, wenn schon er nicht mit mir sein würde.

Die kurze Notiz, die ich diesmal, meinem Flugticket beigelegt, vorfinde, umfasst nur wenige Worte:

*Mein göttliches Seelenwesen,*
*ich bin durch Dich wieder vollkommen EINS geworden.*
*Mir fehlen alle weiteren Worte für den Ausdruck dessen, wie dankbar ich bin und was ich für Dich empfinde ... Du kannst es fühlen - ich weiß es.*
*Ich bin zutiefst berührt.*

*Für alle Ewigkeit mit Dir EINS,*
*Isaias,*
*in unendlicher bedingungsloser Liebe*

In meinem Zuhause überschlagen sich die Ereignisse - ich treffe meine Vorbereitungen für die Hochzeit und kaufe mir ein unbeschreiblich schönes, mit Perlen und Pailletten besticktes korallenrotes Kleid sowie ein weiteres in allen Farben des Regenbogens für unsere Zeremonie auf Mallorca. Außerdem verabrede ich mich mit allen meinen wichtigsten Freunden und Bekannten, die mir am Herzen liegen und verabschiede mich jeden Tag ein Stück mehr von jenem Platz, der mir mein ganzes bisheriges Leben zumindest im Außen Heimat war und von dem ich, schon seit langer Zeit wegkommen wollte.
Ich gehöre ans Meer - das fühlte ich eigentlich

schon immer.
Ich verbringe immer wieder eine schöne Zeit mit meiner Mutter, der es allzu schwer fällt, mich ganz ziehen zu lassen, genieße ein wunderbares verlängertes Wochenende mit meinen Kindern am Meer in Kroatien und besuche mit Philipp doch noch einmal meinen Vater. Ich sehe diesen alten 80-jährigen Mann und spüre tatsächlich tiefen Frieden in mir - ich habe das Gefühl, dass es das ist, was ich in meinem Herzen schon lange zu spüren wünschte - *ein ruhiges Wahrnehmen von ganzheitlicher tiefer Versöhnung.*

*Jetzt wird sich endlich sehr bald mein größter Traum erfüllen - eigentlich alle meine wichtigsten Lebensträume, die ich niemals aufgegeben habe, mit dem Wissen, sie in der Realität zu erleben.*

Ich werde in der *Casa de los Sueños* heiraten.
Ich werde mit dem Mann meines Herzens und meines Lebens am Meer leben.
Ich werde meine Berufung verwirklichen, meine wahre Passion.

Ich bin erfüllt mit tiefer Dankbarkeit.

## *Ein Traum wird wahr*
## *Casa de los Sueños*

Der 17. Juni ist schneller gekommen, als ich erahnen konnte.

Zu fünft treten wir eine Reise in meinen neuen Lebensabschnitt an. Kurt hat sich bei einem unserer letzten Treffen verraten und mir mitgeteilt, dass er sich wirklich freue, schon beim Flug zu meiner Hochzeit mit mir zu sein. Ich fühle mich dadurch unglaublich erleichtert - meine beste Freundin und mein liebster Freund sind meine Begleiter am Weg zur *Großen Liebe meines Lebens*.

Diesmal führt mich meine Freundin Sarah zum Flughafen - sie wird erst bei unserer Zeremonie in Mallorca dabei sein. Bei ihr finden im Moment zu viele Lebensumbrüche statt, sodass sie erst hier für sich Ordnung schaffen möchte. Sie war auch diejenige, die es mir ermöglicht hat schon bald einen Mieter für mein Apartment

zu bekommen - die Wohnungsübergabe soll im Herbst stattfinden, somit habe ich bis dahin genug Zeit, meine wichtigsten Dinge zu verpacken und zu verschiffen.
Ich freue mich, erstmals von ihr zum Flughafen geführt zu werden - schon bei meinem ersten Aufbruch auf die Isla Mujeres wäre sie bereit gewesen, mich in aller Frühe - noch fast in der Nacht - hinzuführen. Damals war es dann doch Laura, die mich begleitet hat. Ich verabschiede mich nun um 4:45 Uhr von Sarah mit dem tiefen Herzenswunsch, dass auch in ihrem Leben nur mehr Glück, Lebensfreude und Liebe herrschen mögen, nachdem sie sie sich erst letztes Jahr nach mehr als zwei Jahrzehnten von ihrem Lebensgefährten getrennt hat.

Kurt und Helena sind schon hier - Kurt war der erste, der vor knapp vier Jahren gemeint hatte, dass er mich zum Traualtar begleiten möchte. Es war in jenem Herbst, in dem ich ihn bei seiner Qigongeinheit in einem Fitnessstudio nach meiner nervenzermürbenden Indienreise mit meinem jungen 19-jährigen Geliebten kennengelernt hatte. Er ist damals sehr bald mein bester männlicher Freund - inzwischen auch Verleger und Manager - geworden. Kurt war auch derjenige, der mir schon damals versprochen hatte, mir beim Verlegen meiner damals noch nicht geschriebenen Bücher zu helfen. Ich hatte zu dieser Zeit bloß einige lyrische Prosa-Texte verfasst. Er ist in meinem

Leben ein wichtiger Mensch geworden, der mich auch, wie schon andere zuvor, zum Schreiben eines Romans animiert hatte. In meinem folgenden Sommer auf Mallorca habe ich auch Atmo um meine Begleitung bei meiner Hochzeit gebeten, weil sie die erste Freundin war, mit der ich pure Freude und Leichtigkeit teilen konnte.
Irgendwie hat sich danach alles zu fügen begonnen, wenn auch anfangs scheinbar noch auf ziemlich schmerzhafte Weise. Unmittelbar nach meinem Sommer auf Mallorca bin ich in eine tiefe Krise gerutscht, eine Krise, die ich als meine größte Chance zur Veränderung genutzt hatte…

Laura und Thomas kommen zehn Minuten nach mir am Flughafen an - Laura scheint ein wenig nervös zu sein. Irgendwie wird jetzt auch für sie dieser klare Schritt in eine neue gemeinsame Zukunft vollzogen.
Es fühlt sich für mich unglaublich wohltuend an, mit Menschen auf diese Reise zu gehen, die mir mein Glück wahrhaft gönnen.

Schon auf dem Flug nach Frankfurt haben wir viel Spaß - alle scheinen sich gut zu verstehen. Am Frankfurter Flughafen wechseln wir vom nationalen Teil der EU zum internationalen, wo überraschenderweise schon Atmo und Björn in der Nähe unseres Gates warten. Sie sind nur knapp 20 Minuten vor uns dort gelandet. Zu

Tränen gerührt falle ich Atmo um den Hals - jetzt werde ich auch noch von ihr begleitet. Ich bin einfach sprachlos. Mein Liebster hat es geschafft, unsere Sitzplätze nach Cancun so zu reservieren, dass wir alle sieben beinahe Sitznachbarn sind und dennoch die besten Plätze haben können. Wie schön, dass sie sich alle zuvor schon ohne mein Wissen abgesprochen haben - es war eine perfekt gelungene Überraschung für mich.

Obwohl wir fast zwölf Stunden unterwegs sind, vergeht diese Zeit wie im Flug - es ist ein beruhigendes Gefühl, von wohlwollenden Freunden umgeben zu sein.
Schon höre ich den Aufruf unserer Landung in Cancun - es ist beinahe 17 Uhr Ortszeit, was Mitternacht bei uns zu Hause bedeutet. In meiner Aufregung habe ich kein Auge zugetan und bin dennoch gar nicht müde, erfüllt mit Herzklopfen und Vorfreude, dich ganz bald wieder in meine Arme schließen zu können.
Am Flughafen sehe ich dich bereits am Zugang stehen - du empfängst mich mit einem Blumenkranz aus roten Hibiskusblüten und Frangipani, den typischen hawaiianischen Blüten, die auch hier an manchen Plätzen blühen. Diesen Kranz, den du extra für meinen Empfang von meiner mütterlichen Freundin Susan hast anfertigen lassen, hängst du mir um, nimmst mich in deine Arme und meinst nur: „Endlich können wir das besiegeln, was wir

schon immerdar füreinander gewesen sind durch alle Zeiten seit Anbeginn der Existenz - meine einzigartig schöne Frau.“

Du hast einen Van bestellt, der uns alle gemeinsam zum Hafen bringen wird - nun sind wir zu acht - im Chinesischen ist diese Zahl die Glückszahl. Es herrscht eine unglaublich heitere und freudvolle Stimmung und wir alle genießen die Überfahrt mit der Fähre, auf der wir uns im strahlenden Sonnenschein mit Blick auf das türkise Wasser des Meeres den Wind durch die Haare wehen lassen. Bei unserer Ankunft auf der Insel überraschen uns Susan und Richard, um mich in die Arme schließen zu können - welch eine Freude, diesem Paar, das für mich ein großes Vorbild gelebter Liebe ist, als erstes hier bei meiner Ankunft zu begegnen. Anschließend werden wir von Taxis zu unseren verschiedenen Aufenthaltsplätzen geführt, die alle ein wenig über die Insel verteilt sind. Laura und Thomas fahren ins *Hotel Na Balam*, an dessen Strand sie am 19. Juni ihr Ritual vollziehen werden, zwei Tage vor uns. Atmo und Björn haben sich für das *Gästehaus Ixchel* auf der karibischen Seite entschieden. Sie wollen dort, wo der wildere Ozean in seiner Weite zu sehen ist, ihre Zeremonie vollziehen - am 25. Juni, zwei Tage vor unserer Abreise nach Hawaii, wo wir unsere Flitterwochen verbringen werden. Für alle drei Zeremonien habe ich Sofia, eine Hochzeitsfotografin, engagiert, die ich bei meinem langen Aufenthalt auf dieser Insel kennengelernt habe. Sie macht unglaublich schöne Hochzeitsbilder. Wie schade, dass nicht Danila Amodeo, eine liebe Freundin und wunderbare Fotokünstlerin, die mit mir viele lustvolle Foto-Sessions gemacht hat, für unsere Hochzeitsaufnahmen hier sein kann. Kurt und Helena werden ganz in unserer Nähe sein, im *Hotel La Joya,* mit Blick aufs Meer und Richtung Cancun. Ich liebe den kleinen Strand, der unter diesem Hotel liegt, und mein Lieblings-Badeplatz in meiner Zeit auf der Insel geworden ist. Es waren bloß zwei Minuten Fußweg von meinem hiesigen *Zuhause* - dem Haus meiner Freundin Albaluz -, um täglich schon ganz in der Früh zum Baden im Meer zu kommen. Dort herrscht tiefer Frieden und Stille - es sind nur selten andere Menschen an diesem Platz, weshalb ich es damals genießen konnte meist nackt am Strand zu sein. Die meisten Urlauber bevorzugen eher die Lebendigkeit und das Unterhaltungsprogramm vom Playa Norte.

Für diesen Abend haben wir alle keine anderen Pläne, als uns auszuruhen und die Zweisamkeit zu genießen. Wir beziehen das Zimmer *Harmony* in der *Casa de los Sueños*, mit Blick aufs Meer. Ich wollte nicht in der *Presidential Suite* sein, weil ich wusste, dass ich den privaten Swimmingpool nie benützen würde, wenn ich doch die Weite des Meeres direkt vor mir habe. Die Hotelbesitzer empfangen uns persönlich und laden uns auf einen Empfangschampagner an der *Beach Bar* ein. Aufgeregt und voller Freude auf das Kommende blicke ich mich in der vertrauten Umgebung um. Anschließend haben die beiden ein kleines Dinner vorbereiten lassen, das wir nach unserem ausgiebigen gemeinsamen Schwimmen im Meer genießen. Wir ziehen uns allerdings sehr bald zurück, weil ich jetzt große Müdigkeit verspüre.

Es ist herrlich wieder bei dir zu sein, in deinen Armen zu liegen und einfach nur ich selbst sein zu dürfen. Ich bin unbeschreiblich müde und genieße es dennoch, deine zärtlichen Berührungen auf meiner Haut zu spüren, die ein lustvolles Prickeln aufkommen lassen. Ich muss gar nichts tun - einfach nur daliegen und genießen. Sanft streichen deine Finger über meinen Körper, liebkosen meine Brüste und Brustwarzen, sodass mich köstlich sanfte Schauer überkommen. Ich habe das Gefühl in Trance zu sein - alles erscheint weit weg und doch so genussvoll, obwohl ich vermute, mich im Halbschlaf zu befinden. Du gleitest zwischen meine Schenkel, streichst mit mit all deiner Liebe vorsichtig über meine Beine und zurück zu meiner Vulva, wo sich deine Zunge und deine Finger zu einem lustvollen Tanz verbinden, der mich noch tiefer in lustvolle, doch sanfte Ekstase zu führen vermag. Irgendwann schmiegst du dann deinen wundervollen Körper über den meinen und ich spüre dich langsam in mich eindringen, um mit dir in den Rhythmus gemeinsamer stiller Höhepunkte aufzusteigen. In meinem Trancezustand drehe ich mich glücklich erfüllt und gesättigt auf die Seite, spüre wie du mich von hinten umfasst und erneut achtsam in mich eindringst, um still in mir zu verweilen…

So mit dir vereint schlafe ich in deinen Armen ein. Irgendwann in der Nacht erwache ich - du mit mir, und wieder spüre ich deine Erektion in mir wachsen, um erneut in dieser Stellung einzuschlafen.

Ganz früh wache ich dann endgültig auf, weil ich den Jetlag doch spüre und nicht mehr schlafen kann. Also genieße ich dieses Morgenerwachen in einem lustvollen, wilden Liebesspiel mit dir und hoffe, danach nicht mit bestürzten Blicken der anderen Gäste konfrontiert zu werden.

Bloß der Concierge, der heute Frühdienst hat, schmunzelt vermeintlich wissend - er arbeitet immer noch in diesem Hotel und hat mich offensichtlich gehört. *Vor eineinhalb Jahren hatte ich mit ihm hier eine kurze wilde Affäre.* Auch dir ist sein Schmunzeln nicht entgangen. Du lächelst mich wortlos mit Augen der Liebe an und nimmst mir damit jede Unsicherheit - du weißt ja Bescheid.

Wir erfreuen uns an einem köstlich zubereiteten Brunch mit Blick aufs Meer und ruhen uns danach wieder ein wenig aus.

Für den Nachmittag haben wir uns alle am Strand im Zentrum verabredet, wo wir die Sonne und das Meer genießen. Wir liegen unter den Palmen an meinem Lieblingsplatz, der direkt neben dem Strand vom *Hotel Na Balam* liegt. Anschließend gönnen wir uns ein frühabendliches, herrliches Dinner im Restaurant *Fenix*, wo uns die Brise der Karibik kühlt - tatsächlich spielt an diesem Abend Paolo gemeinsam mit Marcos für die anwesenden Gäste. Ich freue mich unglaublich, die beiden wiederzusehen und ihre wunderbare Musik zu genießen.
Welch ein einzigartiger Einstieg in diese gemeinsame Zeit.
Am nächsten Tag ist Lauras Festtag. Sie bekommt ihre Hochzeitsdekoration von Vittoria gestaltet, einer Brasilianerin, die ich bei meinem ersten Aufenthalt hier kennengelernt und für alle drei Festlichkeiten engagiert habe. Sie war damals diejenige, die mich unbedingt mit einem ihrer besten Freunde von der Insel zusammen bringen wollte - sie war sich sicher, er müsse mein Mann sein. Wir waren damals beide unbeschreiblich aufgeregt und voller Erwartungen, bevor ich ihn treffen konnte. Das hatte offensichtlich schon im Vorfeld zu viel Druck erzeugt und natürlich in keiner Weise eine positive Wirkung auf unsere Erstbegegnung. Wie oftmals im Leben, weiß höchstwahrscheinlich das Universum doch besser, alles richtig zu fügen - viel besser, als

wir Menschen es vermögen.
Um 18 Uhr beginnt das Ritual am Strand vor dem *Hotel Na Balam.* Es ist ein Meer von Blumen, in dem wir uns befinden und das gesamte Zeremoniell wird von jenem Schamanen vollzogen, den ich bei einer Hochzeit erlebt habe, als ich zum ersten Mal hier angekommen und ausgegangen bin. Damals war mir schon klar, dass ich mir genau dieses Ritual auch für meine Hochzeit wünsche. Hier am Strand ist es allerdings nicht zu vermeiden, viele schaulustige Touristen als Zaungäste dabei zu haben, die Fotos machen. Allerdings scheint die Teilnahme vieler Menschen an einer solchen Zeremonie die Wirkung und die Liebe nur noch zu verstärken. Laura strahlt und ist wunderschön. Es ist ein kraftvolles und offenbar sehr heilsames Ritual - ich erlebe Laura ganz in ihrer Mitte und freue mich, als ihre Freundin an ihrer Seite zu stehen und auch diese kraftvolle Energie wahrzunehmen. Schon in zwei Tagen werde ich dasselbe erleben, allerdings wird bei uns auch Susan, Richards Frau und meine wunderbare mütterliche Freundin aus Hawaii, die gesamte Hochzeitszeremonie als *Standesbeamtin* begleiten, damit unsere Ehe im Zivilbereich Gültigkeit bekommt. Für Österreich brauche ich dafür eine beglaubigte Übersetzung - aber auch schon zuvor musste ich alle möglichen Urkunden ausstellen lassen, damit eine Eheschließung überhaupt auf diese Weise

anerkannt wird.
Gemeinsam mit Susan und Richard, die ich meinen Freunden bei unserer Ankunft am Hafen vorgestellt habe, genießen wir anschließend ein herrliches Festmahl im Strandrestaurant des Hotels. Wie sehr ich mich für Laura und Thomas freue und hoffe, dass nun endlich auch bald das von Laura so sehr erwünschte Baby kommen darf.
Wir feiern nicht allzu lange, da wir alle wegen der Zeitverschiebung müde sind und Laura vermutlich mit ihrem Liebsten noch ein Erlebnis der anderen Art erfahren will.
Ein frühes Zubettgehen wird hier sehr gut von der frühzeitig eintretenden Finsternis unterstützt - im Sommer - wie jetzt - ist es bereits um 20:30 Uhr stockfinster.

Ich bin sehr glücklich, hier im Kreise dieser Paare sein zu dürfen. Susan und Richard verbreiten immer stärker diese außergewöhnliche Ausstrahlung einander tief liebender Menschen. Damit haben sie schon viele andere Herzen auf ihrem gemeinsamen Weg berührt.
Auch an diesem Abend versprühen sie ihre Liebesenergie.

Am nächsten Tag reisen auch einige deiner engsten Freunde an, dein bester Freund aus der Schulzeit, der dein Beistand sein wird, seine Lebensgefährtin und zwei weitere Paare - alle

lerne ich am Vormittag vor unserem Hochzeitstag kennen. Wir fühlen uns auf Anhieb sehr nahe und vertraut.
Unsere Familienmitglieder werden erst bei unserem Fest in Mallorca anwesend sein.

Am frühen Abend dieses Tages treffen wir uns zu einem gemeinsamen Ritual am südlichsten Punkt der Insel, beim Monument der Göttin Ixchel und den Überresten des alten Maya-Tempels, an dem ich oft gebetet und mir genau diesen Moment zu erleben gewünscht habe.
Es soll eine Vorbereitung für meinen großen Tag sein, der morgen, am Abend des Tages der Sonnenwende, seinen Höhepunkt haben wird. Nach einem friedvoll gemeinsam erlebten Sonnenuntergang sind wir zu einem fantastischen Dinner im Haus eines meiner liebsten Freunde auf der Insel, bei Daniel, eingeladen. Er lebt in einem Traumhaus ganz in der Nähe des Tempels an der karibischen Seite, das er auch zeitweise vermietet und in dem sich eine riesige Tafel befindet, an der 18 Personen essen können. Wir sind 16 geladene Gäste und werden von ihm und seiner Haushälterin unglaublich verwöhnt. Es ist sein Hochzeitsgeschenk an mich und Isaias, den er offensichtlich inzwischen schon besser kennengelernt hat. Daniel hat auch Isaias´ Freunde eingeladen. Ich wundere mich, wie vertraut die beiden Männer, die ich bei unserer gemeinsamen Reise hierher in der

Weihnachtszeit nur kurz einander vorgestellt habe, wirken. Wir haben bloß einen Abend gemeinsam verbracht, weil Daniel damals über die Weihnachtsfeiertage in sein zweites Zuhause in den Vereinigten Staaten geflogen ist.

Am selben Abend überreicht er uns ein weiteres Geschenk, das uns alle hier Anwesenden gemeinsam für einen Tag und eine Nacht im Rahmen unseres Honeymoons auf Hawaii machen - einen Gutschein:

***Im Tempel der Lust***

*Erleben Sie, in unseren speziell für Ihre lustvollen Genüsse bereiteten Räumen, ein Fest unbeschreiblicher Sinnesfreuden.*
*Hier werden Ihnen alle Ihre Wünsche erfüllt.*
*Unsere Privatvilla, mit Blick auf den Ozean, ist ausgestattet für jegliche Form, in der Sie Sex, Ekstase und Romantik erfahren wollen ... in unserer Lust- und Liebes-Kammer stehen Ihnen unbegrenzte Möglichkeiten offen. Im großen Spa, der sowohl einen Innen- als auch Außenbereich mit Springbrunnen und Pflanzen in unbeschreiblicher Farbenpracht anzubieten hat, werden Sie im Bade- und Massage-Areal mit allem, was Ihr Herz begehrt, verwöhnt. Eine gleichzeitige zweistündige Vierhand-Ganzkörper-Ölmassage auf unserer großen Doppel-Massageliege mit anschließendem Bad in einem duftenden Blütenmeer ist Teil unseres*

*Standardprogramms.*
*In Ihrem Liebestempel-Raum mit einem Kingsize-Bett von unbeschreiblichen drei Mal drei Metern Ausmaß verbringen Sie eine Nacht, die mit einem fünfgängigen Erotik-Candle-Light-Dinner beginnt, im PARADIES - mit Blick in den Sternenhimmel. Dorthin wird Ihnen am nächsten Vormittag, zwei Stunden vor Ihrer Abreise, ein atemberaubend exotischer Brunch serviert.*

*Wenn Sie für Ihre lustvolle Begegnung noch von einer, einem oder mehreren unserer Lust- und Liebesdienerinnen oder -diener begleitet sein wollen, bitten wir um rechtzeitige Bekanntgabe, da es für sexuelle Dienste einer speziellen Buchung bedarf.*
*Unser Basispersonal steht Ihnen dennoch in der Erfüllung vieler Wünsche zur Seite.*

*Wir freuen uns, Ihnen für 24 Stunden - von 13 Uhr bis 13 Uhr des nächsten Tages - alles anbieten zu können, was Ihre Lust, Ihr Gaumen und Ihr Herz begehren.*
*Eine Limousine steht zu Ihrer Abholung und für die Rückkehr zu Ihrem Hotel zur Verfügung.*

*Willkommen in unserem PARADIES auf Hawaii!*

Wir sind fassungslos - was hat sich Daniel da einfallen lassen!
Natürlich ist dir jetzt klar, warum er dich um die

Daten unserer Freunde unter dem Vorwand des heutigen Abends gebeten hat. Er überreicht uns dieses unglaubliche Geschenk mit den Worten: „Hochzeiten sind zu gefährlich, die beiden nach diesem *hohen Tag* in die *Langeweile der Alltäglichkeit* zu befördern … dieser *Tempel-Tag*, den wir speziell für euch - natürlich für die Vollmondnacht - gebucht haben, soll Euch all das bieten, was keine Gefahr in sich birgt, *normal* zu sein. Wie viele Lust- und Liebesdiener oder Dienerinnen soll ich für euch dazu buchen?“

Du blickst mich fragend an. Ich blicke entsetzt zurück und schüttle nervös meinen Kopf. ‚*Oh mein Gott, schon wieder stehe ich vor der Frage, andere in unsere sexuelle Begegnung miteinbeziehen zu wollen ... ich dachte, ein ‚zweiter Mann‘ war mit Paris abgeschlossen ... und andere Frauen kommen für mich ohnedies keinesfalls in Frage...*‘

Wir sind gerade beide so verblüfft über dieses außergewöhnliche Geschenk und Daniels Frage, dass uns im Moment die Worte fehlen. Ich spüre nochmals in mein Innerstes und nehme unverzüglich *ein klares Nein* wahr … ‚*Ich will nur mehr eine Begegnung mit dir alleine.*‘ Im selben Augenblick siehst du mich erneut an - zugleich beginnen wir in wortlosem Verstehen vehement den Kopf zu schütteln. Alle Blicke sind auf uns gerichtet. Du antwortest für uns beide: „Wir danken Euch herzlich für dieses ausgesprochen einzigartige Hochzeitsgeschenk

- wir werden alle Genüsse in wunderbarer Zweisamkeit erleben."

So haben wir jetzt schon ein ganz besonderes Genuss- Erlebnis, auf das wir uns freuen können.

*Wer sonst als Daniel könnte solch eine verrückte Idee haben - einfach lustvoll.*

Der gesamte Abend verläuft noch sehr sinnlich - Daniel hat uns in seiner Prachtvilla ein *Vor-Hochzeits-Fest* der besonderen Art mit einem außergewöhnlichen *Erotic-Dinner* geboten.

Für unsere Gaumenfreuden hat er sich einzigartige Kompositionen einfallen lassen.

Es ist unfassbar schön, was mir das Leben alles bietet.

Glücklich und gesättigt falle ich nach diesem Mahl ins Bett - allerdings alleine. Wir schlafen in verschiedenen Zimmern. Du scheinst doch ein wenig abergläubisch zu sein und meintest bei unserer Rückkehr im Hotel, dass du für heute Nacht ein anderes Zimmer gebucht hättest, da es vor der Hochzeit nicht erlaubt sei, die Nacht gemeinsam zu verbringen. Was du alles bedenkst…

So begleitest du mich bloß zur Türe, gibst mir einen innigen Gute-Nacht-Kuss und gehst in das Zimmer mit dem klingenden Namen *Serenity - ,ob du dir sogar dabei etwas gedacht hast?*

*Dir traue ich alles zu, mein Geliebter…'*

Unruhig und aufgeregt verbringe ich diese letzte Nacht als Single-Frau - erleichtert wache ich am Morgen auf … *Nun ist mein großer Tag gekommen.*
Beim Erwachen aus meinem unruhigen Schlaf blicke ich unverzüglich zur Seite - du bist ja nicht da… ‚*Ich vermisse dich! …*'
In diesem Moment klopft es an meiner Türe. Es ist unbeschreiblich verblüffend, wie sehr wir verbunden sind. Noch ein wenig schlaftrunken öffne ich dir und … du stehst da - mit einem wunderbaren Cappuccino und einem strahlenden Lächeln.
*Welch ein Start in einen für mich besonders aufregenden Tag!*
Nachdem wir einen geruhsamen Vormittag mit einem gemütlichen Brunch, bei dem ich vor Aufregung schon nicht mehr viel essen konnte, am Hotelstrand verbracht haben, ziehst du dich zurück. Daniel hat dich in sein Haus eingeladen, in dem du dich vorbereiten und fertigmachen kannst.

Mir verbleiben nun einige Stunden, die ich mit Laura, Atmo und Susan verbringe. Im Spa des Hotels werde ich verwöhnt, gestylt und beruhigt. Meine Freundinnen stehen mir in jedem Moment zur Seite.
Susan geht schon ein wenig früher, weil sie sich ihrerseits auf ihre Rolle als Standesbeamtin vorbereiten und auch ein wenig ausruhen möchte - sie ist ja doch schon eine ältere Dame.

Ich sehe atemberaubend schön in meinem glänzend roten, perlenbestickten Kleid aus - mit lang gelocktem Haar, in dem sich ein paar duftende Blüten befinden, und dezent geschminktem Gesicht.
So nimmt mich Kurt in Empfang, der mir einen prachtvollen, rot-weißen Blumenstrauß in die Hand drückt - meinen Brautstrauß - und mich meinem Mann übergeben wird.

Alle Gäste sind bereits am hoteleigenen Pier versammelt, nur Kurt und ich warten im Zimmer auf das vereinbarte Zeichen - der von mir so sehr geschätzte Gitarrenspieler Paolo lässt sein Instrument erklingen.
Wir gehen gemeinsam hinunter, ich muss mich unglaublich beherrschen, um nicht schon jetzt in Tränen auszubrechen, mein Herz klopft bis zum Hals. Kurt hält mich beruhigend an seinem Arm und langsam schreiten wir durch ein gestreutes Blütenmeer über den Pier nach vorne unter die *Palapa* - eine strohbedeckte Holzhütte -, bei der er mich dir übergibt …
Unsere Blicke treffen sich und ich habe kurz das Gefühl, in diesem Moment in alle Dimensionen all unserer Existenzen gleichzeitig Einblick zu erhalten.
*Wir wissen, dass wir zusammen gehören und in Wirklichkeit niemals je voneinander getrennt gewesen sind.*
Tränen fließen über unsere Wangen …
Susan steht vor mir, ein wenig von ihr entfernt,

und doch auch in meinem Blickfeld, Richard, ihr Mann, hinter mir meine Freundinnen Atmo und Laura, hinter dir Andres, dein Schulfreund. Ich habe auf meinem Weg Albaluz mit ihrer Mutter und Schwester, die jetzt bei ihr leben, gesehen, außerdem meine Freundin Dalia, mit der ich bei meinem Hiersein einige Themen durchleben musste, bevor unsere Freundschaft eine gute, aber neutrale Basis bekommen sollte, sowie Vittoria, die hier die wunderschöne Hochzeitsdekoration gemacht hat. Auch Daniel ist mit seinen Freunden Linda und John gekommen, einem amerikanischen Ehepaar, das hier auf der Insel ein Schulhaus für Kinder mit Einschränkungen auf allen Ebenen unterstützt. Außerdem erblicke ich meine ehemalige Nachbarin von der Insel, Maureen mit ihrem Lebensgefährten Robert, und noch einige andere vertraute Gesichter. Ich fühle mich in einem Schwebezustand und bin doch ganz präsent, umgeben von der Kraft aller Elemente.

Sofia fotografiert unsere Zeremonie, während Susan uns mit Worten tiefer Liebe und voller Hingabe traut. Ich bin berührt, welchen Ring ich von dir an den Finger gesteckt bekomme. Wir haben ganz ähnliche Ringe, wie die, die Susan und Richard als Symbol ihrer Zusammengehörigkeit tragen - zwei Delfine, die ineinander verschlungen sind, verziert mit einem Rubin und einem Brillanten. Dein Ring ist ein wenig schlichter und doch beinahe gleich.

Nachdem Susan unsere Liebe mit einem umfassenden Segen besiegelt hat, tauchen über den Pier kommend zwei Schamanen auf - der mir bekannte, und unerwarteterweise mit ihm eine Frau, die, wie ich danach erfahre, die Maya-Schamanin von Dalia ist, welche mich mit diesem Ritual ihrer Meisterin als Hochzeitsgeschenk überraschen wollte, um damit symbolisch die männliche und weibliche Energie zu vereinen.
Es ist eine unglaubliche Kraft in diesem Ritual, sodass ich zwischendurch das Gefühl habe umzukippen, doch in jedem Moment spüre, wie sicher und geschützt ich in deinen Armen bin. Du hältst mich während der gesamten Zeremonie.
Wir werden hier auf körperlicher und geistiger Ebene vermählt …
*‚Ich bin nun deine Frau, geliebter göttlicher Mann - für alle Zeiten!‘*
Wir küssen und halten uns, vereint in einer Umarmung, aus der ich mich nie wieder lösen möchte.

Für unser Festmahl hast du einen eigenen thailändischen Koch kommen lassen, der ein fantastisches, mit viel Kokos zubereitetes, Hochzeits-Menü zusammengestellt hat.
Wir genießen den Abend, tanzen, unterhalten uns mit unseren Gästen und erleben wunderbare Glücksmomente mit all diesen Menschen.
Da wir mit unserer Feier hier schon sehr früh

begonnen haben, ziehen wir uns kurz nach 23 Uhr zurück, während noch einige der Gäste an der Bar verweilen.

Beim Betreten unseres Zimmers *Harmony* bin ich sprachlos.
Es riecht nach herrlichem Räucherwerk, ein Meer von Kerzen erhellt den Raum in wunderbarem Licht und in der Badewanne ist bereits Wasser eingelassen, auf dem eine Fülle von Rosenblättern schwimmt. Achtsam und liebevoll entkleidest du mich, streifst das Kleid von meinem Körper, öffnest meine High Heel Sandalen, um sie mir abzunehmen, und betrachtest mich in meiner roten Spitzenwäsche, in der ich nun vor dir stehe. „Es ist einfach unbeschreiblich, wie schön du bist, meine Göttin - meine Ehefrau." Ich lächle dich an, öffne die Knöpfe deines Hemdes und streife dir dieses von deinem muskulösen Körper, um dir dann auch deine elegante Hose ganz langsam über die Beine nach unten zu ziehen. So stehen wir voreinander und sehen uns an, bevor wir langsam unsere Unterwäsche von unseren Körpern entfernen. „Du bist der schönste und begehrenswerteste Mann, den ich je in meinem Leben kennengelernt habe - ich liebe dich so sehr, Isaias, und ich wünsche mir, nie wieder von dir getrennt zu sein." „Meine Schönheit, wir werden nie wieder getrennt sein, wir gehören zusammen. Das wusste ich in der ersten Sekunde, in der sich unsere Augen mit

ihren Blicken begegnet sind.“ Dann hebst du mich hoch und legst mich achtsam in die Wanne, um mir zu folgen. Gegenseitig seifen wir unsere Körper ein und genießen es uns zu berühren, zu spüren, zu liebkosen, zu küssen, unsere Erregung wahrzunehmen und ganz im Moment zu sein … umgeben von duftenden Blütenblättern.

Nach diesem genussvollen Bad steigst du aus der Wanne, um mir ein Badetuch entgegenzuhalten und mich darin einzuhüllen und abzutrocknen. Auf deinen starken Armen trägst du mich auf unser Liebeslager und bettest mich auf all die gestreuten Rosen- und Frangipaniblüten, die das Zimmer mit einem berauschenden Duft erfüllen.

Du legst dich neben mich und wir beginnen einander anzusehen, so als würden wir uns nie zuvor gesehen haben - unschuldig und dennoch voller Begehren. Unsere Blicke verschmelzen ineinander und heben uns in Formen der Ekstase, die alleine über unsere Augen und unseren Atemrhythmus erreichbar sind. Ich habe in diesem Moment das Gefühl ganz tief mit dir vereint zu sein, obwohl sich unsere Körper noch nicht einmal berührt haben. Langsam führen wir unsere Handflächen aufeinander zu, tippen unsere Fingerspitzen aneinander und spüren in unserem gemeinsamen Atem den Fluss unserer Energien, die ineinander übergehen und uns wie zwei Magnete zusammenführen. So liegen wir eng

umschlungen - raum- und zeitlos - ich habe das Gefühl nicht mehr unterscheiden zu können, wo mein Körper endet und deiner beginnt - ich bin eins mit dir und spüre jede Zelle in Vibration. Sanft rollst du mich auf den Rücken und dringst in mich ein - kurz verharrst du still in mir und gemeinsam beginnt unsere Lust und Leidenschaft sich zu entfachen. Aus dieser sanften Ekstase erwacht in uns beiden das Feuer der wilden Lust. Wir werden zu zwei Wildkatzen, die nun leidenschaftlich in ihrer Kraft und Stärke miteinander spielen. Du beißt mich in den Nacken, während du meine Brüste umfasst, meine Brustwarzen zwischen deinen Fingern stimulierst, ich bäume mich auf und sinke nach einem Höhepunkt, der mich über viele Wellen trägt, wieder zurück in die Kissen, um mich nun aufzurichten und fordernd zu werden: „Ich will dich reiten, geliebter Ehemann! Bist du bereit, mir zu Diensten zu sein?“ „Nichts lieber als das, komm du geiles Eheweib, setz dich auf mich und reite meinen Schwanz, bis du gesättigt bist!“
Dann legst du dich auf den Rücken, dein Penis prall und zuckend erigiert, um meine nasse und pulsierende Pussy auszufüllen. Ich bin so frei, so freudvoll, so ungehemmt und reite mich, in Lustschreien erbebend, von einem Orgasmus zum nächsten. Es ist göttlich, es ist hemmungslos und ich fühle mich unendlich befreit und glücklich. Nach diesem herrlichen Ritt sinke ich auf deine Brust, um dich innig

und begehrend zu küssen und anschließend deinen Körper entlang nach unten zu gleiten, um deinen immer noch harten Penis mit meinem Mund zu verwöhnen - ich nehme ihn zwischen meine Lippen, beiße zart deine empfindlichsten Stellen, umspiele die Eichel mit meiner Zungenspitze und beginne dann heftig an ihm zu saugen, während ich mit meiner Hand deinen Schaft massiere. Ich genieße es, dich jetzt ganz tief in mir aufzunehmen und spüre in diesem Moment eine heiße Welle durch deinen Körper pulsieren, die du mit einem lauten Schrei, deinen Saft in meinem Mund verströmend, aus dir entlässt - ein himmlisches Liebeselixier, das ich bewusst und genussvoll in mich aufnehme, um davon zu trinken.

Danach halten wir uns erneut eng umschlungen und blicken wieder in unsere Augen, sanft und voller Liebe. Im Ausdruck dieser tiefen Liebe gibt es keinerlei Begrenzungen mehr, sie in alle Formen des lustvollen Liebesspiels zu bringen. Es gibt keine Verurteilungen, keine Schranken, außer jenen, die wir uns selbst auferlegen. Wir können uns spielerisch in alles einlassen, was unsere Herzen, unsere Seelen und unsere Körper erfreut und erfüllt.

*Was wohl in diesem ‚Tempel der Lust‘ auf uns wartet?*

Erfüllt fallen wir in einen tiefen Schlaf, in dem ich scheinbar in meiner Traumwelt in viele andere Existenzen mit dir getragen werde - ich

erfahre Lust, Schmerz, Freude, Sinnlichkeit - und all das erlebe ich so real, als würde es im Moment geschehen, so wie jene Vereinigung, die wir gerade genossen haben. Jede Szene, in die ich eintauche, erscheint mir wie alles mit dir Erlebte - immer im *Jetzt*. Ich habe das Gefühl, mich in einem unendlichen *Wach-Traum* zu befinden.
Im Erwachen aus all diesen Verwirrungen sehe ich dich an - schon öffnest auch du deine Augen, um erneut in den meinen zu versinken. Wir vereinen uns wieder und wieder - ganz sanft, ganz still, ganz friedvoll...
Meine Güte, ich finde einfach keine Worte mehr, um das Erlebte zu beschreiben…
*Ich bin die glücklichste Ehefrau dieser Welt und unendlich dankbar.*

Im Bett genießen wir ein herrlich zubereitetes Frühstück.
Auf meinen Wunsch im letzten Jahr haben sie in der *Casa de los Sueños* tatsächlich inzwischen auch begonnen, für den Morgen köstlichen Cappuccino zuzubereiten - genauso wie ich ihn liebe - mit geschäumter Milch, geschlagenem Obers, Zimt und Kardamom.
*Mein erster Morgen als Ehefrau* - es ist ein göttliches Gefühl. Du bist ein Mann, der mich immer wieder von Neuem zum Lachen bringen kann und mir so oft Tränen der Berührung entlockt.
Nach diesem lustvollen ersten Ehemorgen und

unserem Frühstück im Bett meinst du, dass es nun an der Zeit wäre, mir meine Morgengabe zu überreichen, du aber dafür mit mir das Haus verlassen müsstest. „Meine geliebte Frau, es ist einfach zu groß, um es dir hier zu übergeben."
*‚Meine Güte, was wird denn das wohl sein?'*

Nachdem wir uns geduscht und angezogen haben, bittest du mich, mir die Augen verbinden zu dürfen - du möchtest mich mit geschlossenen Augen führen. Da ich dir immer vollkommen vertrauen kann, lasse ich es mit Freude geschehen. Vor dem Tor des Hotels beginnst du mich im Kreis zu drehen. Tatsächlich habe ich nun keine Ahnung, wohin der Weg, den wir einschlagen, mich führen wird.
Plötzlich ahne ich doch etwas: *‚Nein, das kann unmöglich sein...'*
Ich beginne ein wenig zu zittern, bei dem Gefühl, was es sein könnte.
Du nimmst mein Beben wahr. „Isaias, was hast du mit mir vor?"
„Lass dich überraschen, mein Engel."
Der Weg führt auf eine Schotterstraße - meine Vorahnung wird immer stärker - dieser Weg erscheint mir doch sehr vertraut. Ich bin ihn täglich zum Schwimmen gegangen, als ich auf der Isla Mujeres war - es riecht hier sogar wie in meiner Erinnerung.
Wir gehen weiter, um irgendwann stehen zu bleiben.
Du nimmst mich auf deine starken Arme und

trägst mich noch ein Stück des Weges, bevor du stehen bleibst: „Meine Königin, bitte nimm deine Augenbinde ab, damit ich dich über die Schwelle deines Hauses tragen kann - unseres gemeinsamen Zuhauses hier auf dieser Insel."
Ich nehme das Tuch von meinen Augen, und tatsächlich: „Nein Isaias, es ist unfassbar …"
Haltlos breche ich in Tränen aus, mein Körper zittert, ich klammere mich an dich, da es mich unbeherrschbar schüttelt …
So trägst du mich über die Schwelle meines *Traumhauses*, das ich ein halbes Jahr täglich vom Meer aus betrachtet habe - jenes Hauses, in dem wir unsere vergangenen Weihnachten verbracht haben.

Ich werde mehr und mehr von Tränen geschüttelt - du lässt mich achtsam nieder und nimmst mich ganz fest in deine Arme. Verschwommen nehme ich deine Worte wahr - wie aus weiter Ferne kommend:
„Willkommen zu Hause, meine wunderbare Frau - es ist Dein …
Der Umbau ist gemeinsam mit Daniel, unserem lieben und kreativen Freund, geplant und teilweise schon erfolgt. Ich bin der glücklichste Mann dieser Welt, meine Göttin an meiner Seite zu wissen. Ich verspreche dir, in jedem Moment unseres gemeinsamen Lebens ein starker Mann an deiner Seite zu sein - du wirst dich immer behütet und geschützt fühlen. Meine Liebe wird dich tragen und nähren."

*Ich stehe hier im Vorraum meines neuen Zuhauses - ich bin jetzt tatsächlich endgültig angekommen.*

Nach einigen Minuten fassungslosen Schweigens versiegt langsam mein Tränenfluss. Nun bringe ich schluchzend doch einige Worte heraus:

„Isaias, habe ich das tatsächlich alles verdient…?
Es scheint so zu sein… das Schicksal hat mich doch zu dir geführt.
Was bist du für ein außergewöhnlicher Mann?!...
In tiefer Dankbarkeit verneige ich mich vor dir, meinem Mann - vor dir, der du mein Geliebter, mein König, mein Gott bist - ich werde all mein Bestes geben, um dir in jedem Moment meines Lebens eine Gefährtin zu sein, mit der du alles teilen kannst, in Liebe, Hingabe und tiefem Vertrauen. Ich bin endlich zu Hause und werde dir immer die Frau an deiner Seite sein, auf die du dich vollkommen verlassen kannst.
Und du hast ja keine Ahnung, wie sehr ich dich liebe … und schon wieder begehre…“

*Namasté*

# *Epilog*

Es haben sich wahrhaft all meine Träume erfüllt. Ich habe meinem für mich bestimmten Mann begegnen dürfen und ich habe sogar mein Traumhaus bekommen, in dem ich von einem Blumenmeer überrascht wurde…
In jedem Raum sind wunderschöne weiße Lilien, Rosen in verschiedenen Farben, Frangipani- und Hibiskusblüten, die mir den Weg durch unser neues Zuhause weisen.
Ich werde von nun an am Meer leben - an zwei verschiedenen Plätzen dieses Planeten - und meine wahre Lebensmission erfüllen. Ich werde auf meine Weise und gemeinsam mit meinem geliebten Mann viele Menschen auf ihrem Weg berühren, um dadurch selbst eine immer bewusstere und weisere Frau zu werden.

Unser Haus hat inzwischen schon einige Änderungen erfahren, die du mit Daniel hier auf der Insel in Auftrag gegeben hast. Die unteren Räume haben große, helle Fenster bekommen -

mit der Raumaufteilung wolltest du noch auf meine Wünsche Bedacht nehmen. Daniel ist ein Mensch, der mich bei meinem ersten Aufenthalt sehr inspiriert hat. Er ist selbst ein unglaublich kreativer Mann. Er hat schon damals gemeint, dass jedes Haus dem Lifestyle der Bewohner entsprechen müsse und nicht die Bewohner ihren Lifestyle dem Haus anpassen sollten. Nun weiß ich, warum die beiden Männer sich so gut verstanden haben. Da Daniel mich und meine Bedürfnisse schon gut gekannt hatte, hat er den Umbau auch weitgehend meinen Vorstellungen von Ästhetik angepasst. Die weitere Gestaltung darf ich nun direkt mit ihm und dir besprechen, damit wir nach unserer Rückkehr von unseren Flitterwochen und unserem anschließenden Sommeraufenthalt auf Mallorca in *mein fertiges Haus* einziehen können. Was meinen Geschmack von jenem meines Freundes sehr unterscheidet, ist die Farbauswahl - ich wünsche mir alles in hellen Farben gestaltet zu haben, weitgehend auf Braun zu verzichten. Ich liebe viele rote, weiße und gelbe Akzente in meiner Lebensumgebung. Mir ist klar, dass ich mich vollkommen auf ihn verlassen kann, uns ein Schmuckstück mit allen Facetten zu gestalten. Meine beiden von meiner Freundin Cleo gemalten Bilder werden einen besonderen Platz in diesem Traumhaus hier bekommen.
Ich bespreche in diesen Tagen, die wir noch hier sind, mit Daniel alles, was mir für mein Haus und unser Meeresgrundstück mit großem

Badehaus wichtig erscheint. Besonderes Augenmerk möchte ich auch auf die Dachterrasse legen, die so groß ist, dass man dort gut mit Gruppen arbeiten kann, im Schatten des großen Strohdachs. Von hier haben wir einen wunderbaren Weitblick auf beide Seiten des Meeres - einfach fantastisch. Dort oben und in unserem Badehaus wünsche ich mir ein ebenso schönes Hängebett wie er selbst eines in seinem Garten hat - geschützt durch ein großes feinmaschiges Moskitonetz, das dennoch den Durchblick auf den Sternenhimmel ermöglicht. Er wird alles in Auftrag geben und selbst dabei sein, wenn es fertiggestellt wird.

Meine Freunde - Kurt und Helena, sowie Laura und Thomas - verbringen die restlichen Tage ihres Urlaubs in unseren Zimmern im Untergeschoss, denen jeweils ein eigenes Badezimmer angeschlossen ist und die inzwischen schon hell und freundlich sind. Zwei dieser Zimmer werden unsere eigenen Privaträume sein, in die sich jeder von uns zurückziehen kann und in denen wir auch bei Bedarf alleine schlafen werden. Inzwischen habe ich meinen Wunsch auf getrennte Schlafräume relativiert - ich schlafe neben dir besser, als es mir jemals alleine möglich gewesen ist. Die beiden anderen Zimmer werden wir für Gäste herrichten. Sie sollen vor allem von unseren Kindern bei ihren Besuchen bewohnt werden. Im Obergeschoss haben wir einen unglaublich großen, lichtdurchfluteten Wohnraum und ein gemeinsames Schlafzimmer mit einem Badezimmer, in dem alles, was man sich erträumen kann, vorhanden ist. Daniel hat dieses so gestaltet wie sein eigenes - mit einer großen Badewanne mit Whirlpool, einer Duschkabine mit Massage-Düsen, einem Doppelwaschbecken und einem Fenster mit Blick aufs Meer.

*Ich bin einfach nur fassungslos in Anbetracht des Luxus, in dem ich leben werde - sowohl hier als auch auf Mallorca.*

Atmo begeht ihr Hochzeitsritual mit Björn an jenem Platz, an dem sie anfangs ihre Zeit verbracht haben, und, an dem sie auch ihre *Hochzeitsnacht* verbringen wollen, bevor sie zu uns ins Haus übersiedeln. Diesmal darf ich die unterstützende Rolle als ihre Begleiterin einnehmen - Thomas besiegelt deren Zeremonie für Björn. Auch die beiden werden in Deutschland im Rahmen ihrer Familien und Freunde nochmals diesen Bund auf die dort übliche Weise zelebrieren. Meine Freundin Atmo, die irgendwann gemeint hatte, sie würde niemals heiraten wollen, wagt nun tatsächlich diesen Schritt in eine Ehe. Und Laura meint, dass es bei ihrer offiziellen Hochzeit im August so richtig krachen wird.

Es ist für mich ein unbeschreibliches Gefühl, all das hier zu erleben - auf jener Insel, auf der ich begonnen habe, *meinen Weg zu gehen und*

*meinem Herzen zu folgen.*
Wir sind hierher gekommen als vier Paare, von denen nur eines verheiratet war - acht Tage später sind wir vier „verheiratete“ und wirklich glückliche Paare.
Auch wenn die Tradition der Eheschließung für viele veraltet erscheint, hat dieses *klare Ja* zu einem Menschen für mich schon einen tieferen Sinn. Ich wusste doch, warum mir dieses Jawort bei keinem anderen Mann - in mehr als 20 Jahren seit meiner Scheidung - möglich erschien.
So sitzen wir nochmals an einer kleinen Hochzeitstafel beisammen, und genießen es, hier an diesem Platz so viel Liebe und Sinnlichkeit erleben zu dürfen.

An unserem letzten Abend gehen wir gemeinsam mit Susan und Richard in das Restaurant des *Hotels Rolandis,* um ein köstliches *Abschiedsessen* genießen. Wir erleben dort den Sonnenuntergang in der geschmackvollen Atmosphäre eines edlen Ambientes.

Am Tag danach fliegen wir in unseren *Honeymoon.*
Unsere Flitterwochen verbringen wir an jenem wunderschönen Platz auf Hawaii, der uns ebenso viel Glück bescheren möge, wie einst Susan und Richard, die ich vor elf Jahren hier kennengelernt habe und an dem mein Traum

nach einer solchen Beziehung, wie die beiden sie leben, ihren Anfang genommen hat. Wir verbringen unsere Zeit im *Dolphin House* mit eigenem Strand und einer Haushälterin, die täglich kommt, um für uns zu kochen.
Ich bin schon ein wenig reisemüde geworden und richtig dankbar, drei Wochen in Frieden und Stille, erfüllt mit viel Sinnlichkeit, Lust und Liebe verbringen zu können.
In unserer zweiten Woche erhalten wir Besuch von Eleonora und Leonardo, jenem Paar, das mich in Venedig gar tief berührt hat, als ich dort etwas verunsichert deren *„Fest der Masken"* besucht habe, um dir damals zum dritten Mal wiederzubegegnen.
Deren Besuch für drei Tage sollte eine besondere Überraschung für mich beinhalten, die du mir als weiteres Hochzeitsgeschenk bereitet hast. Wir wurden noch tiefer eingeweiht - in von mir zuvor bloß erahnte Bereiche noch tieferer spiritueller und geistig-sinnlicher Ebenen. Ich erlebe ein Eintauchen in immer wieder neue Welten. Nach deren Besuch wachsen wir hier noch inniger zusammen und vertiefen unsere Pläne, anderen Menschen Wegbegleiter werden zu wollen auf ihrer Lebensreise zu einem *lustvoll in Liebe gelebten Leben.*

Es ist eine wunderbar ruhige, gemeinsame Zeit, die wir uns gestalten und deren Abschluss mit einem *Vollmonderlebnis* der außergewöhnlichsten Weise erfahrbar wird … *Im Tempel der Lust …*

Auf Mallorca beginnt nach diesen drei geruhsamen und zugleich berauschenden Wochen unser Lebensalltag, in dem du deinen Geschäften nachgehst und ich mich in mein neues Lebensumfeld eingewöhne - ich gestalte unser Haus, bereite uns häufig geschmackvolle Mahlzeiten und genieße es, die *Seele des Hauses* sein zu dürfen, während du deine Arbeit im Außen lebst.
Auf deinen Geschäftsreisen begleite ich dich anfangs noch nicht - bin ich doch froh, hier ein wenig zur Ruhe zu kommen.
Zwischendurch kommen uns deine Kinder besuchen, die irgendwann auch meine mit ihren jeweiligen Partnern kennenlernen werden - Philipp und Sophie haben sich gewünscht, eine Woche Urlaub auf Mallorca zu machen. Die vier verstehen sich ausgesprochen gut, auch wenn deine beiden doch um einige Jahre jünger sind. Für mich ist diese Woche ein außergewöhnliches Erlebnis - ich habe erstmals das Gefühl, eine große Familie zu haben. Es ist eine aufregende und abwechslungsreiche Zeit, mit so vielen jungen Menschen in unserem Haus zu leben.

Im August reisen wir nochmals in meine Heimatstadt, um dort die offizielle Hochzeitszeremonie von Laura und Thomas

mitzuerleben - Laura hat mich gebeten, ihr Beistand zu sein. Es ist eine unglaublich pompöse Hochzeit und Laura strahlt vor Glück. Und sie lässt es tatsächlich krachen, in jeder Hinsicht …
Wir verbringen dort unsere Zeit in meinem kleinen gemütlichen Apartment, das ich nun eigentlich nicht wirklich aufgeben möchte - es ist immer gut, einen Rückzugsort zu haben. Nachdem mir Sarah mitgeteilt hat, dass der interessierte Mieter doch nicht hier einziehen möchte, beschließe ich, es nicht zu vermieten, sondern es inzwischen einem meiner Kinder als Wohnmöglichkeit zu überlassen. Da Philipp nicht in dieser Stadt leben will, kommt Sophie mit ihrem Freund in den Genuss, dort einzuziehen. So fügt sich wahrhaft alles von selbst.

Schon bald danach gibt es für uns ein weiteres Hochzeitsfest, das wir auf Mallorca erleben - es kommen unglaublich viele Menschen von vielen Teilen der Welt, um mit uns zu feiern. Unsere Familienmitglieder lernen sich hier kennen und Freunde treffen sich bei unserer Zeremonie. Auch unsere Expartner kommen mit ihren neuen Lebenspartnern und es ist schön, zu erleben, wie alles in Harmonie sein kann, wenn die Themen von Eifersucht und Neid keinen Platz mehr einnehmen. Unsere Kinder scheinen es zu genießen, dass ihre Eltern ein wirklich gutes Auskommen miteinander haben.

Es ist ein unglaubliches Fest, das über einige Tage geht, weil viele hier bei uns wohnen. Einige sehen diesen Anlass auch als Urlaubsmöglichkeit, Mallorca im Spätsommer zu genießen. Wir haben natürlich die *Vollmondnacht* für unsere Zeremonie gewählt, weil doch all das für uns vorgesehene Glück unter dem Vollmond begonnen hat und hier ein Zyklus zu einem wunderschönen Abschluss kommen kann - es ist der 16. Vollmond, den wir in dieser Nacht gemeinsam genießen und er strahlt wunderschön für uns vom Himmel, um sich im Schein der Meeresoberfläche widerzuspiegeln…

Eleonora und Leonardo haben uns an diesem Tag eine wahrhaft außergewöhnliche Hochzeitsüberraschung bereitet …

Wir wollen und werden noch viele Monde dieser Art erleben und davon berührt sein, wir werden Menschen begleiten, um ihnen die Erfahrung zu ermöglichen, was es bedeutet eine tiefgehend heilende und dennoch unglaublich lustvolle Partnerschaft erleben zu können.

*Wir werden uns jeden Tag von Neuem an diesem in Liebe und Lust gelebten Leben erfreuen und dankbar dafür sein, es miteinander teilen zu dürfen...*

# *Nachwort ...*

## *Im Tempel der Lust*

Nein, ich will es meinen Leserinnen und Lesern nicht vorenthalten ...
Das, was wir in der in vielerlei Hinsicht *heißen Vollmondnacht* auf unserer Hochzeitsreise erleben durften ... eine unbeschreibliche und berauschende Erfahrung mit allen Sinnen und auf allen Ebenen.

Wir haben bereits mehr als zwei wundervolle Wochen auf dieser herrlichen hawaiianischen Insel verbracht, davon drei Tage mit unseren italienischen Freunden. Ich fiebere ab Beginn unserer dritten Woche unserem Erlebnis im besagten *Tempel der Lust* entgegen. Drei Tage vor unserem Rückflug ist es dann soweit - wir werden pünktlich um 12 Uhr mittags, wie vereinbart, von einem Privatchauffeur in einer eleganten goldenen Limousine abgeholt. Im Wagen befinden sich vor unseren Sitzen

*erotische kleine Köstlichkeiten* und *zwei Gläser Champagner* - ein prickelnder Einstieg in das Abenteuer, das uns noch eine kleine private Tour an wenige, aber besondere Plätze erleben lässt.
Ich bin es nicht gewohnt, Alkohol zu trinken, und genieße es nun doch mit dir - gegenseitig füttern wir uns mit den Gaumenfreuden, während ich schon ein heftiges Ziehen und Pochen in meinem Unterleib wahrnehme und einen feuchten heißen Schwall in meinen edlen Spitzentanga fließen spüre. Auch dich lässt diese prickelnde Atmosphäre nicht unberührt - in deiner Mitte zuckt es heftig unter deiner lässigen blauen Leinenhose. Wir genießen die kleinen Variationen von Mund zu Mund und berühren uns immer öfter neckend und verspielt an unseren Zentren der Lust. Dein herrlicher Penis reckt sich meiner Hand willig entgegen, während deine Finger in mein inzwischen triefend nasses Höschen gleiten und mir in ihrer Kunstfertigkeit ein heftiges Stöhnen entlocken. Die Scheibe nach vorne ist geschlossen, der Chauffeur erklärt uns die Umgebung, die ich in meinem bereits ein wenig vom Champagner angeheiterten Zustand nur mehr am Rande mitbekomme, über ein Mikrofon.
In dem Moment, in dem du mir deine Finger tief in meine Vagina einführst, sich alle meine Muskeln heftig zusammenziehen und mir ein unterdrückter Lustschrei entkommt, bleibt der Wagen stehen.

Wir sind vor einer atemberaubenden Luxusvilla gelandet - schon vom Parkplatz ist das Rauschen des Pazifik zu hören, offensichtlich untermalt vom wilden Naturklang eines nahegelegenen Wasserfalls. Lustvoll und lachend steige ich aus der Limousine, indem ich deine Hand nehme, die du mir entgegenreichst. Im Foyer erwartet uns eine elegante Dame mittleren Alters und heißt uns willkommen, diesmal mit zwei Gläsern eines herrlichen aphrodisierenden Fruchtcocktails, wie sie meint, in ihren Händen - unser Willkommenstrunk. Unser leichtes Gepäck für diese eine Nacht wird uns von zwei wunderschönen Männern abgenommen, die uns als unser Servicepersonal gemeinsam mit zwei ebenso bezaubernden Frauen für diese 24 Stunden vorgestellt werden. Sharon, unsere Empfangsdame, erklärt uns alle wesentlichen Details und führt uns durchs Haus. Du hältst mich an der Hand, da ich anscheinend schon ein wenig angeheitert bin und andererseits knieweich in Anbetracht meiner unbändigen Lust auf dich und all dieser Besonderheiten in diesen großzügigen Räumlichkeiten. Sie führt uns zuerst in den Spa-Bereich, mit dem klingenden Namen ***Aphrodisiakum***, der alle meine Erwartungen übertrifft, danach in unseren Privatraum ***Dreams and Wishes*** mit diesem überdimensionalen Bett und einer umwerfend geschmackvollen Einrichtung. Mein erster Blick fällt auf drei unglaublich ästhetische,

erotische Gemälde an der Wand - der Stil kommt mir sofort bekannt vor. Auf meine Frage, von wem denn die Bilder sind, meint Sharon, sie seien von einer österreichischen Künstlerin, die letztes Jahr hier war und sie speziell für dieses Haus gestaltet habe. Im selben Moment ist mir klar, dass die wunderschönen Akte von meiner lieben Bekannten und Künstlerin ARThena sein müssen. Ich bin gemeinsam mit dieser tollen, erotischen Frau bei einer Vernissage in Wien, an der verschiedene Künstler und Künstlerinnen der Malerei und Fotokunst, beteiligt waren, auf der Bühne gestanden. Ich konnte damals dieses Event dazu nutzen, einige meiner Texte bei einer Lesung - kombiniert mit einer Tanzperformance - vorzustellen, und ARThena hatte nicht nur die Möglichkeit, ihre Malerei zu präsentieren, sondern auch mit ihrer sinnlichen Stimme als Sängerin aufzutreten. Zuletzt las sie aus meinen Texten, während ich dazu tanzte - es war ein unglaublich lustvolles Miteinander.
Wie klein die Welt doch ist…
So schließen sich im Leben immer wieder Verbindungen zu vielen Menschen.
Zuletzt sehen wir die spezielle Kammer ***Erotica***, die meinen Atem stocken lässt - ich habe schon einiges gesehen, aber diese Ausstattung lässt vermutlich keinen einzigen Wunsch mehr offen.

Anschließend werden wir gefragt, wie unsere Präferenzen sind.

Du blickst mich fragend an, und es ist klar - ich will in den Spezialraum mit dir.
So antwortest du Sharon: „Meine Frau und ich wünschen uns um etwa 17 Uhr die Massage mit anschließendem Bad und darauf folgend das Dinner. Die nächsten Stunden werden wir im *Erotica Bereich* verbringen und ich bitte darum, uns genügend Wasser zur Verfügung zu stellen.“ Höflich und respektvoll meint sie: „Wenn Sie irgendeine Unterstützung - welcher Art auch immer benötigen - läuten Sie, jeder und jede der vier Damen und Herren hat eine eigene Klingel. Marcel ist unser Fesselungskünstler, Mary eine Meisterin der Federkünste, Michel ist technisch versiert, um Ihnen bei den Geräten behilflich zu sein, und Marta ist eine Performancekünstlerin der Extraklasse. Sie haben die Wahl. Der Raum wird von den jeweiligen Personen nur auf Ihr persönliches Klingeln hin betreten, sonst haben Sie absolute Privatsphäre in unserem Haus. Außer Ihnen befinden sich bloß wir fünf noch hier, und zwei Köche in der Küche. Ich wünsche Ihnen sinnliche und lustvolle Stunden.“
Diskret zieht sie sich danach zurück.

Ich bebe vor Verlangen und steuere direkt auf den Raum *Erotica* zu, in dem nicht nur genügend Getränke, sondern auch noch lustvolle, kleine Amuse-Gueules bereitet sind.
„Was begehrt meine Königin?“, fragst du mich

mit funkelnd glänzenden Augen. Genussvoll nehme ich mir einen kleinen Happen, komme damit zu dir und stecke ihn dir von Mund zu Mund zu: „Ich will jetzt sofort auf allen Geräten von dir gevögelt werden. Nimm mich, mein geliebter Ehemann, ich gehöre ganz dir…“.
Du packst mich lustvoll und ungestüm, hebst mich hoch und setzt mich auf den *Gyn-Stuhl*, um dort meine Beine festzugurten und mich dann quälend langsam meiner Bluse zu entledigen, meinen Rock hochzuschieben, dir noch langsamer deine Hose und dein Hemd zu öffnen, während du mich mit deinem Blick fixierst, um dich mit deinem harten, pochenden Penis vor mich zu stellen. Ich blicke dich flehend an … Mit zwei Schritten kommst du auf mich zu, schiebst meinen nassen Slip zur Seite und bist mit einem tiefen Stoß in mir … ich bäume mein Becken hoch vor Lust, während du mich wild und begehrend nimmst, bis meine Pussy heiß pulsierend pumpt und ich einen herrlichen Orgasmus aus mir schreie. So heftig, wie du in mich eingedrungen bist, ziehst du deinen Penis wieder aus mir, öffnest meine Fesseln, hebst mich vom Stuhl und bindest mich, mit meinem Oberkörper nach vorne geneigt, an ein Gestell, auf dem ich nun schwebend halb liege, halb hänge - schon packst du meine Hüften von hinten und bist ebenso schnell wieder in mir wie zuvor. Einfach göttlich, wie du mich zu nehmen vermagst. „Fick mich, bitte … nimm mich … bitte…!“ Du stößt und

stößt mich, und ich genieße dich in jeder Faser meines Körpers - unendlich ... Und wieder ziehst du dich unerwartet zurück ... ich sehe dich nicht - mein Kopf steckt in diesem Gerät zwischen zwei gepolsterten Halterungen. ‚*Was hast du jetzt bloß mit mir vor?*' Plötzlich höre ich, wie eine Türe geöffnet wird, vernehme Schritte ... ‚*oh mein Gott, du musst geklingelt haben ...*', spüre, wie mir meine Gurte an den Armen und Beinen gelöst werden und du meinen Körper langsam nach hinten legst. Währenddessen erscheint vor meinem Gesicht ein Mann - es ist einer der beiden schönen Männer, nur mit einem knappen Hüfttuch bekleidet. Er nimmt meine Arme und legt sie in Schienen. Mein Rücken wird an einem gepolsterten Sitz fixiert. Langsam erlebe ich, wie mein Körper - offensichtlich über einen Seilzug - in die Höhe gezogen wird. Mein Oberkörper scheint gut verankert zu sein, während ich mit meinen Beinen über dem Boden hänge. Ich vermute mich in einem Schwebestuhl zu befinden. In dieser Position sehe ich von oben auf dich herab, neben dir Marcel mit einem langen, aufgerollten Hanfseil in seinen Händen ... du gibst ihm ein Zeichen. Er beginnt Öl über das Seil fließen zu lassen, während du dich mit einem tiefen Blick in meine Augen - so, als ob du dich versichern möchtest, dass all das auch für mich in Ordnung ist - auf mich zubewegst, mir vorsichtig den trägerlosen BH vom Körper entfernst, meinen

Rock und inzwischen vollkommen durchnässten Slip von den Beinen streifst und mich dann genüsslich, nach hinten tretend, betrachtest.
Drei Männer sehen mich hier so hängen - vollkommen nackt und ausgeliefert. Etwas verunsichert schließe ich meine Augen…
*'Will ich das wirklich? Von zwei Fremden gesehen zu werden...? Irgendwie aufregend, aber ...'*
Ich öffne wieder meine Augen, blicke nach unten, suche die deinen … blicke zu den anderen. *'Ach, die Beiden haben sich dezent weggedreht - ja, das fühlt sich besser an. Ich will doch ganz dich, mein Geliebter...'* Einerseits sind da diese wirren Gedanken, andererseits will ich jetzt einfach nur von dir genommen werden. Ich blicke dir unendlich tief in deine Augen und genieße es tatsächlich, so angegurtet und hilflos vor dir zu hängen. *'Du würdest meine Hilflosigkeit niemals ausnützen!'* Ich nehme wahr, wie mein Saft schon meine Schenkel entlang hinunterfließt, auch du siehst es und kommst wieder auf mich zu, nimmst meine Beine, legst sie über deine Schultern und leckst mir meinen Liebessaft von den Innenschenkeln - vor meiner Muschi verharrst du in Stille - ich wölbe dir mein Becken entgegen: „Bitte mehr….“, stammle ich verzweifelt in meiner unbändigen Lust.
Ich winde mich, kann mich aber kaum bewegen

- bloß meine Beine sind nicht verankert - meine Arme sind in den Schienen zur Seite gegurtet… Abermals gibst du ein Zeichen.
In diesem Moment sehe ich Marcel sich umdrehen und mit gesenktem Kopf hinter mich treten, um meinen Körper mit dem Seil zu umwinden. Du trittst zurück, meine Beine fallen nach unten, der andere fängt sie auf und verankert sie in einer Halterung - breit nach oben gespreizt, fast schon an der Schmerzgrenze - auch sein Blick ist zum Boden gesenkt … Danach dreht er sich unverzüglich wieder um. *‚Ist es hier verboten, die Gäste anzusehen? Offensichtlich ... keiner der beiden hat den Blick direkt auf mich gerichtet ...‘* Ununterbrochen ist Marcel damit beschäftigt, weiterhin meinen Körper kunstvoll zu fesseln. *‚Was für ein Gefühl ... ich habe so etwas noch nie zuvor erlebt ... Mag ich das? Du scheinst es zu genießen ... Ich liebe dich so sehr ... und ... ja, ich will mit dir genießen - alles ... irgendwie ein prickelndes Erlebnis ... ich mit einem Seil um meinen Körper ... meine Güte, bin ich froh so biegsam zu sein... oh, mein Gott, was macht er mit meinen Beinen?...‘* Du blickst mir ständig in die Augen, währenddessen ich immer wieder laut und lustvoll aufstöhne. Meine Beine werden mehr und mehr nach oben gebunden. Ich bin bewegungsunfähig und nur mehr in Erwartung dessen, was noch kommt. In der Zeit, in der mich Marcel weiterhin achtsam fesselt,

entkleidest auch du dich vollkommen - niemals den Blick von meinen Augen abwendend. Danach übergibst du dich Michel, um von ihm in ein Gestell, das mir gegenüber von der Decke nach unten kommt, gesetzt und ebenfalls mit deinen Beinen kunstvoll in beweglichen Halterungen verankert zu werden. Nun schwebst auch du direkt vor mir in der Luft. Marcel zieht sich zurück - mein kunstvolles Körper-Bondage scheint abgeschlossen zu sein. Auf ein Zeichen, das sie offensichtlich vereinbart haben, lassen die beiden Männer uns gleichzeitig los - wir schweben aufeinander zu - bei mir sind nur mehr meine pulsierend pochende Pussy und meine Brüste gar nicht vom Seil umwunden - und mein Hals … *den darfst nur du berühren - daher hast du auch Marcel unverzüglich gestoppt, als seine Hände sich meinem Hals genähert hatten* … Meinen Kopf kann ich kaum bewegen - mein Blick ist ausschließlich auf dein Gesicht gerichtet …
In diesen hängenden Schwebesitzen, die nun von den beiden Männern zu einem verankert werden, lasse ich deinen heißen Penis in mich eindringen. Deine Beine sind nun von unten um mich gelegt. Wir sind vereint, tief ineinander, ein unglaubliches Gefühl in der Luft schwebend, und … mir wird schwindlig, ich bekomme kaum noch Luft vor Spannung … werde beinahe ohnmächtig vor Begehren und spüre in diesem Moment eine unbeschreibliche Hitze mich vollkommen übernehmen, bis ich lauthals

einen unfassbaren Orgasmus, der mich zu verbrennen scheint, aus mir zu schreien beginne. Wir schaukeln weiter und in mir ergießt sich eine Eruption nach der anderen, bis sich irgendwann alles in mir aufzulösen erscheint und wir beide gemeinsam dem furiosen Finale entgegen fliegen … kurz darauf schreien wir gleichzeitig unseren ultimativen letzten Höhepunkt aus uns heraus …
Vollkommen befreit und erlöst hängen wir noch langsam schwingend in der Luft, deine Lippen suchen die meinen und zärtlich küssen wir uns.
Die beiden Männer, die zuvor unverzüglich und dezent den Raum verlassen haben, kommen nach einer kurzen Zeit, in der wir in Stille miteinander über dem Boden geschwebt sind, wieder zurück, um uns aus unseren Verankerungen zu befreien.

Ich werde im wahrsten Sinne des Wortes wieder entfesselt.

Erfüllt, erschöpft und fassungslos liege ich kurz darauf auf der vorbereiteten Samtliege in deinen Armen und genieße nach all der Wildheit unserer ungezügelten Begegnung die Ruhe, Stille und den Fluss der Liebe zwischen uns.
Michel und Marcel haben ebenso schweigend, wie sie gekommen sind, den Raum wieder verlassen.
Wir genießen erneut ein paar der köstlichen Horsd'œuvres und Petit Fours und trinken von

den vorbereiteten Natursäften und dem frischen Quellwasser, das durch einen in die Wand eingearbeiteten Brunnen fließt - dieses kleine Kunstwerk habe ich zuvor in meiner aufgeregten Sinnlichkeit gar nicht wahrgenommen … meine Kehle ist vollkommen ausgetrocknet.

Nach einer genussvollen stillen Zeit der Liebkosungen und wundervoller Küsse, beginnt unsere Lust erneut aufzuflammen.

*‚Irgendwie würde ich die Performancekünstlerin gerne sehen ... aber Frauen bei unserem Liebesspiel dabei zu haben? ... Das ist so gar kein Bedürfnis von mir. Ich könnte es doch einfach ausprobieren - sie bleiben ja ohnedies bloß passiv und unterstützend dabei, sowie zuvor die Männer - und das war schon sehr aufregend für mich...‘* Ich lasse meine Gedanken wieder ziehen und entscheide mich für dieses Experiment - also klingle ich nach beiden Frauen. Sie erscheinen in unglaublich ästhetischen Wäscheensembles, während ich noch immer nackt in deinen Armen liege. Ich bitte Marta für uns zu performen und gebe Mary meine Anweisungen für später. Herrliche trancige Musik erklingt im Raum - sie beginnt zu tanzen. Kurz darauf binde ich mir ein Samttuch um die Hüfte und steige in den Tanz ein. Mein Blick ist immer dir zugewandt … *‚wie sehr ich dich liebe und begehre …‘* Schon sehe ich unter dem dünnen Tuch, das dich

bedeckt, deinen Penis nach oben pochen - ich ziehe dir dieses nun ganz langsam von deinem Körper über deine Beine und bitte dich, aufzustehen. Gemeinsam mit der anderen Frau - tatsächlich hält auch diese ihren Blick gesenkt - führe ich dich zu der breiten Liege mit den Gurten und fordere dich auf, dich hinzulegen, während ich wieder in den Tanz zurückkehre. Marta ist tatsächlich eine unbeschreiblich erotische Tänzerin und ich genieße es, gemeinsam mit ihr für dich zu tanzen. Ihre Blicke sind ebenfalls in die Ferne gerichtet oder mir zugewandt. Es ist ein wunderbares Gefühl hier zu sein und ich erlebe trotz der Jugend und Schönheit dieser beiden anderen Frauen tatsächlich keinerlei Eifersucht - ich fühle mich deiner Liebe und deines Begehrens, das nur mir - deiner Frau - gilt, vollkommen sicher, obwohl ich erkenne, wie auch die andere Frau deine Sinnlichkeit erhöht. Dein Blick sucht immer wieder begehrend meine Augen.
Mary bindet dich während unserer Performance an die Liege - deine Fuß- und Handgelenke werden angegurtet - dann beginnt sie ihre Federn aus einer Kiste zu nehmen und dich kunstvoll zu streichen, währenddessen du weiter dem Tanz folgen kannst. Deine Erregung scheint sich zu intensivieren.
Nach wenigen Minuten bedanke ich mich bei Marta für den Tanz und entlasse sie, um mich zu Mary zu gesellen.
Zuerst verbinde ich dir deine Augen, um

sogleich in das Federnspiel auf deinem Körper einzusteigen. Ich lecke dich immer wieder zart und sinnlich, lasse verschiedene Federn über dich gleiten, verabschiede dann auch Marta und freue mich, nun mit dir wieder alleine zu sein.
Du genießt die hingebungsvollen Liebkosungen mit den Federn und meinen Fingerkuppen - dein Körper bebt, dein Penis zuckt vor Begehren und dein Atem wird immer schwerer. Mein Blick gleitet zu Marys Kiste … ich entdecke darin eine schöne lange Perlenkette, nehme sie in meine Hände und lege sie vorsichtig um deinen Penis. Du zuckst zusammen … ich winde sie weiter um diesen prachtvollen harten Schaft, um dann gekonnt und lustvoll die einzelnen Perlen in Bewegung zu bringen. Du kannst deine Lust und dein Verlangen kaum noch zügeln - ich höre nicht auf, die Perlen spielen zu lassen … gleichzeitig lecke ich mit meiner Zunge kreisend um deine Eichel und koste von deinen Liebestropfen. Es macht dich offenbar verrückt, und lustvoll stöhnst du mir zu: „Komm zu mir, Lustgöttin, bitte nimm mich, reite mich … es macht mich wahnsinnig!“ Langsam gleite ich auf die Liege, stelle mich über dich und sinke in die Hocke, werde noch langsamer, gleite weiter nach unten, bis meine ebenso begehrende Muschi an deiner Penisspitze ankommt - vorsichtig berührt sie deine Eichel, beginnt sie zu umspielen und mit ihren äußeren Muskeln zu umtanzen. Wieder richte ich mich auf, ziehe unendlich bedächtig,

Windung für Windung, die Perlenkette weg, sinke erneut auf deinen Penis, um im Zeitlupentempo weiter nach unten zu pulsieren, dich vollkommen aufzunehmen, in Stille zu verharren und dann den Ritt auf deinem fantastischen Körper zu beginnen … ich befreie dich von deiner Augenbinde, blicke dir tief in die Augen und reite mit dir dem *Paradies* entgegen …

Nach diesem außergewöhnlichen Erleben mit dir, meinem geliebten Ehemann, erlöse ich dich von deinen Gurten, und gemeinsam - eng umschlungen - lassen wir die letzten ekstatischen Wellen ausklingen, um uns noch für kurze Zeit auf der großen Samtliege in die Stille zu begeben, bevor wir uns vollkommen gesättigt in den Spa-Bereich begeben.

Das, was uns dort erwartet, ist nicht weniger genüsslich. Wir werden zwei Stunden von diesen ästhetischen und zurückhaltenden Menschen in unbeschreiblicher Weise verwöhnt - sie sind alle vier Meister der Massage-Kunst. Wir hören nur die Gesänge der Vögel, das Rauschen des Wassers und genießen…

Anschließend nehmen wir ein gemeinsames Öl-Duftbad in einem Blütenmeer, um danach in unserem Privatraum ein unbeschreibliches *Erotik-Dinner* serviert zu bekommen, in einem Raum, der ausschließlich von Kerzen erleuchtet ist - sowie durch das Dachfenster vom Vollmond und dem strahlenden Sternenhimmel.

Für die Einstimmung in unsere Nacht beginnen

wir auf unserem unfassbar großen Bett einander gegenübersitzend mit einer Meditation, die uns auf unser tiefes, sinnliches, dimensionsüberschreitendes Liebesritual vorbereitet. Wir verneigen uns mit einem *Namasté* Stirn an Stirn voreinander, in vollkommener Achtung vor der Göttlichkeit des anderen und versinken in tiefe Stille, den Blick unaufhörlich einander zugewandt … vereinen unsere Körper in Bewegungslosigkeit und verharren im bloßen Sein, in Einheit verbunden…
Ich weiß, wie sehr du mich als deine Frau verehrst und begehrst, sowie ich dich als meinen Mann. Nichts wollen wir, nichts verfolgen wir… gemeinsam geben wir uns dem Moment hin, diesem Moment und dem nächsten…

Es war eine unbeschreibliche Zeit, die wir in diesem ***Tempel der Lust*** verbrachten - für uns war es ein ***Tempel der Lust UND Liebe*** ...

*Ich wünsche wahrhaft allen Paaren dieser Welt, ein Erlebnis dieser Art genießen zu dürfen.*
*Möge es uns allen gegeben sein, diesen TEMPEL irgendwo auf unserem Planeten zu finden ...*
*Vielleicht aber auch in unserem eigenen Zuhause...*

## *Vorschau und Rückblick*

***LUST ~ volles ~ LEBEN***
Band 3

In diesem dritten Band schließt sich ein Lebenszyklus, der mit Lust, die oftmals nur ein Ersatz für Liebe war, begonnen hat, und zu einer wahren Begegnung in wirklicher Liebe führt. Im Erkennen dieser tiefen Liebe werden nun jenem Paar, das sich nach jeweils intensiven Lebensjahren gefunden hat, die Möglichkeiten eröffnet, vielen Menschen dazu zu verhelfen, Sex in wahre Erotik und Lust in Liebe zu transformieren. Die beiden folgen ihrer gemeinsamen Passion.

Magdalena und Isaias werden *Lehrer und Meister im Wesen der Liebe*, jener Liebe, die einen neuen Weg in unglaubliche Dimensionen zwischenmenschlichen Seins eröffnen kann.

Es ist der *Weg des Herzens,* der alles ermöglicht, alles sein lässt und letztlich auch in neue Ebenen sexuellen Erlebens führt, wenn sich Menschen ganz und bedingungslos aufeinander einlassen - in tiefem Vertrauen und vollkommener Hingabe ... und vor allem in bedingungsloser Liebe.

Die beiden kreieren eine *neue Form* der

Vermittlung tief gelebter und möglicher Einheitserfahrungen zwischen Mann und Frau, im eigenen Erleben und durch das *Leben* einer *‚geheiligten Beziehung'*, die ich noch viel tiefer mit den Worten der englischen Sprache zu verstehen vermag – *‚sacred relationship'*. Sie begleiten Menschen in ihren Workshops *„In LUST und LIEBE LEBEN"* von Sex zu wahrer Ekstase zu tief erlebbarer Einheit.
In den Briefen oder Emails, die sie von ihren Teilnehmerinnen und Teilnehmern sowie von einigen Paaren, seien es heterosexuelle oder homosexuelle, nach ihren Workshops erhalten, erfahren sie von wunderbaren Verwandlungen in deren Partnerschaften und sexuellen Begegnungen. Vielen dieser Menschen, die sie begleiten durften, konnten sie offensichtlich neue Tore zu lustvoll gelebter Liebe öffnen …

In dieser Weise kann sich unser Leben, das den Meisten mehr zum Überleben dient, zu wahrhaft *in Lust und Liebe gelebtem Leben* entfalten und möglicherweise …

*das Paradies schon auf Erden erfahren werden.*

Wer nun vielleicht auch neugierig geworden ist, zu lesen, wie alles begonnen hat…

***LUST ~ volle ~ LUST***
Band 1

Magdalena ist eine lustvolle Frau, die wieder einmal ungezügelt all ihren Fantasien freien Lauf lassen und sich hemmungslos ihrer Leidenschaft hingeben möchte…

*Ich musste mir keine Konstrukte aufbauen, um mich als anständige Frau zu erleben, ich musste mich für nichts verurteilen, schon gar nicht, wenn ich meine Lust in ihrer exzessivsten Form leben wollte. Kurze Zeit danach geschah es dann, dass jener Mann auftauchte, der mir das ermöglichen sollte und mir den Weg in die absolute sexuelle Befreiung auf allen Ebenen eröffnete.*
*Ich tauchte ein in eine Welt, in der all meine unbändige Lust gelebt werden durfte, ohne dass ich mich auch nur im Geringsten als Hure oder Schlampe fühlte.*
*Ich genoss und genieße und werde noch vieles genießen, ich bin trotz all meiner Erfahrungen ein unglaublich lustvolles Weib geblieben und genieße Sex in jeglicher Form - in ungezügelter Hemmungslosigkeit und manches Mal ebenso in absoluter Stille und im bloßen Sein.*
*Es ist die Vielfalt, die ich mir zu leben erlaube.*
*Einschränkungen machen wir uns immer nur selber.*

So teile ich nun Erlebnisse, die eine Verwebung

gelebter Realität mit Fantasien darstellen, und wünsche mir, viele Menschen mit meiner unbändig gelebten Lust zu inspirieren.

In diesem Band möchte ich die Vielfalt der Lust und Ekstase aufzeigen und vermitteln, dass eine Frau nach einem sexuell sehr intensiven Leben, in dem sie durch eine Vielzahl unterschiedlichster sexueller Erfahrungen gegangen ist, ein nochmals wirkliches Zulassen aller Facetten lustvoll gelebter Sexualität erlebt.

*Doch das, wonach ihr Herz sich wirklich sehnt, ist etwas viel Tieferes…*